An Introduction to International Relations

国際関係論講義

山影 進──[著]
Susumu Yamakage

東京大学出版会

AN INTRODUCTION TO INTERNATIONAL RELATIONS
Susumu YAMAKAGE
University of Tokyo Press, 2012
ISBN978-4-13-032217-1

まえがき

　本書は,「私たちの生活している地球社会が抱えているさまざまな課題に対して,私たちはどのように取り組んでいけるのか」という問題について,読者のみなさんに考えてもらう契機になることを最終的な目標に置いています.本書では,みなさんがこの問題を考えて自分自身の答えを探す際に,必要な予備知識を提供することと,基本的な分析概念と簡単な分析技法を紹介することをめざしています.

　なぜ,このようなことをめざす本書が国際関係論の教科書なのでしょうか.それは,地球社会の課題に取り組もうとする上で,私たちがもっている最も強力な「道具」が国家だからです.そして国家どうしの関係が,課題への取り組みにきわめて大きな影響を及ぼすからです.また,地球社会は,「社会」と呼ぶに相応しいのかという論争があるくらい,奇妙な(組織的暴力行使が条件付きながら容認されている)社会なのですが,その奇妙さは地球社会の中に埋め込まれている「国家」という行為体の存在に起因するからです.国家の重要性に注目すれば,地球社会のことを国際社会と呼ぶことも可能でしょう.しかし,地球社会にとって,国家という主体と国家どうしの関係が全てではありません.本書は,国家間関係を中心に置くのではなく,私たちが生活している地球社会全体の仕組みを構成する一部分として捉えています.

　本書は,国際関係論をこれから初めて学ぼうとする読者を想定して書かれています.だからといって,大学初年次生のためだけの教科書というわけではありません.国際関係について体系的に勉強しようとする大学院の学生はもちろん,国際関係の仕組みに関心がある一般の社会人にとっても「読める」教科書です.実際,本書の内容は,私自身が今までに担当してきた学部1,2年生向けの教養講義,学部専門課程の入門講義,大学院修士課程の基礎講義という3つのレベルでの講義メモをまとめたものです.3つの異なるレベルですが,いずれも国際関係論未習を前提にした講義です.したがって,本書を読み始めるに際して,とくに専門知識は必要としていません.世界の問題に関心があれば,

読み進めることができます.

　全体の構成は拙著『対立と共存の国際理論』（1994年刊）そして小和田恆氏との共著『国際関係論』（2002年刊）の一部を下敷きにしており，両書に依拠した文章もありますが，ほとんどの部分は書き下ろしです．もちろん，本書は国内外のさまざまな教科書や学術書そして論文から大きな影響を受けていますが，教科書という性格上，本文にはいちいち注を付けませんでした．ただし図表については，巻末に出典一覧を載せました．なお，『対立と共存の国際理論』の中身は冷戦終結前に書いたものがほとんどで，20年以上前の仕事ですが，国民国家システムの行方という長期的な問題意識からまとめたものなので，同書は本書読了後の中級教科書として位置づけることも可能です．

　本書の中身は，国際政治学の扱う分野が中心ですが，入門的・学際的な国際関係論という位置づけを意識して，国際関係史，国際関係法，国際経済学への入り口も示すように心がけました．駒場に職を得たことで，社会科学のさまざまな分野を専門にする師，先輩，同僚に囲まれ，恵まれた環境で教育・研究できたという経験がなければ，本書は生まれなかったでしょう．とくに，岩田一政氏，小寺彰氏，山本吉宣氏との長年にわたる勉強会は，私にとってほんとうに貴重な体験でした．『国際関係研究入門』（1996年刊，2003年増補）は，このような駒場の空気から生まれたものです．

　本書をまとめるにあたっては，研究室で長年サポートしてくれた大庭三枝氏を筆頭にして，あとを引き継いだ岡田晃枝氏そして山元菜々氏にとくに感謝しています．集めてくれた資料や作成してくれた図表が大いに役立ちました．本書に収録する上でのデータの追加・更新などでは，湯川拓氏に助けてもらいました．本書の企画から完成にいたるまで，東京大学出版会編集部の奥田修一氏のお世話になりっぱなしでした．夏休みに一挙に書き上げようと目論んでいたにもかかわらず，並行する他の仕事との関係で作業が大幅に遅れてしまい，ご迷惑をおかけしました．おかげさまで当初の予定通りに仕上がりそうで，ほっとしています．

　さて，冒頭に掲げた問題に正解はありません．ひとりひとりが各々違った答えを出すかもしれません．しかし，異なる答えを見せ合い，議論し，合意にたどりつかなければ課題に対して取り組むことは難しいでしょう．従来にも増し

て必要なのは，相手に勝つ技術ではなく，相手と討議する技術ではないでしょうか．いずれにせよ，人類がこれから共存していくことを可能にしてくれる選択肢はそれほど多いとは思えません．本書が，教室で国際関係論を学ぶだけでなく，地球社会が抱えている課題への取り組みにも思いを馳せる材料になれば幸いです．

　本書が，地球社会の将来を（とくに若い人たちが）考え行動するきっかけになればと念じつつ．

　2012年1月

山影　進

目　次

まえがき

序　章　地球社会の中の国際関係 …………………………………… I
　1　私たちが直面している課題　I
　2　地球社会へのまなざしと国際関係の位置づけ　3
　3　分析対象と認識枠組　7
　4　本書の構成　9

第1部　地球社会の成り立ち

第1章　主権国家システム ……………………………………… 14
　1　世界システムの類型　14
　2　主権国家システムの生成　18
　3　戦争と外交：主権国家システムの秩序維持　23
　＊4　近世法政治哲学と国際社会の理解　27

第2章　近代国際システム ……………………………………… 32
　1　ヨーロッパ勢力の域外進出　32
　2　帝国主義の時代　35
　3　近代国際システムにおける階層性　38
　＊4　日本の近代国際システムへの編入　43

第3章　国際規範の変化と主権国家システムの変容 ……………… 48
　1　主権在民の思想と国民国家の拡散　48
　2　戦争の違法化　52
　3　自由開放経済の管理　58

4　自決原則から開発（発展）アジェンダへ　62

第4章　地球社会の中の主権国家システム……………………67
　1　主権国家システムの関与拡大　67
　2　平和と安全の確保をめぐる新たな課題　70
　3　経済の相互依存とグローバル化　74
　4　主権国家システムの相対化　80
＊5　ポストウェストファリア体制論　82

第2部　地球社会の主体とアイデンティティ

第5章　国民共同体の形成とナショナリズム……………………88
　1　共同体の形成：アイデンティティとコミュニケーション　88
　2　国民：個人と国家の間で　93
　3　ナショナリズム：多義的な意味　97
　4　国民の統合と動員　101
＊5　国民の原初性・近代性・独自性・継続性　104

第6章　国民の利益追求………………………………………108
　1　代理としての政府／代表としての政府　108
　2　対外政策の形成：日本を事例にして　112
　3　外交における交渉・協議　115
　4　危機と組織　119

第7章　国民共同体の相対化…………………………………123
　1　国際化と政治化　123
　2　国民統合・分裂の遷移　126
　3　国民国家を超える制度と共同体　129
＊4　ヨーロッパ統合の経験と平和の希求　132

第8章　国民に括りきれない人々……………………………………… 135
 1　共同体における自他認識　135
 2　差別と異議申し立て　138
 3　グローバル化と新しい主体　142
 4　無告の民　146
＊5　個と全体の間の多様性　150

第3部　地球社会の中の政治

第9章　政治分析の基礎概念……………………………………………… 156
 1　政治の領域　156
 2　パワー　158
 3　対立の類型　161
 4　国際システムの無政府性（アナーキー）　164
＊5　戦争論　167

第10章　外交ゲーム……………………………………………………… 172
 1　外交からゲームへ：合理的意思決定と対外政策決定　172
 2　ゲームの構造と特徴：いくつかのタイプ　177
 3　脅迫ゲーム：先手と後手を区別する　180
 4　交渉ゲームと二層ゲーム　185
＊5　オーソドックスなゲーム理論への道　188

第11章　構造・制度とパワー…………………………………………… 195
 1　国力としてのパワー　195
 2　勢力均衡と同盟　198
 3　覇権とレジーム　203
＊4　投票力と拒否権　207

第12章　柔軟性の政治 ……………………………………………… 213
 1　情報と不確実性　213
 2　イメージと認知構造　216
 3　内省・外見・自己定位　220
 4　討議から相互理解へ　222
＊5　ダイナミックなゲームとゲームの限界　226

第4部　地球社会の課題

第13章　深まる一体性と高まる負荷 ……………………………… 230
 1　グローバル化の光と陰　230
 2　地球規模問題と脅威の拡散　234
 3　人権規範の浸透とあつれき　237
 4　大量破壊兵器の不拡散と反発　241
＊5　価値相対性への挑戦　244

第14章　広がる格差と強まる緊張 ………………………………… 248
 1　貧困と開発　248
 2　紛争と平和　252
 3　ヒトの移動　256
＊4　暴力の噴出　259

第15章　課題に向かいあう取り組みと枠組 ……………………… 263
 1　新しいパラダイムを求めて　263
 2　多角的制度，地域的制度　268
 3　グローバル・ガバナンスを支える公共秩序の形成　272
＊4　国際関係論はどのように貢献できるのか　277

終　章　地球社会の将来に向けて……………………………………283
　1　共存の知恵から地球の「われわれ」へ　　283
　2　「われわれ」の国際関係論　　285

読書案内　289
図表出典一覧　293
索　引　295

序　章　地球社会の中の国際関係

　　　　国際関係論は，国家間の対立を制御し，戦争を回避し，平和裏に紛争を解決するための知恵を探るために，国家間関係のあり方を分析対象にしてきた学問である．しかし，今日，それだけでは十分ではない．国際関係論の大きな課題として浮かび上がってきたのが地球社会の抱える課題への取り組みであり，国家間の積極的な協力のみならずさまざまな勢力の参画と協働を実現するための知恵を探ることがますます重要になりつつある．この序章では，本書の立ち位置と視角を明らかにして，本書全体の見取り図を示す．

1　私たちが直面している課題

　日本に住む普通の人たちにとって，外国とは文字通り海外であり，海の向こうの世界である．あえて「世界の中の日本」と意識化しない限り，世界とは自分たちは含まれない「別世界」なのである．他方で，現実の問題として，日本で1億人以上が生活していく上で，意識しようとしまいと，外国からさまざまな影響を受けているし，日本からも外国へさまざまな影響を及ぼしている．今日，人類の存在と活動は，地球規模で一体として捉えるべきであり，地球規模でさまざまな問題を生み出している．

　それでは，どのような問題が横たわっているのだろうか．

- ○　2011年に世界の人口が70億人を超えて，さらに増え続けている．20世紀の100年間に約20億人から約60億人までに増加した勢いが衰えていないせいである．国連の推計では，2050年までには少し増加率が下がるものの，90億人程度になるという．貧困地域で増加が激しく，人口規模は国力の源というよりは，負担になっている．
- ○　増え続ける人々を養うための食料は，生産量は増えているものの，先物市場で投機の対象となったりして，国際価格の上昇が続いている．2008

年の高騰の際には，世界各地で暴動が生じた．将来，誰が，どのようにして，とくに貧しい地域の人々への食料を安定的に供給するのだろうか．

○　産業革命以降，化石エネルギー源（石炭や石油）の消費が爆発的に増大し，工業化が世界各国で進行するにつれて，数世代後の枯渇が話題になり，その確保が大きな問題になっている．他方で，技術進歩によりシェールガスの大量生産が可能になり，その埋蔵量が多いアメリカは今後エネルギー政策はもちろん中東政策も大きく変えるかもしれない．

○　石炭や石油をとくに燃料としてきたことから，二酸化炭素（炭酸ガス，CO_2）の濃度が高まり続け，地球温暖化の主原因と考えられている．CO_2をはじめとする温室効果ガスの規制に関して，総論では合意があるものの，各国が自国でどのような規制を行い，他国にどのような規制を求めるかをめぐって対立が続いている．

○　核ミサイルが飛び交い，人類を破滅に導く第三次世界大戦の可能性は，冷戦の終結とともに小さくなった．しかし，核をはじめとする大量破壊兵器の規制は困難であるだけでなく，かつてはそれを独占していた国家から国際テロ組織などの手中に拡散する危険性が増大している．

　上のような問題は，今日の地球上で起こっている重要な課題のごく一部である．このような全地球的規模で人類社会に影響を及ぼす問題の存在は，地球を覆うひとつの社会が成立していると見なした方が良いかもしれない．私たちは，そのごく一部分を構成しているといえよう．

　日本社会にとって，「外国」は身近なものになりつつある．とくに21世紀に入ってから，日本は近隣諸国との間で自由貿易地域形成を含む経済連携を推進するようになった．アジアでは東南アジア諸国連合（ASEAN）（と一部のASEAN加盟国）やインド，太平洋を越えてメキシコやペルーといった国々と協定を締結している．物品貿易だけでなく，労働者への門戸開放も含まれている．経済連携の相手は，今後も増えていくだろう．同時に，農産品の保護（例外扱い）が日本国内で大きな問題になっていることからも分かるように，外国が身近になっていく過程では，国内で対立や摩擦が不可避的に生じてしまう．さらに，一部では東アジア共同体の創設が議論されているが，共同体ということになれば，一緒になる身近な外国人と日本人とは，新しい「われわれ」を生

み出すことになる．日本と近隣諸国との関係を捉える際，「アジアの中の日本」なのか「アジアと日本」なのかは単に言葉遣いの問題ではなく，意味深長な選択になってしまう．

　他方で，日本は，周囲の国々と，北方領土，竹島，尖閣諸島という領土紛争を抱えている．日本で生活するほとんどの人の日常生活には関係がないように見えるが，現実には，いろいろな形で（たとえば，旅行や貿易の支障）で一般人にも影響を及ぼしている．さらに，こうした島々の周囲には，排他的経済水域（EEZ）という権益を設定することができ，それは水産資源や海底資源の確保にも影響する．また，国家間の紛争というものは，当事者の思惑を超えて制御不能になることがあり，条件さえそろえば急激に緊張が高まり，一触即発の事態に陥る可能性もある．とくに領有権を互いに主張する状況では，妥協した場合には国内で非難に晒される危険があり，政治的妥協（取引）がきわめて困難である．日本と外国という国家間の対立は，普通の人たちにとっても「他人事（ひとごと）」ではあり得ないのである．

2　地球社会へのまなざしと国際関係の位置づけ

　本書では地球社会という言葉で考察対象を表すことにする．この用語選択は2つの理由によるものである．ひとつは，地球上の人々の暮らしが，濃淡はあるにせよ，相互に結びついているという現実を踏まえて，全人類をひとつの大きなまとまりとして捉えたいがためである．もうひとつは，ひとりひとりの人間（とくに政治に関与する市民）を考察の基本構成単位として捉えたいがためである．

　前者について言えば，実際にいくつもの問題領域は，地球社会という考察対象の必然性を高めている．まず，地球規模課題（地球規模問題群）と言われる一連の問題は，「かけがえのない地球」あるいは「われわれの地球」という捉え方を広めた．次に，グローバル化と呼ばれる経済を中心とする諸活動が，物理的距離の意味をほとんど消失させ，先進諸国はもちろん世界各地の人々に大きな影響を及ぼすようになった．さらに伝統的な国際取引・国際交流の増大も，世界各国のいわゆる相互依存を高めている．このように人々の暮らしは地

球規模で幾重にも結びついており，もはや国家による国境管理によって国内社会に包み込まれる自己完結的な生活空間を構成しているのではない．

　後者について言えば，市民の政治関与の複線化が進みつつあることに注目している．かつては，市民は国民としてまとまり，国家を通じてしか政治参加する方途はなかった．しかし，一国の市民は他国の市民と協同して，組織・団体を結成し，国家同士の政治過程に参画するようになっており，その傾向はますます強まりつつある．このような組織・団体は，一括りに非政府組織（NGO）と呼ばれるが，NGOという言葉が政府（国家）ではないという意味しか伝えてくれないことから容易に推察できるように，目的・形態・活動様式は千差万別である．いずれにせよ，政府ではない多種多様な行為体が政治参加している現実がある．NGOの活動空間はグローバル市民社会と呼ばれることがある．本書でも，そのような捉え方をする．

　国際関係論の立場からは，国際社会（international society）あるいは国際共同体（international community）という国家（nation）を主体とする社会を考察対象にすることも可能である．実際，国際社会という捉え方に立てば，地球は200程度のテリトリー（なわばり，領域）に区切られており，70億の人々はそのどれかに属す建前になっている．こうしたテリトリーを仕切っているのが国家であり，したがって国家は領域団体とも呼ばれる．なわばり自体は国境と呼ばれ，その内側は国土と呼ばれる．国家によるなわばり管理のあり方，国土の管理の仕方，そして国土のあり方は千差万別である．国家は，国土（とくに国内社会）の秩序を維持する責任があり，外部からのさまざまな攪乱を防ぐ責任がある．そのために，国家はその内側に対しても外側に対しても，暴力を独占できるという特権をもっている．もちろん対内的には法に則って暴力行使がされなければならず，対外的に行使する場合にも一定のルールがある．もっとも，国家というタイプに共通する特権なり責任なりは，現実の200程度の国家全てに当てはまるわけではない．期待されている責任を果たせない国家も多く，全体の約2割に上ると言われている．

　地球社会，グローバル市民社会そして国際社会という3つの捉え方は，各々想定する基本構成単位やそれらの相互関係で違いはあるものの，共通点がある．それは社会全体を管理する制度は存在しないという点である．その意味

で，無政府社会であり，文化人類学が関心をはらってきた「無国家社会」と通用するものがあるのかもしれない．無政府だからといって，無秩序であるわけではなく，強制力を独占的に行使する最上位権威が存在しなくても，構成員たちは共存し関係していくための規範を共有し，規範からの逸脱に対して無関心でいるわけではない．いずれにせよ，国際関係論が対象とする社会はきわめて分権的な社会であり，そのことを反映して，当事者どうしの関係に委ねられる部分が大きい．その中で暴力の独占を許されている国家の果たす役割，国家の及ぼす影響はきわめて大きい．実際，国家どうしで組織的に暴力を行使しあう戦争をいかに回避し，平和を安定的に実現するのかは，最も中心的な課題であった．

本書では，グローバル市民社会の存在は認めているが，グローバル・コミュニティの存在については懐疑的な立場をとっている．これは概念のレベルで社会と共同体（コミュニティ）との違いに依拠している．地球上の人々が「われわれ」意識（同じ仲間だという認識）を共有している兆候なり証拠を見出せないからである．グローバル市民社会に参画している市民の間でさえ，互いに同じ地球社会の仲間であるという意識を共有しているかどうか疑わしい．なお，国際共同体という用語については，実際に国連の場などで用いられているが，それは国連加盟国を中心とする200程度の国家が，各国家が代表している諸人民（peoples）の名の下に「われわれ」意識を共有し，人類共通の価値を追求することを標榜していることを反映している．今日の実態を念頭に置くと，国際社会と国際共同体の違いには，あまりこだわる必要はないだろう．

地球という言葉は，球体が宇宙空間に浮かんでいるという有限性を強調するイメージを想起する．他方，世界という言葉は，全体性を強く印象づける．数世紀前は，いくつかの世界に分かれていたかもしれないが，今日，地球社会が存在している背景には，ヨーロッパ世界が地球大に広がったという経緯があり，地球社会はひとつの全体を構成している．全体と個の間には部分がさまざまに想定できるが，とくに国際社会では「地域」という部分が重要な位置を占めている．複数国家をまとめる地域もあれば，国境を跨いではいるが国家全体を覆ってはいない地域などさまざまなタイプの地域がある．他方，地球社会あるいはグローバル市民社会という捉え方では，地域と呼ばれる明確な部分はか

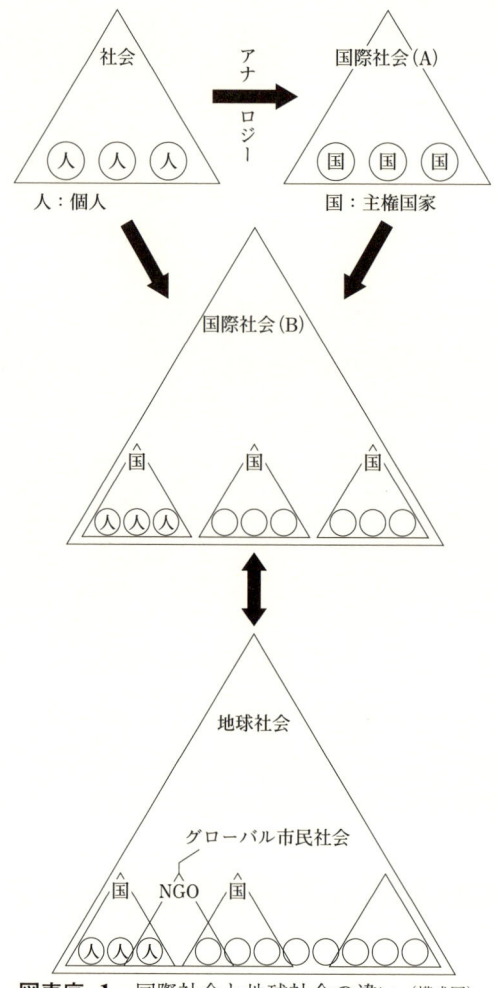

図表序-1 国際社会と地球社会の違い（模式図）

ならずしも重要ではない．

　要するに，本書の視角は，地球社会の中に，国家を構成単位とする国際社会（国際共同体）と一部市民を構成単位とするグローバル市民社会とが別々に埋め込まれている，という捉え方になる（図表序-1）．同時に，地球社会は考察対象として全体であり，世界である．そこに，部分的なさまざまなタイプの地域が重複したり，入れ子状態になったりして埋め込まれているのである．

今日，国際関係という用語は多義的に使われている．ひとつは，国家間関係そのものを指す．かつてはこの用法が普通であった．しかし近年になって，国家間関係を中心にしながら，国内政治と国家間関係との関係，国際交流に関わる越境関係，非国家主体が関与する脱国家的関係，国際機構・組織・制度，さらには超国家組織などの一部あるいは全てを含むこともある多様な意味内容をもつ用語として使われている．いずれにせよ，非国家とか脱国家とか超国家という言葉遣いが示唆しているように，あくまで国家を中心にしつつ，それとは異なるが関連するさまざまな関係をも包含しているのが，今日，国際関係と呼ばれている現象である．本書では，とくに国家と国家との関係であることに注意をはらうべき文脈では「国家間関係」という言葉を用いるが，基本的には国家間関係を指す場合であっても単に国際関係という言葉を用いる．

3　分析対象と認識枠組

地球社会（あるいは国際社会やグローバル市民社会）は，国際関係論の考察対象であり，そこで何が起こっているのかという実態が重要な意味を持っている．その中でも，国際関係が中心的な分析対象である．地球社会における国際関係は，言うまでもなく，日本とかアメリカといった固有名詞を持つ個別的国家どうしの関係であるが，そのような個別具体的な国際関係を分析しようというのではない．200の国家は，二国間だけでも，$200 \times 199 \div 2 = 19{,}900$ の関係を作り出す．もちろん，この中には注目に値しない関係もあるだろう．しかし仮に五大国に限っても10の二国間関係の束を分析対象にしなければならない．この程度なら不可能ではないが，そのような分析手法は本書がめざしている目的には合致しない．

本書では，地球社会の抱える全体的な課題を考察するのと同時に，国家，国民，主権，権力といった国際関係を構成する上で不可欠な基本的概念を操作しながら分析する．その意味では，抽象度を固有名詞のレベルから一段階上げたところでの議論が中心となる．本書で固有名詞が登場するのは，具体的な事象の説明や事例紹介に必要な場合か，とくに日本について論じる箇所である．社会を対象とする学問の常として，国際関係論でも，たとえば国益のように，分

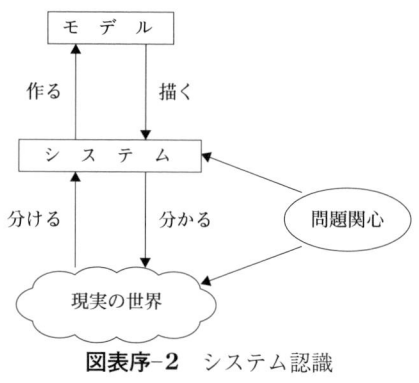

図表序-2 システム認識

析に用いる言葉と分析対象において使われている言葉とが同じことが多く，場合によっては，そのことから混乱が生じる可能性もある．本書の記述では，同じ言葉でも分析に用いられる場合と現実の国際関係で使われている場合との違いを明記するように心がけた．

　実態としての国際関係ではなく，分析枠組としての国際関係をとくに強調する言葉として，本書では「システム」という用語を用いている．システムとは，分析対象そのものではなく，それをどのように認識して分析するのかを明確にするための認識枠組である．地球社会をこのような意味におけるシステムとして自覚的に捉えた典型が，ローマクラブ報告『成長の限界』に見る枠組である．そこでの地球をシステム認識する上での要素は，人口，食料生産，鉱工業生産，自然資源消費そして環境汚染というマクロな状態を表す「変数」であり，地球はこれらの変数の相互関係としてシステム化されている．このシステムを操作可能なモデルとして定式化して分析し，基礎データを提供した手法は，その名も「システム・ダイナミクス」である．

　本書では，基本的には「主体」を要素とする相互作用システム（社会システム）として国際関係を捉えるが，要素間の相互作用については具体的に定式化されていない．その意味で，きわめて素朴なシステム認識法であり，伝統的なシステム認識である「類型」や「理念型」とあまり変わるところはない．要するに，地球社会の中における国家が相互にどのような関係にあるのかを，個々の国家の個性を捨象して，関係のあり方に着目して表現したものである．シス

テムを操作化したモデルに関しても，図式化のレベルに留まっており，直感的・視覚的な理解を促すのに役立つ程度である．それにもかかわらず，システムという用語を用いるのは，分析対象を表現しなおしたもの（再現：re-presentation）ではなく，分析対象をある特定の観点から捉え直したもの（表象：representation）であることを明確にしようとしてのことである．分析対象・システム・モデルの関係を図式化してみた（図表序-2）．

そもそも，国家なるものをイメージできること自体，モデル化の結果である．たとえば，戦争という国家間関係の極限状況は，大海原の中でレヴァイアサン（レヴィアタン）という海獣どうしが死闘を繰り広げているようなイメージで捉えることができる．しかし戦争というのは，文字通り（絵通り？），国家と国家が取っ組み合っているわけではない．戦争で可視化されるのは，ミサイルであり，空母であり，戦車であり，歩兵であり，爆発であり，死体であり，負傷者である．国家自体がひとつの複雑なシステム（複合主体：内部構造をもった主体）として捉えられる抽象概念である．もっとも本書では，システム認識の立場から国家自体を詳しく分析することはしない．

なお，国際関係論（国際政治学）では，システムという言葉を本書の用法とは異なる意味で使うことがある．それは，国際関係の総体は社会か否かという問題に付随している．すなわち，国家どうしの相互作用が存在しているのは当然認めるが，社会と呼ぶほど共通の価値を共有しておらず，むしろ「万人は万人に対する狼」であるような自然状態に比すべきものであるという立場の論者が，あえて国際社会という言葉を使わずに，国際システム（国際体系）という言葉を用いる．このような用法は，たしかにシステム認識のひとつには違いないが，社会とはいえない相互作用の存在を意味している．このような論者は，抽象化したシステム認識という自覚は少なく，考察対象・分析対象の「特徴」として「システム」という概念を捉えている．

4　本書の構成

本書は，この序章と終章を除く15章からなるが，大きく4部構成をとっている．第1部は地球社会にいたる国際関係の展開を扱い，第2部は国際関係の

主体を扱い，第3部は主体の相互作用を政治として捉えた場合の基本的な分析概念と簡単な分析手法を紹介している．そして第4部は，今日の地球社会の課題を概観している．このように，それぞれ異なる観点から地球社会の国際関係を分析しようとしており，いずれも自己完結的色彩が強いので，同じテーマが複数の部にまたがって扱われている場合もある．講義にあたっては，どれかひとつの部だけを取り上げて詳しく教授し，議論することが可能である．また，予習・復習を前提にして，複数の部を連続して，あるいは同時並行的に関連づけて講義することも可能である．

なお，多くの章の最後の節が，節番号の前にアステリスク（＊）のついているものになっている．これは本書の中で中上級の内容を扱っている節であることを表している．すなわち，国際関係論をはなれた知識も必要とする部分であったり，国際関係論に関する知識をある程度前提にした議論を展開した部分であったり，論争的テーマや筆者の専門外の分野に関して私見を前面に押し出した場合があったりする箇所なので，国際関係論の初学者を対象とした講義では教授する必要のない（教授しない方が良い）内容を含んでいる．教授する場合には，適宜，追加なり補正なりすることが望ましい．全て省略しても，全く支障のないような構成になっている．

第1部「地球社会の成り立ち」は4つの章からなり，ヨーロッパが構築した「近代国際システム」の今日までの展開と変容を扱っている．その中における「主権国家システム」の全体像を示すことも，この部の目的である．第1章では，ヨーロッパ社会で人々の活動が活発化した時代に主権国家が登場する経緯とそうした主権国家どうしの相互作用が制度化する過程を描いている．第2章では，第1章で描いたようなもっぱらヨーロッパを舞台とした相互作用ではなく，ヨーロッパ勢力のエネルギーが域外に向かっていった際の「ソト」に対する認識と行為とを描いている．第3章では，「主権国家システム」として捉えられる会員制クラブのメンバーシップをめぐる規範変遷と，それがもたらした全体の変化を描いている．第4章は，主権国家システムが，狭義の国家と国家間関係以外の領域に拡散していくと同時に，地球社会に占める地位と位置が変化しつつあることを描いている．全体として国際関係史のような雰囲気がなきにしもあらずであることは認めるが，もちろん国際関係史を描こうとしたので

はない．この第1部では，国際関係論の考察対象・分析対象が，時代を超えて流動的であり，絶え間ない変化の過程にあることを理解するのと同時に，国家主権（主権国家），外交，戦争といったものが特定の歴史的産物として概念化されていく経緯と「主権国家システム」が普遍的なものとしてヨーロッパ以外の人々をも強く制約している理由を理解することも狙っている．そして，地球社会の中に埋め込まれている「主権国家システム」の役割と限界の両面を総合的に把握することも重要である．

　第2部「地球社会の主体とアイデンティティ」は4つの章からなり，地球社会に住む人間が主体として国際関係を動かしている仕組みを扱っている．言うまでもなく，国民という共同体のあり方を分析することがここでの最重要なテーマである．第5章では，共同体を考える上での基礎概念を紹介してから，国際関係の最も基本的で最も重要な国民という共同体について説明する．第6章では，国民というまとまりが国家を通じて国際関係に関与する様子を，対外政策と外交という観点からまとめる．第7章は，人々が既存の国民という枠を相対化するような活動をしている実態と国家という枠組との関係を扱っている．そして第8章では，共同体が人々をまとめる機能だけでなく，区別・差別・排除する機能を持っていることに焦点を当てて，国民という主体では括りきれない問題を扱う．この第2部では，共同体と集合的アイデンティティがキーワードである．国民を中核とする国家間関係のみならず，広義の国際関係をさまざまな主体のレベルを跨いで概観することになる．人間集団のあり方の問題に思いを馳せることを狙っている．

　第3部「地球社会の中の政治」も4つの章からなるが，本書の中で最も分析的・抽象的な部である．第9章では，政治と権力（パワー）をめぐる基本的な議論を紹介しつつ，とくに「主権国家システム」の中の国家間関係（国際政治）という形で具体的に現れる紛争の多様な見方を提供する．第10章では，外交を自律的な主体の戦略的相互関係と捉えて，ゲーム理論的な見方に翻訳して，通常のゲーム理論のような強い仮定を必要としない（したがって現実に適用しやすい）ゲーム的技法の使い方を示す．第11章では，関係としての権力（パワー）ではなく，主体や構造に埋め込まれた各種のパワーをまとめて論じる．第12章では，国際政治の分析に際して固定的（所与的）な扱いを受けが

ちなさまざまな前提を変えた場合に，浮かび上がってくる現実的な問題を扱う技法のいくつかを紹介する．この第3部は，国際政治分析の中心に位置づけるべき箇所であるが，ゲーム理論についてはあえてあまり踏み込まず，パワーと相互作用のさまざまな可能性に注意を向けることを狙っている．第12章の議論はとくに強調したい部分である．

　第4部「地球社会の課題」は3つの章からなり，20世紀後半の状況と比較対照しつつ21世紀の地球社会の抱える課題を指摘する．この部は本書の中で最も具体的・現象的な部分である．地球社会が抱えている問題は，互いに連関しているのは十分に認識しつつ，第13章ではマクロの視点から見えてくる問題を指摘し，第14章ではミクロの視点から見えてくる問題を指摘して，全体像を描こうとした．そして第15章では，地球社会の喫緊の課題に対して，国家をはじめとするさまざまな行為体がどのような形で関与しているかをまとめる．ここでは，何か答えを性急に出すよりも，地球社会が抱えている諸問題の深刻さを正面から受け止め，相互に関連する問題を扱う上での難しさを理解することをめざしている．

　最後に，終章では将来に向けての取り組みについて問題提起をしている．

　本書は，一方で国家を中心とする思想を見直すことを通じて，他方では国家の果たしうる役割を念頭に置きつつ，地球社会の中の国際関係の全体像を描いてみようとしている．しかし何よりも，普通の人たち（つまりは私たち）は，決して国際関係の一方的な客体（被害者）ではなく，従来にも増して国際関係に関与できるようになっていることへの自覚を促すことを目指している．そして，かつて国家の政治に関与できる人たちが特権階級だったように，国際関係に関与する手段が身近にあり，かつ実際に関与できる能力を備えている人たちは，ある意味で地球社会における特権的立場にいる人たちである．日本に暮らしている人たちの多くは，自覚しているかどうかはさておき，そのような特権的な立場に置かれているのである．その特権をどのように使うのかを，国際関係論を学ぶ中で考えていってもらいたい．

第1部　地球社会の成り立ち

　21世紀の今日,地球社会のあり方に強い影響を及ぼしているのは主権国家システムである.主権国家システムとは,主権国家というタイプで括られる主体から構成されるシステムであり,それなしには地球に生きる人々が円滑に生活を営めないほど基本的な秩序を維持する役割を担っている.また,地球に住む人々の諸活動をひとつの社会として結びつけたのも主権国家システムである.他方で,主権国家システムだけで地球社会の抱える諸課題を処理できるわけではない.

　人類が自分たちの記録を残すようになってから数十世紀たつが,主権国家システムが形成されるのは最近の数世紀のことである.本書第1部では,主権国家システムが生まれ,そして地球の隅々にまで影響を及ぼすようになった経緯と,今日における地球社会と主権国家システムとの関係を概観することにしよう.

　第1章では,ヨーロッパで主権国家システムが生成される過程を追体験することにより,この奇妙なシステムがなぜ,どのようにできたのかを理解してもらう.第2章では,主権国家システムを作り出すことになるヨーロッパ勢力が同時並行的に域外に進出していき,結果として,ヨーロッパ中心的な考え方で世界を階層化したことを確認する.第3章では,主権国家システムの中身が大きく変容していく過程を多面的に,おおよその時代的変遷をなぞることによって明らかにする.そして第4章では,主権国家システムの役割の増大と同時に,地球社会の中における限界を考えることにしよう.

第1章　主権国家システム

　　16世紀から17世紀にかけて，西方キリスト教世界を舞台にして，主権国家と呼ばれるようになるユニークな政治単位どうしの関係が制度化した．その理念型を「主権国家システム」と呼ぶ．本章では，「世界システム」の捉え方として，「帝国システム」と「国際システム」という2類型を提唱し，後者の一事例として「主権国家システム」を位置づける．ここで「システム」というのは，ある実態（地球社会とかヨーロッパ社会）を理解するための理念型あるいは類型であり，実態を認識する上での道具である．本章では，主権国家システムは，帝国システムに特徴的な最上位の権威を否定したことによって形成されたことを概観する．そして主権国家システムがどのようなシステム的特徴を持っているのかを紹介する．西方キリスト教世界で誕生したという歴史的経緯が主権国家システムの特徴を大きく規定している．

1　世界システムの類型

　　人類史を大局的に捉えると，古代文明が栄えた東アジア，南アジア，オリエント（現代の中東）・地中海では，都市国家と呼べるような小さな政治単位が叢生し，やがて歴史的時間尺度では短期間にこのような政治単位を包み込む飛躍的に大きな統治空間（今日の国家領域に匹敵するくらいの統一体）が形成された．

　　漢字の「國」の語源になっている武装都市や「都」の語源になっている城塞都市は，中国に限られた小政治単位の様相ではない．普遍的と言って良いほど，世界各地にその遺跡が残っており，今日の都市にまで繋がっている場合も多々ある．規模や強弱に差こそあれ，原理的には支配従属関係のない政治単位どうしが，やはり粗密には差こそあれ相互依存的な関係を保ちつつ，場合によっては武力衝突し，征服・併呑や和解・同盟を繰り返すような世界が展開した．地理的には，点（小政治単位）とそれらを結びつける線（街道や河川な

ど）からなるネットワークが世界の範囲を規定することになる．やがて，このような小政治単位が併存する地理的広がりを前提に，それらを糾合ないし合併して，今日の国家と同程度の（場合によっては一層大きい）規模のまとまりが出現した．このような巨大な政治的単位は，後世に「帝国」と総称されるようになる．図式化すれば，このような帝国の中ではひとつの文明が生成・成熟するとともに，帝国と帝国との間には辺境が広がり，辺境は「蛮族」の生息空間とされたが，帝国＝文明どうしをむすびつける交易離散民が活動し，興隆すれば帝国の中心を脅かし，場合によっては簒奪するようなダイナミズムが支配している．

政治単位が，都市や城塞の規模から段階を経て地理的に拡大するのではなく，一挙に大きな統治空間が成立しうるようになったのは，文字の発明と密接に関連している．コミュニケーション手段として，音声と比較すると，文字の安定性は自明である．もっとも，古代帝国の広がり＝なわばり（版図）は，面（領域）の支配というよりは，中心による点（都市国家，交易拠点，港市国家，聖地，中継点など）と線（街道，河川，シーレーンなど）の支配というべき階層ネットワーク的（ハブ・アンド・スポーク的）統治システムであった．逆に言えば，点と線の支配であったがゆえに，統治手段や統治技術が未発達な時代においても，地図上では広大な版図を描くことのできる統治システムが成立し，実際に機能したのである．やがて，帝国は面を支配する統治システムに近づく．統治の中心となる核（宗主国，本国，帝都，メトロポリスなど）と周辺の多種多様な政治的単位（州，省，属国，属領，保護国，植民地など）との間の階層的（支配従属的）統治システムである．ちなみに，地理的（面的）広がりに注目した国の漢字は「邦」である．

歴史的には，中央集権的なものから封建的なものまで多様な「帝国」的政治体が存在したが，階層性と中心・周辺関係とを抽出して「帝国システム」と称することにする．さらに単純な図式として「きのこモデル」を示す（図表1-1 (a)）．「帝国システム」は，対外的には統一的な統治システム（国家＝帝国）として機能するとともに，内部では非対称的・支配従属的な関係（広義の国際関係）が成立している二重性を抽象化したものである．典型的には，文字を持つ共通語による指示・応答制度による統治形態が確立し，中心と周辺の間には駅

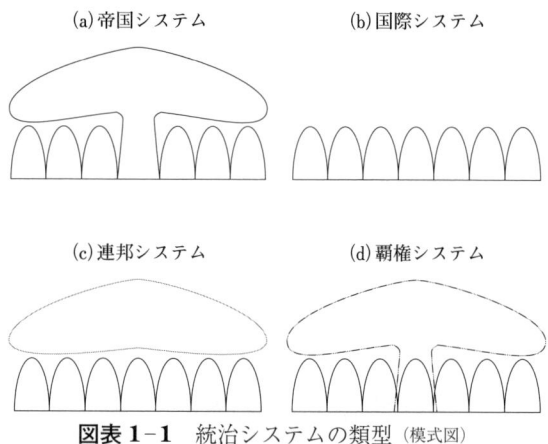

図表 1-1 統治システムの類型（模式図）

遙制度が発達し，版図には秩序（対外的安全保障と対内的治安）が行き渡ることで，互いに異質な社会をひとつの世界に統合している．「帝国システム」的統治は，十数年から数世紀で形成・崩壊の歴史を繰り返すのが通例であった．

歴史の流れの中で，「帝国システム」出現以前の時代やそれを欠いている時代には，比較的同質な政治単位が併存し，相互に関係を築いてきた．こうした小政治単位のあり方は古代東アジアと古代地中海とでは様相を異にするものの，政治単位の並立関係を主たる特徴と捉えて，「国際システム」と呼ぶことにしよう．「きのこモデル」と対比できる単純な図式として「どんぐりモデル」を示しておく（図表 1-1(b)）．「国際システム」は，それを構成する諸政治単位の間では一定の制度が成立しているという意味では多元的政治共同体と言っても良い（どんぐりのせいくらべ）．ただし，共存が前提とされておらず，政治単位の合併や分裂が当然視されているので，きわめて緩やか（ないし浅薄な）共同体である．しかし，システム外部の政治単位との関係の粗野さと比較すれば，やはり「国際システム」の中にはそれなりの秩序があると言えるだろう．

「帝国システム」と「国際システム」との混合的な類型として，「連邦システム」と「覇権システム」を提起しておこう（図表 1-1(c)(d)）．連邦システムは，上位秩序（きのこの笠）があることによって，帝国システムのように全体

として対外的には単一政治単位を形成しているが，上位秩序を支える特定の中心（きのこの柄）が不在で，内部においては連邦秩序と構成政治単位の間は非対称的関係であるが，構成単位どうしでは平等な関係の理念型である．これに対し，「覇権システム」は，国際システムの一構成単位（「覇権国」と呼ぶ）が，帝国システムの中心のように，システム全体に上位秩序（「覇権」）を被せているような混合形態の理念型である．その意味で，覇権を持つ構成単位とそれ以外の構成単位との関係には不平等な側面が存在する．

　かつて，「帝国システム」とか「国際システム」とかで特徴づけられる実際の政治的まとまりは相対的に自律的であり，その周辺にはシステムに含まれない環境が広がっていた．もっとも，古代にあっても複数のシステムが接して，システム間関係を生じさせることもあった．地球がひとつのシステムになったのは19世紀末のことである．

　今日の主権国家システムは，「どんぐりモデル」で図式化できる「国際システム」の一事例である．そして興味深いことに，今日の国家間関係を語る語彙の多くは，「国際システム」で記述できる歴史的実態とそれに関する知識・教訓から借りてきたものである．

　西洋人の教養から取り出されてくるのは，古代ギリシャの都市国家（ポリス）からなる国際関係である．とくに古典として言及されることが多いのは，トゥキュディデスの著した『歴史（ないし戦史）』である．実際，アテネを覇権国とするデロス同盟，スパルタを覇権国とするペロポネソス同盟，同盟間の戦争と講和，諸ポリスの離合集散など紀元前5世紀のギリシャ世界の記述には，今日の国際政治（主権国家間関係）を語る際の語彙やアナロジーがたくさん登場している．

　東洋人のレパートリーでは，紀元前8世紀から前3世紀にかけての古代中国における春秋戦国時代である．この時代は，周（東周）が形式的な宗主として残っていたものの，帝国システムよりは国際システムとしての特徴が顕著であった．この数世紀に及ぶ時代について描いたものとして，『春秋』（とくに『春秋左氏伝』），兵書（とくに『孫子』や『呉子』）は広く知られている．春秋五覇，戦国七強，会盟，合従連衡，群雄割拠などの言葉が登場する時代は，やはり今日の国際政治を語る際の語彙やアナロジーがたくさん登場している．ちな

みに，日本のいわゆる戦国時代も，足利幕府の威が衰えて，各地で戦国大名が事実上の独立領邦を運営し，互いに勢力拡張を競った時代であり，国際システムとして理解することが可能である．

2　主権国家システムの生成

今日，主権国家とは（1）国家主権，（2）領土を中心とする領域（領海と領空），（3）永続的に生活する住民（領民），（4）主権を行使する統一的な政府という4要素からなる（図表1-2）．国家主権には，それ自身が最上位の権威として，その国家の領域内での絶対性（排他性）と他の主権国家との対等性（主体性）という2側面がある．主権を持っているからこそ，国家は法律を作り，住民を統治するだけでなく，ヒト・モノ・カネの国境での出入りを管理し，他国と条約を締結し，戦争を行うことができる．

主権国家システムとは主権国家を第一義的構成員とするシステムである．しかし，主権国家が誕生したために，主権国家からなるシステムが作られたのではない．主権国家システムの生成と主権国家なる政治単位の生成とが相互関連しながら進行したのである．

舞台はキリスト教共同体（res publica christiana）と呼ばれた西方キリスト教世界であり，時代はおおよそ15世紀後半から18世紀前半の約3世紀にかけての「近世」と呼ばれる時代である．（西方キリスト教世界とはカソリック世界のことだが，まもなくプロテスタントが登場するので，東方キリスト教世界と区別する意味で，このように呼ぶことにする．）

幕が上がる直前の状況は，キリスト教権威と政治権力とが地上の支配をめぐって権限争いを続けている．キリスト教権威とはローマ教皇を頂点とする教会組織であり，政治権力の典型は王国である．教会の普遍的で階層的な権威は，かつてより衰えたとはいえ，王権と王国領内に対して大きな影響力を保持していた．他方で，王国は上述の主権国家（理念型）からほど遠かった．王国において，国王が王権を正統的に行使するためには教会の承認を得る必要があり（その儀式が戴冠式），領土の多くは王権が及ばない世襲封土（貴族領地）や教会領であり，領民に対しては領主や教会が影響力を持っていた．国王は，自身

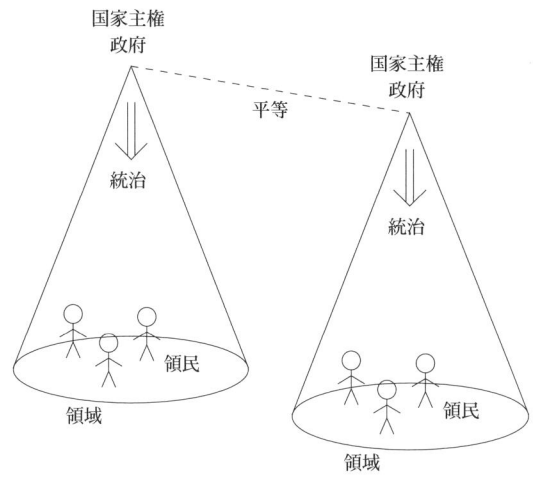

図表 1-2 主権国家の要素分解（模式図）

の領地からの収益に加えて，国土の一部に過ぎない王領や独占事業の収益に基づいて王国を運営しなければならず，立法や課税は自由にならなかった．司法の審級制度も複雑で，最終的にはローマ教皇の審判にまでつながっていた．さらに，他国王が封臣として自国内に領地を持っている場合さえあった．（神聖ローマ帝国は省略する．神聖でもなく，ローマでもなく，帝国ですらないと揶揄されたほど実態がなかったわけではないが，王国よりもさらに複雑な状況であったとすれば十分であろう．）

　主権国家システムの生成は，要するに次のような過程である．ローマ教皇と王国を中心とする政治権力との関係は，「きのこモデル」によって図式化できる．つまり，中世ヨーロッパを最上位権威であるローマ教皇と，ローマ教皇と非対称的関係に置かれた王国とからなる「帝国システム」として捉えられる．政治権力を覆う権威は，教会自身の階層的秩序による普遍的支配と皇帝や王侯貴族の世俗的階層秩序の権威づけの2チャンネルからなっていた．並立する政治権力の「共通の利害関心」として，教会の権威（きのこの笠）を排除するプロセスが，16世紀から17世紀にかけて生じる．こうして，西方キリスト教世界は「どんぐりモデル」に擬せられる姿になる．同時並行的に，個々の「どんぐり」も家産的性格を持つ国家から法人国家へと変容する．言い換えると，統

治機能を担う官僚制が発達するとともに，王位継承，王族間相続，婚姻関係などが王国の離合集散に直結しない規範が成立するのである．また，政治単位間関係の制度も共有されるようになる．このような変化が，18世紀前半にかけて生じる．以下では，帝国システムから主権国家システムへの移行を概観する．

15世紀後半，勃興するオスマン帝国を経由して東方とつながり，アルプスを越えて後背地のヨーロッパ半島につながるイタリアは西方キリスト教世界の最先進地域であった．イタリアには，いうまでもなくローマ教皇の総本山があったが，カソリックの権威は地に墜ちていた．このように既存権威を否定する一見無秩序的な状況下で，イタリア・ルネサンスが花開くのであり，新しい活力を得た勢力どうしが激しい競争を繰り広げるのである．多種多様な政治権力（stato）は，互いに兵力を衝突させ，支配地を略奪・征服し合うとともに，常駐使節を交換し，同盟を結び合った．その中から台頭した，南部の封建王国ナポリ，教皇国家，フィレンツェ共和国，ヴェネツィア共和国，北部のミラノ公国が互いに大国として認め合い（1454年の「ローディの和約」），勢力均衡を意図的に追求して，15世紀後半には「イタリア協調」と呼ばれる時代が到来した．

ここには，明らかに「国際システム」の特徴が見られる．そのことは，必ずしも国家に限定されない政治権力（stato）が，後世，ヨーロッパ各国で国家（state, Staat, état）を意味するようになることにも端的に現れている．しかしながら当時のイタリア国際関係は「主権国家システム」と呼べるものではない．政治単位の中には，北半分を占める神聖ローマ帝国領の一部を構成しているものもあり，領土的に排他的単位になっておらず，階層的関係を有したままの当事者間で外交使節を交換したり武力衝突したりして，戦争と内戦との区別や外交関係と国内の上下関係との区別が曖昧であった．

西方キリスト教世界においてローマ教皇の権威を排除する契機になったのは，16世紀初めの宗教改革である．神の意思を地上に伝達する独占解釈権・独占翻訳権を享受していたカソリック教会は，15世紀から深刻な挑戦を受けていたが，決定的な衝撃は，ルターやカルヴァンが引き起こしたプロテスタント諸派の宗教改革運動である．カソリック教会の階層秩序を否定し，聖書に準

拠し，しかも聖書を各地の世俗語に翻訳して影響力を強めたプロテスタント諸派の運動は，カソリック教会の権威を否定したかった新興政治勢力と結びついて，西方キリスト教世界の各地へと飛び火していった．ルター派は，神聖ローマ帝国から北欧にかけて伸張し，カルヴァン派はスイス，フランス，イングランド，スコットランド，スペイン領オランダ方面に伸張していった．この間，イングランドのように，自国の教会組織をローマ教皇から独立させて，イングランド国王が教会首長となり，教会を保護するケースも出てきた．カソリック教会が優勢なフランス王国やスペイン王国においても，両国の教会組織はローマ教皇の下から引き剝がされ，国王の支配下に置かれた．立法や司法（裁判）の面でも，各国ごとに違う方式ではあったが，ローマ教皇の権威の下から解放された．こうして，ローマ教皇の権威を経由しないで神と結びつく手段を手に入れた政治権力は，各々の方式で，神と王権とを結びつけ，教会制度を自分の下に置いたのである（「きのこの笠」の排除）．

　他方で，宗教改革運動は，西方キリスト教世界の政治諸勢力に宗派の選択の余地を与えただけでなく，勢力拡張に自身が後援する宗派の勢力拡大を結びつけた．こうして（イベリア半島＝カソリックと北欧＝ルター派を除いて），各国の政治勢力と宗教勢力とが入り乱れて対立するとともに，各国は互いに近隣諸国の情勢に武力干渉し，国家間戦争とも内戦とも区別がつかない武力紛争（いわゆる宗教戦争）の時代が17世紀半ばまで続くことになる．神聖ローマ帝国を主戦場にした勢力争いは，結局，ウェストファリアの講和（1648年）で終結し，帝国版図内の領邦や都市などは一定の自治権や外交権を再確認するとともに，領地支配者の信仰する宗派がその領地内の正統的宗派であるとする原則（国教会原則：cuius regio eius religio）も確認された．国教会原則は国家間の宗派的多元性の相互尊重を意味し，内政不干渉の原理につながっていく．

　このような合意を評価して，ウェストファリアの講和をもって，神聖ローマ帝国の権威は事実上消滅し，主権国家システムが確立したとされ，主権国家システムを別名「ウェストファリア体制」と呼ぶのがかつては通例であった．しかし近年は，ウェストファリアの講和はそれほど画期的ではないとする見方が大勢を占める．また，宗教戦争（「神々の争い」）による消耗を経て宗教的寛容が広まったとされるが，それは「国際システム」的には妥当するものの，政治

権力内部においては必ずしも妥当しない．なお，ウェストファリアの講和では，オランダのスペインからの独立，スイスの神聖ローマ帝国からの独立などが広く承認されるとともに，多くの政治権力にとっての脅威（ドイツの統一やスペインの干渉など）が減じることになった．

　王位の継承（領土の相続）は，ローマ教皇の承認が不要となった一方で，政治勢力の激変につながるために，継承権をめぐって政治権力どうしの激しい利害対立を引き起こすことになった．17世紀後半から18世紀前半にかけて，南ネーデルラント（スペイン領）継承戦争，ファルツ選定候位継承戦争，スペイン王位継承戦争，ポーランド王位継承戦争，オーストリア王位継承戦争など領土相続をめぐる戦争が続いた．基本的に，こうした戦争では，継承（相続）によって強大な国家が出現しないように関係国が同盟して戦うパターンが見られた．そして講和に際しては，王位継承（遺産相続）が国家の領土再編につながらないような合意が達成された．こうして，国家から家産的性格がなくなっていった．また，「公正な勢力均衡（justum potentiae equilibrium）」が講和（平和）の基礎原理として確立していった．

　何世代も続いた宗教戦争は西方キリスト教世界（とくにドイツ地方）に多大な人的・物質的被害と影響をもたらした．他方で，16世紀から18世紀のヨーロッパは絶対主義（絶対王政）の時代とも言われている．これは宗教戦争の時代にあって，個々の王国がローマ教皇の権威から自由になっただけでなく，官僚制（国王補佐機関）と常備軍（国王直属軍）を発達させて中央集権化を推し進め，領域・領民の斉一化（教会領の独立性喪失，封建領主への優位性確立，飛び地の整理，国境を跨ぐ領地所有関係の解消，宗派ごとに整理統合された中核的住民の活躍など）が進行したことによって，理念型としての主権国家に近い王国が成立したことを意味している．要するに，個々の「どんぐり」の内部が「帝国システム」的であったものが，国内の一元的統治の強化をとおして単一国家化していったのである．なお，絶対主義の伝播について，イスラム世界の伝統的統治形態を，レコンキスタ（イスラム勢力排除）を果たしたイベリア半島の国家（とくにスペイン）が継承し，さらにスペインと婚姻関係でつながったフランス（ブルボン家）に移植されたという見方がある．

3　戦争と外交：主権国家システムの秩序維持

18世紀の初め，イギリス（1707年イングランドとスコットランドの合同），フランス，オーストリア（形骸化した神聖ローマ帝国）に加えて，プロイセン（スペイン王位継承戦争に神聖ローマ帝国側で参戦したことにより1701年に王国に昇格）も重要な政治勢力として登場した．そしてロシア（1721年に皇帝の統治する帝国として国際的に承認）も正統な構成員として認められ，主権国家システムの地理的空間は西方キリスト教世界を越えることになった．なお，個々の主権国家が自立的・自律的であるというのは，あくまで理念型である．たとえばイギリスは，アイルランド王国との同君連合（1801年まで）はさておき，1714年からハノーファー公国（選定候国）（1815年ウィーン会議で王国に昇格）と同君連合を形成し（ハノーヴァー朝），女王ヴィクトリアの即位（1837年）で解消する（サリカ法典にしたがって）まで続いた．

このような五大国は，勢力均衡を志向する同盟構築と同盟間戦争を繰り返すようになるとともに，大国どうしの利害調整のために弱小国の犠牲（たとえばポーランド分割）を厭わなかった．大国間の勢力均衡（balance of power）は，ナポレオン戦争後の国際秩序を構築したウィーン会議でも採用され，ヨーロッパ協調の時代を招来した．このウィーン体制とも呼ばれる秩序は19世紀半ばまでに崩壊したとされるが，20世紀になって大戦が勃発するまで続いたとも考えられる．

ヨーロッパ協調には，イギリスが大国間勢力均衡を維持するための錘（バランサー）の役割を担ったとされる．他方でこの時代は，イギリスを覇権国とするパクス・ブリタニカ（イギリスの平和）の時代と呼ばれることもある（この時代の到来は，19世紀前半からとする説や19世紀半ばからとする説など，必ずしも明確ではない）．産業革命をリードしたイギリスの国際関係における役割はどちらなのか．もちろん，ヨーロッパ協調はヨーロッパ半島の平和維持であり，パクス・ブリタニカは海洋・ヨーロッパ域外を含んだ通商秩序維持であるという分け方は可能であろう．いずれにせよ，ナポレオン戦争後に大戦争はなかったとはいえ，ヨーロッパ内外で戦争は起こっており，理論的に，国際の

平和を招来させるのが覇権の存在なのか勢力均衡なのかは論争的テーマであり，決着を見ていない．

　18世紀前半におけるロシアの主権国家システム参入を別な角度から見れば，主権国家システムの正統的構成員に西方キリスト教を信じる国以外も含めるようになったという点で，主権国家システムへの参加資格（文明国基準）が広がったことを意味している．もっとも，この段階ではキリスト教世界に限られていた．（非キリスト教世界との関係は第2章で論じる．）いずれにせよ，主権国家システムにおける秩序の維持はキリスト教的思想に支えられていた．

　平和維持（覇権によるか勢力均衡によるかはさておき）は主権国家システムでは不可侵の価値ではない．言い換えると，主権国家システムの秩序には平和だけでなく戦争も組み込まれている．中世的なカソリック教会秩序の世界では，ローマ教皇が最高裁判所（正邪の最終的な認定者）であり，王国間の紛争も例外ではなかった．ローマ教皇が主導する戦争（聖戦，たとえば十字軍）もあったが，正義の側による武力行使はもちろん，正義を恢復するための他国の参戦（制裁）もあり得た．しかし，教皇の権威を否定するところから生成した主権国家システムにおいては，最終的認定機関は存在せず，正邪の判断は保留にして（無差別戦争観），当事者だけに戦争を限定する制度（中立）が発達した．実際，紛争当事国は互いに自国の正当性を主張して戦争にいたるのが常であった．なお，正邪の判断が困難な場合に採用されてきた決闘裁判による決着が，戦争に反映している面もある．つまり，全能な神は正義の側を知っているのだから，闘いにおいて正義の側を支援して，勝利をもたらすはずである（「勝てば官軍」ではない）．決闘裁判では，当事者間の同等の能力が前提になるので，代理人も容認されており，強国に対する弱小国の同盟という勢力均衡の考え方とも矛盾しなかった．

　主権国家システムにおいては，国家間の利害対立が激化し，少なくとも一方の当事者が（通常は互いに）外交的に決着できないと認識して，戦争が始まる．この意味で，戦争は外交の延長であり，国家目標追求のための一政策手段であり，主権国家システムの中に正統的な位置を占めている．しかしこのことは，戦争と平和とが同一線上に並んでいることを意味しない．組織的な殺し合いを許容する戦時は，平時と明確に区別される必要があり，また，文明的に交

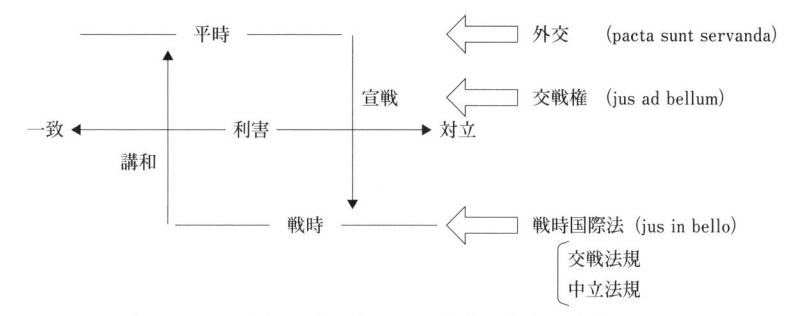

```
            ─── 平時 ────
                  ↑                ⇐  外交    (pacta sunt servanda)
                  │   宣戦         ⇐  交戦権  (jus ad bellum)
  一致 ←─────── 利害 ─────→ 対立
        講和    │
                  ↓
            ─── 戦時 ────          ⇐  戦時国際法（jus in bello）
                                       ┌ 交戦法規
                                       └ 中立法規
```

図表 1-3 平時と戦時：文明の２状態＝伝統的主権国家間関係

戦する必要があった．主権国家システムでは，国家間関係には文明状態として平時と戦時という２つの相が存在し，全く異なる相の間での相転移は明確であった（図表1-3）．平時では外交による国際関係が展開する．戦時では，当時国間ではもちろん戦闘状態（hostilities）が成立するが，第三国の中立（neutrality）も重要である．平時から戦時への相転移は一方的行為で生じる．典型的には宣戦である．反対に，戦時から平時への相転移は，当事国の合意を必要とする．それが講和（和平，peace）である．

平時には，外交（第６章を参照）が行われ，国家を代表する人たちの駆け引きと国家間合意で紛争が処理される．外交は，当事者間関係が基本であり，当事者を「合意は拘束する」（pacta sunt servanda）．もっとも「事情変更の原則」（clausula rebus sic stantibus：事情がそのまま変わらなければという前提）が常について回った．

主権国家システムにおける外交の原型は，ルネサンス期イタリアの「国際システム」の中に見出すことができる．イタリアに登場した「国際システム」は，フランスによるイタリアの侵攻（イタリア戦争）を受けて，16世紀初めに崩壊する．しかし，ルネサンス期のイタリアで発達した常駐使節の交換による政治単位支配者どうしの利害調整を図るネットワーク制度は，次第に西方キリスト教世界に広まっていく．西方キリスト教世界が，ローマ教皇を中心とする「帝国システム」的なハブ・アンド・スポーク関係から，「主権国家システム」的なネットワーク関係に変容したことと関係しているであろう．外交用語の多くは，イタリア語からフランス語，さらには英語へと借用されたものであ

る．イタリアは，軍事技術や築城技術では新興勢力に敗北したが，外交制度やさまざまな文化ではアルプスの北に浸透するパワーを有していたと言えよう．ルネサンス期イタリアの国際関係を分析的に描いた同時代人のグイッチャルディーニやマキャヴェッリの著作が後世でも広く参照されたのは，このような経緯と結びついている．

　戦争を文明の下に置くのは至難の業である．誰もが勝手に宣戦して良いものでもなかろう．戦闘状態が不必要に残虐・悲惨になるのも避けるべきだろう．主権国家システムの生成・確立にあたっては，戦争をめぐる「法＝文明の証」の議論が高まった．戦争をめぐる法は大別して2種類ある．ひとつは正当に戦争できる条件に関する法（jus ad bellum：交戦権）であり，もうひとつは戦争における法（jus in bello：戦時国際法）である．

　前者，すなわち交戦権には，正当な理由（justa causa）の存在（攻撃に対する自衛，不正行為者への制裁，不正から生じた損害・被害の回復），正統的政治権威（つまり主権国家）による行使，最後の手段（ultima ratio）としての武力行使などの戦争要件が含まれる．上述のように，紛争当事国の双方が自国側に正当な理由があることを主張するのが常であるため，個々の戦争についてどちらの当事者に正当な理由があるのかを判断することは事実上不可能であった．また，明示的な宣戦によって戦時に移行するのが典型とはいえ，まず戦闘状態に陥り，その後に両当事国が戦争になったことを互いに認めた例は多い（たとえば日露戦争）．さらには，戦時であることを互いに認めずに戦争状態を続ける場合もある（たとえば，1937年から41年までの日中戦争）．

　戦争における法（戦時国際法）は，当事国間に適用される交戦法規と第三国に適用される中立法規とに分かれる．さらに，交戦法規については戦闘行為に関わるものと戦闘員と非戦闘員との区別に関わるものとがあり，20世紀に法典化が進んだ（慣習法から条約法へ）．なお，無用の殺傷・非人道的行為を規制する内容を含んでいるので，近年は国際人道法（一般常識的な語感からずれるが）と呼ばれる．交戦法規は，正義がいずれの側にあろうとも（もちろんそれが不知の場合も），当事国には平等に適用される．中立に関しては微妙である（不正の側に対する制裁への参加が任意なのか義務的なのか明確でない）．

　戦時から平時へと回帰させる講和は，きわめて重要な概念である．戦争当事

国が，戦争を続行するよりも終結させたいとの意志を共有するようになったわけで，利害対立が開戦時より緩和され，共通の利益が凌駕したことを意味している（図表1-3）．たとえば，ウェストファリアの講和，ユトレヒトの講和，ウィーンの講和，ヴェルサイユの講和などは，いずれも大戦争を終結させる国際会議の成果であり，戦争原因となった利害対立を調整し，戦後の平和を安定的に持続させるための勢力均衡を企図したものである．もちろん，勝者と敗者との非対称的関係や調整できずに残った不満などで，さらには戦後の勢力の相対的変化で，戦後平和がどれだけ続くかは，必ずしも予測できない．しかし一般論とすれば，勢力均衡と協調外交（会議外交）とは密接に関連している．前者が大国間の覇権阻止機能を持っているとすれば，後者は前者を前提として大国間のみならず小国を巻き込んだ国際関係の利害調整機能を担っている．

＊4　近世法政治哲学と国際社会の理解

　主権国家システムは，その生成の過程と同時代を生きた思想家から理論的な支柱を得た．あえて，系列を分けると，主権国家の理論化と国際規範の理論化に大別できるだろう．前者は近代政治学に，後者は国際法学に変容していくが，ここでは，きわめて単純な図式で，16世紀から18世紀にかけての大きな流れを紹介しておこう．

　主権の概念は，宗教戦争時代の内戦を克服しようとする知的営為から確立した．まず，通説通り，ボダン（16世紀後半に活動）から始めよう．フランスの伝統的カソリック勢力（とくに強硬派）と新興ユグノー（フランスのカルヴァン派）との内戦（16世紀後半）に直面して，ボダンはカソリック穏健派に属し，宗派の一本化は不可能との認識に立って，フランスという国家の統一維持に主張の重点を置いた．『国家論』（1576年）で，宗派対立を超越する存在として国家を位置づける「主権」概念を打ち出した．すなわち「主権とは国家の絶対的かつ恒久的な権力である．」ここで絶対的権力とは，国内においては至上の権力で，対外的には自立的・自律的な権力であり，教皇の権威からの自由を意味していた．恒久的権力とは，主権の行使主体（＝主権者）という具体的・個別的人格とは区別される権力であり，国家という制度の中で主権者は「正し

い統治」を実現するとされた．つまり，絶対的権力とはいっても，主権はいかなる制約からも自由なわけではなく，正しい統治のためには，主権者の統治（法）は自然法や神定法に背馳してはならず，王領の譲渡禁止と王位継承規則（長男相続）も遵守する必要があった．

　イングランドの内戦は，カソリック教会から独立したイングランド国教会勢力（正統勢力）とイングランド国教会を改革しようとする清教徒（ピューリタン：カルヴァン派）とが対峙する中で，長老派（カルヴァン派）が優勢なスコットランドの国王からイングランド国王も兼任するようになったジェームズ（1603年，ステュアート朝の始まり）が専制政治を敷くようになる状況で混乱を深め，清教徒革命（共和体制化），王政復古，議会による王朝交代と相次ぐ政変を経て，名誉革命（1689年，立憲王制確立）によってようやく安定化する．この内戦期を生きたのがホッブズ（17世紀半ばから後半にかけて活動）である．ホッブズは『レヴァイアサン』（1651年）の中で，秩序が欠如する状態（たとえば内戦）を自然と見なし，自然状態に置かれた人間の意思決定に注目する（思考実験）．自然の中では個々の人間が主権（＝自然権）を持っているが，万人の万人に対する闘争（イングランド内戦に近似した状況）が継続するせいで，人間は不安の中で惨めな生活しかできない．そこで，相互の合意に基づいて，各人の主権を特定の人間（集団）に譲渡するのと引き替えに安全・安心を得ることができるような状況を想定する．そこでは，各人の主権を譲渡された新しい主権者が登場するとともに，主権を失った人間は，新たな主権者との間で契約関係があるのではなく，一方的従属に甘んじる．

　ホッブズより1世代遅れて登場したロック（17世紀後半に活動）は，『統治二論』（1689年）をまとめる．ロックは，内戦のもたらす混乱も専制による抑圧も拒絶する中で，ホッブズの思考実験を基本的に受け入れつつ，自然状態においても人間どうしの協力が可能であると想定し，主権を失った人間に残る属性（＝占有財，所有権：property）にホッブズよりも多くのものを想定する．とくに私有財産を主権者によっても奪えないものとしたことは，自由主義の基礎となる．政治権力（主権）の根源を人間相互の合意（社会契約）に求め，国家（主権者）は安全・安心の提供に責任を持つという意味においてはホッブズの主張と共通するが，他方で，統治者（主権者）と被統治者との関係を信託と

見なし，人間（被統治者）の属性を奪おうとする主権者に対する抵抗権を認めた．具体的主権者が国王なのか立法権を掌握する議会なのかについては，折衷的であり，ロックは名誉革命を擁護したといわれている．

ルソー（18世紀を生きた）も，『人間不平等起源論』（1755年）や『社会契約論』（1762年）を著して，主権国家の概念化に貢献している．ルソーは，宗教戦争・内乱の時代が終わり，理性の時代，啓蒙主義の時代の絶頂期となったフランスで活動し，彼の目に映った社会の問題（弱肉強食・不平等）を批判する中で理想国家論を展開した．ルソーが想定した自然状態では，人間は闘いも協力もしない存在であり，罪悪を犯すこともないが，困難を克服するために他者との協力が発生して社会が生じる．社会の中で格差・不平等を生じさせないために，個々人は，自分たちが属す単一不可分の共同体に全てを譲渡する．この共同体は，個々人の意思（特殊意思）を集めた全体意思とは異なる「一般意思」を持っており，個々人は一般意思に服従する必要がある．一般意思を持つ共同体が主権国家であり，共同体（＝人民）が主権者となる（人民主権論）．共同体（＝共通の文化）を維持することが，個人と共同体との一致に不可欠となる．

このように，ボダンは主権概念を定式化して，国家＝政治共同体の至上性を主張した．ホッブズ，ロック，ルソーは，ともに自然状態を想定した上で人為が加わった社会を構築する手法（思考実験）を採用し，自然には存在しない国家と主権者を創発させた（社会契約）．神との関係（自然）においては制約がある主権は，主権の譲渡契約を結んだ個々人（市民）との関係においては合意を必要としない統治を可能にする．西方キリスト教世界において，王国や共和国が主権国家として正統的な統治を行う条件を明示したのである．一連の議論では，主権に対する本来的制約が共有されている．この点から見れば，ボダンの主権説は主権者の無謬性を前提とする王権神授説と異質である．17世紀にイングランドやフランスで唱えられた王権神授説は，社会契約説によって徐々に否定されていったというよりは，主権論の展開の中で王権に対する制限が明確になりつつあったことへの一種の反動と言えよう．

一方，国際規範の理論化は，興味深いことに，ヨーロッパ勢力の域外拡大（第2章で概観する）が契機となった．西方キリスト教世界の規範についてはキ

リスト教規範が自明のものとして存在していたと考えれば,「ソト」との関係において全体的な規範を意識的に考察するようになったということは何ら驚くべきことではないのかもしれない.

インドをめざすうちに,思いもかけず「発見」してしまった新世界の大地（インディアス）をどのように所有するのか,そこに住む人間（インディオ）をどのように支配するのかは,レコンキスタを達成したばかりのスペイン王国にとってきわめて実践的な大問題であった.カルロス1世（カール5世）統治下の興隆期に,サラマンカ学派（ドミニコ会学派）の始祖と言われるビトリア（16世紀前半に活躍）は,スペインの新世界経営を理論づける根拠に,キリスト教義（スコラ哲学）に基づく自然権や自然法にローマの万民法（jus gentium：ローマ市民のみならず交流する諸外国人との間で共通する取引・契約など交流に関する法）を接合して,インディオの権利を認めつつ,節度あるスペイン統治を正当化する主張を展開した.とくに交流権（jus communicationis：通商・旅行・一時的居住の自由）や,インディオに対する正しい戦争の条件を議論した.

ビトリアとともにサラマンカ学派を創始したソト（16世紀前半に活躍）はビトリアの後継者として,自然法と万民法の理論化を進め,インディオの扱いをめぐるセプルベダとラスカサスとの間のバリャドリッド論争（1550年）では議長を務めた.ビトリアの学生だったメンチャカは,海洋自由の原則を掲げてスペインの交易独占を否定した.同大学で学んだイエズス会士のスアレス（16世紀後半に活躍）は,万民法を実質的に「文明的」諸民族に限定して適用するとともに,民族間の法（jus inter gentes）と各民族に共通する法とを区別して,前者から国際法につながる考え方が出てきた.

グロティウス（17世紀前半に活躍）は,上記のようなスペインでの学問成果を利用しながら,独立戦争を戦いつつアジアに進出したオランダの権益を擁護したりしていた.やがて,野蛮に戦われていた戦争の文明化を企図して,『戦争と平和の法』（1625年）で戦争に関する法の体系化を果たした.自然法との関連で戦争（国家間に限定されない）を正当化できる場合があること（正戦論）,戦争に訴える正当な理由（jus ad bellum）,全当事者に平等に適用されるべき法（jus in bello）について論じたのである.戦争は,個別的な各国法を共

有せず，それに拘束されない者たちの間の行為であるが，全ての法から解放されているわけではなく，自然法が適用される．自然法に基づく正当な理由は侵害（約束不履行を含む）への対処しかないとし，未遂の侵害に対する防衛，侵害に対する補償，処罰を掲げる．ところで，グロティウスによれば，人間の社会的欲求という本性に基礎づけられた普遍的で基本的な法である自然法とは，正しい理性の命令・禁止であって，理性的で社会的な人間の本性に照らし合わせた道徳的な貴賤に対応しており，結果として自然の創造者（＝神）の定めた命令・禁止である．この，神の意思ではなく理性に基礎づけられて自然法を見出すという論法から，グロティウスは近代的自然法論の開祖と言われ，ホッブズやロックの論法に大きな影響を与えたとされる．なお，自然法しか適用し得ない自然状態について，グロティウスの理論は人間の社会性を想定しているので，ホッブズよりロックの議論に近い．

　グロティウスの議論における戦争遂行主体は，各種の政治勢力として述べられており，まだ「主権国家」として明確化されていない．しかし30年戦争を講和に導き（1648年），またスペイン王位継承戦争を講和に導いた（1713年）ヨーロッパでは，主権国家ないし民族＝国民をまとめる国家という政治勢力が明確化していった．このような変化を受けて，ヴォルフ（18世紀前半に活動）は，万民法を私人間の法と国家間の法とに分け，後者を国際法と位置づけた．そして，自然法に基づく正戦論を認めつつも，当事者双方にとって戦争は正当とされた．自然状態に置かれた人間どうしの関係を自然法の下に置かれた国家（主権者）どうしの関係に平行移動させたのはヴァッテル（18世紀半ばに活動）である．『国際法』（1758年）の中で，国際法を諸主権者にとっての法と位置づけ，主権国家間の共存についての法を明確化しようとし，(1) 法の下における主権国家の平等，(2) 戦時における法（jus in bello）と公平な中立の重視，(3) 覇権を防止するための勢力均衡の重視などを打ち出した．同書はヨーロッパ各国のみならず，とくにアメリカで大きな影響を持ったという．

第2章　近代国際システム

　　　　15世紀末以降のヨーロッパ（西方キリスト教世界）勢力は，一方ではヨーロッパにおいては主権国家システムの生成につながる相互作用をしながら，各自がヨーロッパのソトの世界へと進出していった．その後，19世紀末から20世紀初めにかけて，大地のほとんどを勢力下に置いた．主権国家システムの構成員である主権国家は，互いに文明国間関係を維持するとともに，ヨーロッパ域外の世界を別物と考え，自分たちの相互関係とは別の論理で，拡大していった．本章で扱う「近代国際システム」とは，「主権国家システム」を包含しつつ，主権国家システムの構成員が勢力下に置き，別種の非対称的関係を強いた部分を含む全体的なシステムであり，20世紀初めまでに全世界を覆ったシステムである．本章では，とくに，ソトの世界への拡大，差別・支配を正当化した論理構造を概説する．

1　ヨーロッパ勢力の域外進出

　中世末期，西方キリスト教世界の諸勢力は活動を活発化し，東方（東地中海でオスマン勢力と接触），北方（北海，バルト海沿岸）に行動範囲を拡大した．このような拡大に加えて，15世紀末以降，インド（アジアの東半分を漠然と指す）をめざしてさまざまな政治勢力が遠洋航海を支援するようになる．世界史上，かつては「地理上の大発見の時代」，現在は「大航海の時代」と呼ばれている時期である．ただしそれは，ヨーロッパ勢力の視点からの位置づけである．当時の海域アジア（インド洋・豪亜地中海・南シナ海・東シナ海とその沿岸）は，「通商の時代」と呼ばれる交易の全盛期であった．（明の鄭和の船団が7次にわたりアフリカ沿岸まで航海したのは15世紀前半である．）そこにヨーロッパ勢力が，場合によっては暴力的に，新規参入したのである．15世紀から16世紀にかけて，大西洋と太平洋を往復する上で必須の風系を発見したことが参入を可能にした決定的要因であった．

めざすは，香辛料買い付けとキリスト教王国との連帯である．クローブ（強力な殺菌作用を持つ），メース・ナツメグ，コショウは食生活（とくに冬季の肉の保存）に不可欠だったが，オスマン帝国版図との中継貿易によりイタリア商人がヨーロッパにもたらすときにはきわめて高価になったので，直接取引を実現したかった．もちろん，東方貿易がもたらすさまざまな奢侈品の入手も重要な目的だった．また，インドのどこかにキリスト教王国があると信じられていたが，その勢力と連帯して，興隆しつつあったオスマン帝国を挟撃する構想を実現したかった．

　イベリア半島でレコンキスタ運動を推進し，中央集権化したポルトガルとスペインが先鞭をつける．図式的にまとめると，15世紀後半から16世紀にかけて，ポルトガルは南回りで（つまりアフリカ南端を経由して），スペインは西回りで（つまり直接）インドをめざした．スペインは，たどり着いたと思ったインドが新世界であることを悟り，そこを植民の対象地にするとともに，新世界の向こうにあるインドをめざし，16世紀初めに世界一周を果たした．ポルトガルとスペインの両国は，ローマ教皇の権威に頼って領土を認定してもらおうとしたが決着せず，両国で世界を東西二分することに合意し（トルデシリャス条約，1494年），新たに発見して支配する場合には，ブラジルから東インドネシア（香料諸島）まではポルトガル領，アメリカ大陸のほとんど（西インド諸島を含む）と太平洋を越えてフィリピンまでがスペイン領（ヌエバ・エスパーニャ）とした．しかしながら，実際に支配下に置いたのは，両国とも大陸沿岸部と島々だけであった．ポルトガルは，アフリカ，インド，東南アジアの沿岸や沖合の小島に次々と交易拠点を整備し，やがて王立インド商会による独占貿易とインド西岸のゴアを首都とするインド州によるアフリカ東岸から中国までの交易拠点管理を始めた（ポルトガル交易拠点帝国）．スペインは，フィリピンと新世界の支配地を一括してインド庁が管轄するようになり，アカプルコ・マニラ交易の経営も始める．ちなみに，新世界のインドを西インド，本来のインド（アジア）を東インドと呼ぶ慣行ができる．

　16世紀末から17世紀にかけて，オランダ，イングランド，フランスも新世界やインドへの進出に力を入れるようになる．当然のことながら，教皇の権威やポルトガルとスペインによる世界2分割を認めるはずがなかった．新興オラ

ンダは，スペインからの独立をめざし，北海・バルト海交易を牛耳っただけでなく，インド交易にも進出しようとした．交易独占特許をもつ東インド会社を設立し，ポルトガルの交易拠点帝国に対して挑戦しようとしたが，結局並行的な交易拠点帝国（ゴアに対応するのがジャカルタ，モザンビークやブラジルに対応するのがケープタウン）を形成するにとどまった．イングランドもオランダと同時期に東インド会社を設立し，オランダ東インド会社と比べると広範な権限を与えられたが，はるかに小規模で，インド西部との交易に重点を置かざるを得ず，17世紀末になってようやくボンベイ（ムンバイ）・マドラス（チェンナイ）・カルカッタ（コルコタ）に拠点を確立し，後世にインドを支配する際の足がかりができた．しかしイングランドは西方にも向かい，17世紀初めにまだスペイン勢力の手がついていなかった北アメリカ沿岸（ニューイングランドからヴァージニア）に進出し，植民地を建設した．フランスも，イングランドと同時期に北アメリカ北方（ヌーベル・フランス）に進出し，原住民を巻き込んでイングランド勢力と対立し，17世紀後半になると東インド会社を設立し，インドでイングランド東インド会社と衝突した．

　アジアや新世界，そしてヨーロッパにおける交易の支配をめぐるヨーロッパ勢力どうしの競争と対立は熾烈だった．交易をめぐる為替・金融の中心はイタリア諸都市から，リスボン（ポルトガルの拠点），アントワルペン（アントワープ，スペインの西ヨーロッパ拠点），アムステルダム（オランダの拠点），ロンドン（イングランドの拠点）へとめまぐるしく変遷した．また，新世界の社会に甚大な影響を及ぼしつつ，ヨーロッパ勢力（スペイン，イングランド，フランス）の植民が続いた．さらに，アジアとヨーロッパとを結ぶ交易路に大きな変化をもたらした．しかし，アジアの社会にはまだ深刻な影響を及ぼすほどの存在感は示せなかった．交易拠点帝国の東端にあたるマカオはポルトガル領にはならなかったし，長崎出島もオランダ領にならなかった．東進するロシアが17世紀末に中国と結んだネルチンスク条約は，中国にとってヨーロッパ勢力と結んだ最初の条約であるが，その後も中国へのロシア使節は朝貢使節の待遇しか与えられなかった．たしかにヨーロッパ諸国は，彼らの立場における「条約」（多くは通商条約）を中東やアジアの政治勢力と結んだが，域外諸勢力の側から見れば自分たちはヨーロッパのシステムの一部に組み込まれたわけで

はなかった.

　興隆するヨーロッパ勢力が域外に進出するエネルギーは高かったが，そこは異なる地域的なシステムが成立していた．新世界では既存システムを徹底的に破壊してスペインが近代国際システムを面的に広げ，その北方ではイギリスとフランスが勢力争いを展開した．しかしアフロ・ユーラシア陸塊においては，海域に張り巡らされた点と線のネットワークが沿岸部で既存勢力との接点を確立しただけにとどまった．ヨーロッパ半島・地中海で対面するオスマン帝国，ペルシャ，ムガール帝国を中心とする南アジア，中国（清）を中心とする東アジアと近代国際システムとの抗争は19世紀まで待たなければならない．他方で，18世紀末から19世紀初めにかけて，南北アメリカでは，ヨーロッパからの植民者の間でヨーロッパ各国主権から独立する動きが高まり，およそ半世紀の間に主権国家システムに編入されることになる．

2　帝国主義の時代

　ヨーロッパで発達した兵器と海運・操軍の技術は，18世紀半ば以降，アジアにおける交易拠点帝国の領域帝国への変質を促した．フランス・インド会社を駆逐したイギリス東インド会社はベンガルの経営に乗り出し，オランダ東インド会社はジャワ島を間接統治するようになった．しかし独占交易の比重は低下して，オランダ東インド会社は18世紀末に，イギリス東インド会社は19世紀半ばに解散する．それぞれ，オランダ領東インド国家とインド帝国（皇帝はイギリス国王が兼任）となる．その間，イギリスは南アジアから東南アジアにも進出し，ナポレオン戦争後の国際秩序再編の結果，マラッカ海峡を挟んで半島部はイギリス，島嶼部はオランダという棲み分けが合意された．こうして20世紀前半にかけて，イギリス政府やオランダ政府による統治が浸透した．さらに，イギリスがマレー半島南端に建設したシンガポールは，自由貿易体制の確立が国益となったイギリスがさらに中国から日本に及ぶ交易拠点帝国（非公式帝国）を新規に構築する上での新拠点として，ヨーロッパとの結節点となった．

　東アジアにおいて，ヨーロッパ各国が交易相手国に対して優位にたつ非公式

帝国を建設する上で，16世紀から19世紀前半までのヨーロッパ勢力とオスマン帝国との交易関係の変化が大きな影響を及ぼした．オスマン帝国が15世紀半ばにビザンツ帝国を滅ぼし，ヨーロッパ半島に進出した後も，イタリア諸都市だけでなく，イングランドやフランスからも商人がオスマン帝国の交易都市を訪れた．外交関係はなくとも通商関係は維持されたのである．（フランスのようにオスマン帝国と事実上の同盟関係を結んで，顰蹙を買うこともあった．）円滑な通商関係を維持することを目的として，領事関係（領事の派遣・受け入れ）も整備されていった．A国の領事（A国籍とは限らない）とは，他国の交易都市などに常駐してA国籍商人の活動に便宜を図ったり，その国の情勢をA国に知らしめたりする官職であり，国家を代表する外交官とは役職が異なっていた．イスラム法制として，イスラム信徒でなくても，啓典の民（ユダヤ教徒，キリスト教徒）は，統治に服し，納税義務を果たす限り，臣民として一定の保護を受けることができ，自治を許されてきた．オスマン帝国は，16世紀から17世紀初めにかけて，フランス，イングランド，オランダなどの国籍を持つ外国商人に対しても，通商，居留地滞在，一定の自治を容認し，オーストリアの敵対勢力と誼を通じる政策をとった．一定の自治には，内部の紛争処理に関する後世の領事裁判権にあたるものが含まれていた．また，通商の自由に関しては，帝国内通商や帝国からの輸出にかける関税表も含まれていた．やがて，オスマン帝国が何カ国にも恩恵を認めるようになると，各国は最恵国待遇をオスマン側から獲得するのに成功した．このようなオスマン帝国による恩恵付与は，カピチュレーション（capitulation）と呼ばれ，皇帝から名宛て国王への親書の形式であったが，皇帝と国王との条約と解することも可能であった．オスマン帝国が弱体化するにつれ，19世紀前半には明らかに，オスマン帝国とヨーロッパ主権国家との間の通商航海条約として，片務的領事裁判権，片務的最恵国待遇，片務的協定関税表，交易港（開港場）の設定，居留地（租界）の設定などがセットとして盛り込まれるようになった．このような不平等条約の標準化をめぐっては，イギリスが締結した1838年の通商条約が画期的とされる．

　1840年にアヘン戦争（第一次英清戦争）が起こる．広州における朝貢貿易体制という東アジア秩序の重要な様式とイギリスが持ち込もうとした自由貿易

体制との衝突であった．勝利したイギリスは，広州対岸に自由貿易のシンボルとなる香港を中国に割譲させ，その他5港における居留権と交易権を認めさせ，さらに賠償金支払いも義務づけた．以降，イギリスをはじめとするヨーロッパ勢力との対決に負け続けた中国は，1860年にかけて不平等条約体制を受け入れざるを得なかった．1850年代には，日本も不平等条約体制に編入される．領事代表部制度が発達するのもこの時期である．

アフリカ（サハラ以南）では，19世紀に入ると，新世界でのプランテーション経営と結びついていた奴隷貿易が衰退したが，各地で近代化をめざす勢力に対する武器貿易が続いた．伝統的交易路を伝って，ヨーロッパ勢力が内陸に足跡を残すようになるが，低緯度地方（熱帯雨林圏）はヨーロッパ人にとって劣悪な生活環境であり，アフリカに対する面の支配を本格的に企図するのは，19世紀末である．新興勢力ドイツとベルギーが，ポルトガル（交易拠点と南西・南東部の維持），イギリス（南アフリカ，エジプトを含むインド権益維持のための戦略拠点確保），フランス（地中海対岸の北アフリカから南方に扇形展開）とともに「アフリカの奪い合い」（アフリカ分割と訳されるが，原語はscramble＝「奪い合い」）に参入した．また，太平洋に散在する島々も，同様な奪い合いの対象となった．

19世紀末から20世紀初めに生じた従属地域の獲得競争が，分割ではなく「奪い合い」とするのは，具体的分割に合意したわけではなく，正統的領有として，新発見の土地（terra incognita：未知の地）・無主地（terra nullius：主権下に入ったことのない土地）に対する先占（occupatio：実効的支配）の法理採用と，その事実の通告義務に合意しただけだからである．アメリカを含む主要国（計14カ国）が参加したベルリン会議（1884-85年）が，合意の舞台である．したがって「早い者勝ち」の奪い合いが進行し，結果的に地図上で主権国家（欧米列強）による大地の分割が完了したのである．

イギリスをはじめとするヨーロッパ各国が産業革命を経験し，新しい原材料確保と製品市場をヨーロッパ域外に求めた結果が，それまでほとんど手つかずだったアジアやアフリカの内陸部に対する勢力の浸透であった．さらに一般的な勢力圏の拡大を求めた国どうしの対立も激化した．西アジアから中央アジアにかけて展開したイギリスとロシアの間の「グレート・ゲーム」や北米大陸に

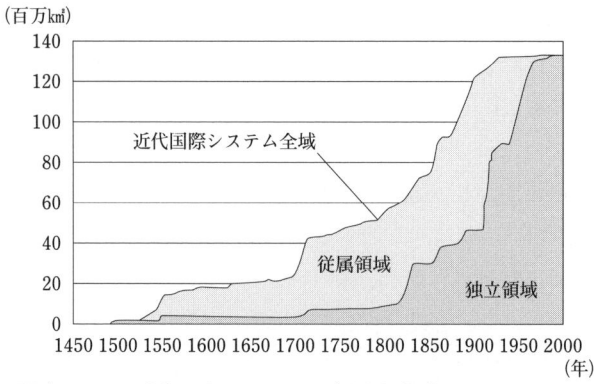

図表 2-1 近代国際システムの領域的推移（1450-2000 年）

おけるアメリカの西方拡張などをつうじて，世界各地で近代国際システムが覆う領域が拡大し，20世紀初めには地球を覆うことになった（図表2-1：国際的領域としての公海と南極を除く）．従属地域の拡大を実現する領域の変更は割譲しかなくなるが，第一次世界大戦の結果，従属地域の新規獲得は許されなくなった．敗戦国の従属地域は，独立が認められるか，国際連盟の委任統治の下に置かれた．

3 近代国際システムにおける階層性

15世紀後半以降，ヨーロッパ勢力はヨーロッパ半島から域外へと進出していった．新しい活動空間は本国とは異質であり，域外の政治勢力との関係はヨーロッパ勢力どうしの関係と切り離された．関係の違いに注目すれば，域外で獲得した領域は本国に従属する領域と位置づけられた．つまり，16世紀から18世紀にかけて主権国家システムの構成員（つまり主権国家）となる政治勢力の中には，同時期に，さらに20世紀にかけて，各々帝国システムを発達させた勢力もあったのである．この数世紀にわたるプロセスを，本章でまとめてみた．

他方で，主権国家システムも拡大している．主権国家システムの新たな構成員になるには（1）「ソト」から純正の主権国家と認められて参入する，（2）

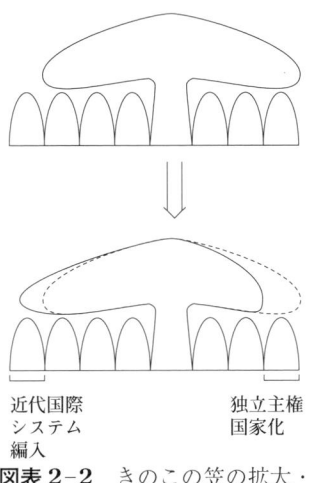

近代国際　　　　独立主権
システム　　　　国家化
編入

図表 2-2 きのこの笠の拡大・縮小の同時進行

「ソト」から不平等条約体制の一員として（条約当事国という意味では主権国家と認められて）参入する，(3) 帝国システムの従属的地位に編入された後に，分離独立して主権国家となる，の3パターンに大別できる．(1) についてはロシアのように，文明国の定義が変わって（西方キリスト教世界からキリスト教世界へ），参入が認められる事例もあったが，それは稀なケースである．(2) は，19世紀後半のオスマン帝国，中国，日本など欧米列強が国家として認めざるを得ないほど強力な少数の政治勢力か，列強間の緩衝国家として認める結果になった政治勢力にしか適用されなかった．ほとんどは (3) のパターンであった．

要するに典型的な近代国際システムの拡大と主権国家システムの拡大（第三のパターン）を図式化すれば，一方では，きのこモデルにおけるきのこの笠が「ソト」の世界に広がっていくプロセスと，きのこの笠を縮小させてどんぐりがソトに出ていく（主権国家化する）プロセスが生じたのである（図表2-2）．

近代国際システムの内部について，個々の帝国システムの特徴の違いに注目できる．類型論的に整理すると，(1) 文字通りの植民帝国，(2) 交易拠点帝国，(3) 現地政治勢力を支配する領域帝国に分けられる．(1) 植民帝国は宗教的・経済的・政治的その他の理由で本国から移住して構築されるので，本国と

第2章　近代国際システム

の結びつきは強く，文化的同質性も相対的に高い．高度の自治が認められるケースも稀ではない．結果として，ヨーロッパ人の住みやすい中緯度地方が中心となる．先住民は排除されたり隷属させられたりして，植民帝国の中で平等の扱いを受けないのが通常であった．先住民の扱いについては，スペインで大問題になったが，差別的地位に置かれた．ロックも，神が与えてくれた大地を効率良く利用することが神の意志に沿うことであるという理屈で，粗放的な先住民の土地を奪って農業を興すイングランドからの植民活動を支持した．植民帝国の主権国家化は，支配下に置いておきたい本国の抵抗はあっても，比較的容易に承認された．(2) 交易拠点帝国は，現地勢力の抵抗が比較的少ない場所に交易拠点を設け，そこにさまざまな交易民を呼び込んで交易を盛んにすることが重要である．もちろん，本国，交易拠点，そして両者をつなぐ中継拠点を相互に結びつけるネットワークの維持管理も重要である．ネットワークの広がりの大きさと比較すると，排他的に統治している拠点や一部の水路が占める規模はきわめて小さい．それゆえ，近世のヨーロッパ勢力であっても，アジア海域にまで進出できたと言えよう．交易拠点帝国においては，本国人は派遣先で根付くことは想定しないだけでなく，各拠点では民族的マイノリティであることが多かったが，拠点やその後背地で混血が進む場合もあった．(3) 現地勢力を統治する領域帝国は，典型的には，産業革命が進行した 19 世紀に顕著な帝国システムである．ヨーロッパ人には住みにくい環境で，自分たちの勢力圏を確保し，強制的な原材料の確保や本国工業製品の市場化をめざした．保護国としたり現地国家を直接統治したり，さまざまな支配形態が採られたが，現地の小規模な統治組織が本国と緊密な関係を保った．統治を補佐する官吏養成のため，現地での人材育成（場合によっては本国への留学）も重要であった．

　以上のような帝国システムを含む近代国際システムにおけるヨーロッパ勢力の優位性は，自身の文明観に依拠していた．西方キリスト教世界を初めてまとめて他者と対決した「十字軍」(11 世紀末— 13 世紀) に見る極端な自他比較と聖戦思想はさておき，新世界と向かい合った 15 世紀末以降のヨーロッパ自身の文明（キリスト教文化；カソリック信徒）と未開（無知；異教徒）とに原型を求めることができよう．西方キリスト教世界から生まれた主権国家システムが，構成員たる主権国家の資格に文明国＝西方キリスト教国を掲げたのも理解

できないわけではない．それ以外を非文明人の棲む「ソト」の世界と規定し，そこへの進出・拡張は，文明国間関係に適用される規範とは別の規範を適用することに躊躇はなかった．東ローマ帝国の末裔として皇帝を自称し，ギリシャ正教を継承したロシアの政治権力は，なかなか西方キリスト教世界から仲間扱いされなかったが，18世紀に入り，スウェーデンと長期戦に臨んだピョートル1世の治下にようやく常駐使節の交換相手として認められた．文明の定義が緩まって，東方キリスト教世界も含めるようになったといえよう．オスマン帝国臣民のアルメニア商人（東方キリスト教の一派の信徒）がアムステルダムやロンドンに住みつくようになるのも18世紀のことである．

　ユーラシア大陸を見渡せば，ヨーロッパ勢力が台頭し始める頃の大文明圏は，東アジア（明清），南アジア（ムガール帝国），中東（オスマン帝国）であろう．実際，直接対峙するオスマン帝国やさらに東方の圧倒的な富と権力の世界は訪れたヨーロッパ人（とくに知識人でもあった宣教師たち）を驚嘆させ，彼らは中国文化をヨーロッパに紹介した（周知のように，彼らの学識から中国文化が大きな影響を受けたのは言うまでもない）．このような接触・交流も，彼らの文明観の相対化にはいたらず，17世紀以降に異国趣味が浸透するにおわったが，18世紀ヨーロッパでは儒教思想が正邪を峻別する宗教的人間観を相対化し，理性的人間像を作り上げるのに貢献したとされる．野蛮と対比される文明（Civilization：大文字で始まる単数形）という用法が登場するのもこのころと言われている．

　主権国家システムを定義づける文明の意味が，次に大きく変わるのは19世紀前半である．オスマン帝国を主権国家システムに編入させるのに際して，キリスト教に依拠するわけにはいかなくなり，法治国家であることが文明国の一員となる条件としてかかげられた．中央集権的であるが支配者の恣意性に対する理性の規制が明確にされている国家のことである．いうまでもなく，ヨーロッパ諸国で国民国家化が進行していたことと密接に関係している．もっとも，このような文明観が採用されたからといって，オスマン帝国（そして中国や日本）が文明国に認定されたわけではないのは，このような国々が不平等条約体制に置かれたことからも理解できよう．

　文明と非文明という軸が洗練化して，文明（Civilized）・野蛮（barbarous）・

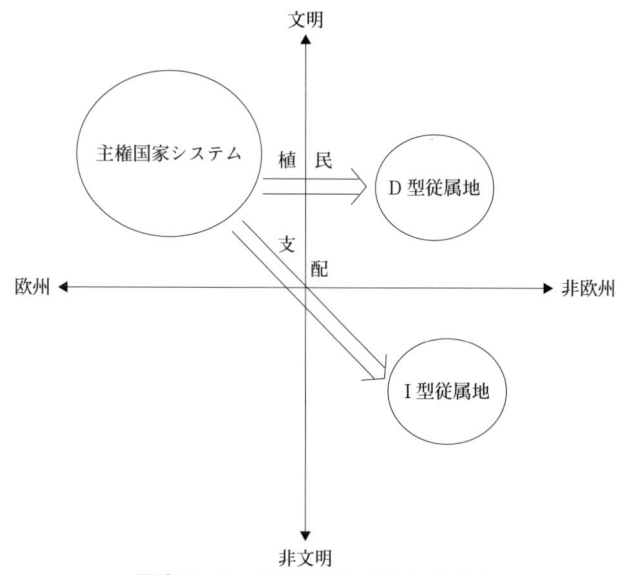

図表 2-3 近代国際システムの拡大

未開（savage）の3段階の認識が登場した．狭義の主権国家システムは，文明圏のみに適用される．国際法が文明諸国間の法と規定されるのと平仄があっている．オスマン帝国や東アジア諸国は野蛮な国に分類される．自らを統治できない（律することのできない）未開人に対しては，文明国は彼らが自律できるようになるまで支配しなくてはならない．

　近代国際システムの拡大と，ヨーロッパ勢力の世界観とを組み合わせると，図表2-3のように図式化できるだろう．図中で，ヨーロッパ人＝文明人が域外に植民し定住するパターンをD型，域外の進出先において現地社会を低く見て支配するパターンをI型と区別しているが，D型は自分たちによる所有（dominium），I型は余所者に対する支配（imperium）という側面を強調したものである．D型従属地にあっては，同じヨーロッパ人＝文明人の領域であるという理由から，比較的容易に主権国家化が進行した．両者の中間領域にあるのが野蛮国＝ヨーロッパ勢力の支配が困難な国であり，オスマン帝国，シャム（タイ：英仏の緩衝国として独立維持），中国，日本などが含まれる．

　近代国際システムには，主権国家システムが包含された．後者は，文明国の

みを構成員とし，文明国どうしの国際関係が展開し，文明国どうしの国際関係に適用される国際法が規律する世界である．これに対し，前者は，文明国が個別に（帝国システムの宗主国として），あるいは文明国の総意として，不平等な国際関係ないし支配従属関係を非文明国に押し付ける世界である．

　かつては，無知な未開人でもキリスト教に帰依できる能力を備えていて，帰依すれば平等に扱うべきであるという思想もあり，また，キリスト教のさまざまな宗派がアジアやアフリカで宣教活動を行ったが，個人のあつかいはさておき，ヨーロッパ社会と非ヨーロッパ社会との間の宗教に基礎づけられた差別は消えなかった．さらに，個人ではいかんともしがたい身体的特徴に社会的意味を与えて差別する思想の下で，帝国システムは正当化され，宗主国（ヨーロッパ本国）による海外従属領域の支配は人種概念に翻訳された文明観によって支えられるようになった．それでも，支配正当化の一部として，未開人を文明化する責任を支配者側に課していた．「白人の責務（the White Man's Burden）」は人種主義と帝国支配との関連性を象徴している．イギリスより同化政策に積極的だったフランスには，開化民（Évolué）というカテゴリーがある．キリスト教化・教育によって文字通り発展して，「原住民」から脱した人々のことであり，従属地域のエリートとして行政にあたることもあった．

＊4　日本の近代国際システムへの編入

　徳川幕府による鎖国政策は日本にソトの世界からの完全な孤立をもたらしたわけではなく，幕府直轄の長崎出島での公認交易（通商）の他に，薩摩藩による琉球・中国をつなぐ交易（通信），対馬藩を媒介とする朝鮮との交易（通信），松前藩の独占北方交易といったルートがあった．しかし，西方キリスト教世界との接触は，オランダ東インド会社（オランダ交易拠点帝国）に限られており，世界システムの大きな流れには巻き込まれていなかったと言えよう．日本が本格的に近代国際システムと向き合うことになったのは1850年代である．言うまでもなく，アメリカの開国要求が契機である．結局，日米和親条約（1854年），日米修好通商条約（1858年）を締結し，同年引き続いて，イギリス，ロシア，フランス，オランダとも同様の条約を締結した（いわゆる安政の

5カ国条約).敗戦によって開国条約を押し付けられた中国とは異なり,賠償金の支払いや領土の割譲は一切なかった.また,自治(行政権)を許す居留地(租界)も与えなかった.

日米修好通商条約で,主権国家システムによる不平等条約体制を検討してみよう.主な合意は次のようにまとめられる.

(1) 外交関係の樹立(外交官の交換)
(2) 下田,函館(すでに日米和親条約で開港),神奈川(下田を閉鎖して),新潟,兵庫,長崎の開港
(3) 江戸と大坂の開市
(4) 民間による自由貿易(ただし兵器は政府のみへの売り渡し,アヘン禁止,米麦の輸出禁止)
(5) 協定関税(日本への輸入品と日本からの輸出品について)
(6) 領事裁判権(日本人に違法行為をしたアメリカ人に対する領事裁判権.アメリカ人に違法行為をした日本人は日本側の管轄)
(7) 片務的最恵国待遇(日米和親条約から継承)
(8) 1872年7月4日以降の改廃可(1年前の通達が必要)
(9) 日本側大君(将軍)とアメリカ側大統領とが当事者(1859年4月発効.批准書交換の規定はあるが)

このように,政府(徳川幕府)が,一般日本人の海外渡航を認める方針になっていないことを反映して,日本側の対応に関する規定が中心である.日本人がアメリカで通商・居住しない限り,最恵国待遇が片務的であっても差し障りがなかった.なお,裁判権が一見すると相互的になっている点であるが,日本法が国内で外国人に適用できないことだけで十分に片務的である.アメリカにおいても日本人の犯罪に対する日本側の領事裁判権が認められて,はじめて双務的だと言えよう.

なお,修好通商条約の日本側当事者である徳川幕府が京都の朝廷に決裁を求めたところ,拒否されたことにより国内政治は混乱するが,朝廷も結局承認することになる.また,協定関税(従価率)は1866年に中国並みの平均5%で確定した.

明治政府が,岩倉使節団を1871年暮れに,東回りで世界一周の列国公式訪

問と政治社会制度調査のために送るが，条約改正の打診（上記のように72年に改正可）も副次的任務であった．しかし最初の訪問国アメリカで，不平等条約改正が至難であることを理解すると，その後はもっぱら見聞による学習機会となった．条約改正と文明国待遇とが表裏一体であることを知り，文明開化の早期実現をめざして明治政府は一連の政策をとる．とくに重要なのは，立憲君主制をめざす動きである．憲法の起草，内閣制度の導入，国会の開設などが次々と決定され，1889年の大日本帝国憲法発布，90年の衆議院議員総選挙と帝国議会へとつながった．文明国として国際約束を履行できるだけでなく，戦争を文明的に行えることを示すために国際法に則った国家行動を日清戦争や日露戦争において欧米文明国に印象づけることも重要であった．

　日本の外交努力と東アジア国際情勢の変化とがあいまって，日清戦争前夜の1894年にイギリス，アメリカをはじめとする列国と新しい通商航海条約を締結し，世紀末の1899年に発効して領事裁判権を廃止した．そしてようやく，1911年の日米通商航海条約改訂時に，協定関税表を廃止して関税自主権を獲得した．また，開国以来，列国と公使を交換してきたが，日露戦争後，相次いで大使を交換するようになった．このように，19世紀末から20世紀初めにかけて，日本は文明国と認定されて，主権国家システムの対等な一員に加えられるようになった．近代国際システムに編入させられてから，約半世紀の道のりであった．このような経緯と並行して，日本は台湾と澎湖諸島を中国から獲得し，自らを帝国システムとして構築するようになった．

　近代国際システムに編入されてからの日本は，明治政府になると一転して東アジアの近代国際システムへの編入に積極的になった．1876年に朝鮮に対して不平等条約（日朝修好条規）を押し付けて，開国を強いた．朝鮮に対する宗主権を主張する中国に対しては，日清戦争の講和（下関条約）で朝鮮の独立を認めさせた．このような東アジアが近代国際システムに取り込まれる過程を見ると，帝国という呼称が興味深い役割を果たしていることに気づく．「日本國」という呼称も用いていた日本であるが，皇帝（天皇：Emperor）を戴く国家という意味での「日本帝国（Empire of Japan）」という呼称は，すでに徳川幕府が結んだ条約にも登場しており，後年，大日本帝国という形で憲法にも書き込まれた．当時の日本帝国は，帝国システムを形成していたわけではなく

（北海道と琉球＝沖縄県の扱いは微妙であるが），単に皇帝の国家という意味であった．中国の宗主権から自由になった朝鮮は，改元して清朝暦を廃止し，国王高宗は中国皇帝に従属する「王」から「皇帝」を名乗るようになり，国名を大韓帝国に変えた．朝鮮の場合は，日本よりもはるかに明確に，中国の冊封体制からの離脱，中国皇帝（Emperor of China）からの独立を表していた．なお，日本が韓国を併合する際，近代国際システムに則った「併合条約」を両国政府が締結し，韓国皇帝が日本国皇帝に統治権を譲与する一方で，日本国皇帝（天皇）は詔勅を発出して，「前韓国皇帝を冊し王と為し」と述べて，東アジアの伝統的秩序である冊封体制の論理を再び持ち出している．

　20世紀に入ると日本は，「一等国」の仲間入りをめざす．当時，「一等国，二等国，三等国」という主権国家の格付けが流布していたらしい．これを文明，野蛮（半文明），未開の3分類に対応させる見方もあるようだが，「一等国」への執着が現れるのは日本が文明国の仲間入りを果たして以降のことであるから，別なところに格付けの根拠を求めるべきであろう．ひとつの格付け候補は，互いに交換する外交使節団長の格であろう．19世紀前半（1815年ウィーン会議，1818年エクスラシャペル会議）に確立した階位は，特命全権大使，特命全権公使，弁理公使，代理公使の順である（ローマ教皇の遣外使節は大使級）．上述のように日露戦争に勝って，日本は最高位の大使の交換を実現できた．もうひとつの候補は，常設司法裁判所構想であろう．第1回ハーグ平和会議（1899年）で設置された常設仲裁裁判所（実態は裁判官名簿だけの存在）を字義通りに常設化しようとした国際的な動きで，第2回ハーグ平和会議（1907年）で常設仲裁司法裁判所条約が起草されるが，最終的な意見不一致で日の目を見ず，結局，国際連盟規約によって常設国際司法裁判所として実現する．さて第2回会議は，40カ国以上が参加するが，アジアからは中国，日本，ペルシャ（イラン），シャム（タイ），オスマン（トルコ）（記載順）が参加した（韓国は保護国化していた）．常設仲裁裁判所とは異なり，条約草案では，イギリス，フランス，ドイツ，ロシア，オーストリア，イタリアのヨーロッパ6カ国にアメリカと日本が加わる計8カ国が1名ずつ計8名の裁判官を任命し，残りの9名について，条約加盟各国が10年，4年，2年，1年の各任期で任命することになっていた．日本は国際的に英独仏露などと並ぶ大国の地位を認めら

れたことを意味していた．その後第一次大戦を経て，講和会議にも，大国並みの代表5人を参加させる待遇を受けた．講和とともに発足する国際連盟では，日本は常任理事国の一角を占める（アメリカの不参加，ドイツやオーストリアの敗戦，ロシアの革命などで，イギリス，フランス，イタリア，日本の4カ国が常任理事国）．

第3章　国際規範の変化と主権国家システムの変容

　主権国家システムは，主権（ウチに絶対，ソトに平等）を有する国家の並存状況を基本とし，国家間の紛争は戦争を含む方法で当事者間で解決するものとされたが，平和の維持はシステム全体の関心事であり，とくに戦争状態を終結させる講和には戦後の平和を安定させる勢力均衡が重視された．しかし過去1世紀に主権国家システムは大きく変容した．本章では，その変容をもたらした国際規範の変化に注目しつつ，主権国家システムの変容を概観する．出発点は，主権国家のあり方が国民国家を基本とするようになったところに置く．

1　主権在民の思想と国民国家の拡散

　16世紀から18世紀にかけて生成された主権国家システム（第1章を参照）には，その構成員たる主権国家の中身については多元性を認め合う原則（内政不干渉原則）があった．この原則はさておき，個別の主権国家は主権在民であるべきとする考え方が登場した．主権在民という主権国家の特別な形態を「国民国家」と呼ぶ．当初は異端視・危険視された国家のあり方であったが，20世紀には規範化される．つまり，主権国家であるためには国民国家でなければならない，というわけである．国民そのものについては第5章で詳しく議論することにして，ここでは，国民国家というニュータイプの国家の登場が，主権国家システムに及ぼした影響について概観する．
　18世紀末から19世紀前半にかけて，ヨーロッパに限定されていた主権国家システムは南北アメリカ大陸へ拡大した．ほとんどのケースは，従属的地位からの独立である．その際，共和制として主権国家化するのが典型であった．初めから共和制＝主権在民の国家として主権国家システムに参入したのである．
　もちろん例外はあった．オスマン帝国から独立したギリシャは，バイエルン王族から国王を迎えた．ブラジルは，ナポレオンの占領期に亡命してきたポル

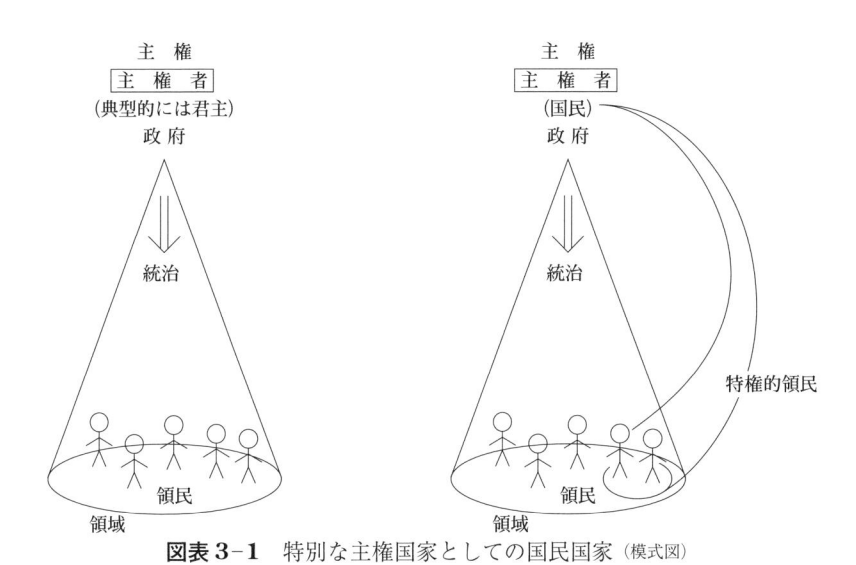

図表 3-1 特別な主権国家としての国民国家（模式図）

トガル王族を皇帝とする帝国として独立した．メキシコは，独立宣言時にはスペイン植民者が皇帝に即位した．しかし異邦の支配者を戴くギリシャでは，政治不安・政治混乱が続いた（共和制になった今日まで続いている）．ブラジルは，19世紀末にクーデターにより第2代皇帝を廃位し，共和制となった．メキシコは，独立まもなく共和制に移行した．要するに，従来の主権を否定し，新しく主権を樹立するに際して，共和制を選択するケースが圧倒的であったことを確認しておこう．

共和制国家がモデルになった決定的な契機は，アメリカ合衆国の成立である．それは，共和主義と立憲主義の結合というアメリカ合衆国建国期における壮大な実験であった．それまで思考実験にとどまっていた自然状態からの社会契約における国家建設を，実際にやってみせたのである．主権国家システムにおいて，主権国家の典型例（規範とまではいえないが）は君主制の国家であった．もちろん共和制も存在した．現存最古の共和国であるサンマリノ，本書でもすでに登場したヴェネツィアやフィレンツェなどである．しかし，共和制は都市国家規模にしか現実的ではないと考えられ，一定の（多様な）領域を集権的に統治するには君主制が適しているとされた．アメリカは，連邦制を採用して，共和制と広域国家の中央集権化とを両立させたのである．共和制の選択に

第3章　国際規範の変化と主権国家システムの変容　49

は，1世紀前のイングランドの名誉革命の経験とロックの政治思想の影響を見逃せない．立憲主義は，社会契約による国制（国のかたち）を明確化する主張であり，主権を含む各種国家権力のあり方を定め，国家によって剥奪できない人権と国家に能動的に関わる市民権（公民権）を定める政治思想である．要するに，特権的領民が主権者を兼ねるという特別な主権国家として国民国家が歴史に登場したのである（図表3-1）．

多様な形態でイギリスの主権下にあった北アメリカ東海岸の13カ国は，各国代表の全会一致でイギリスに対する独立を宣言した．そして各国は自然状態から主権国家を作る社会契約として憲法を制定した．そこでは，人民主権の徹底とともに社会契約における多数決原理が確立した．中でも大きな影響を及ぼしたのは，独立宣言直前に制定されたヴァージニア憲法（権利章典を含む）であり，独立宣言や各国憲法の基本理念となった．その後，国家連合から13の主権国家をひとつに束ねる連邦憲法（アメリカ合衆国憲法）が，ふたたび社会契約を象徴する憲法制定会議の投票による3分の2多数決で採択され，全13カ国（連邦構成国＝州）の批准を受ける．このような理念と手続きは，その後の主権国家化のひな形（範型，モデル）になっていく．

なお，アメリカは帝国システムとして独立した．13州の西側には，ミシシッピ川までの広大な領域がイギリスから独立承認時に割譲されたのである．その後，従属領域の連邦構成国＝州への格上げと新たな従属領域の獲得とが並行して進行する．アラスカやハワイが州に昇格するのは1950年代末である（今日の50州体制の成立）．

18世紀末から19世紀初めのヨーロッパでは，フランスにおける革命そしてナポレオンによる戦争が各国に衝撃をもたらした．ヴァージニア権利章典に範をとった「人間と市民の権利宣言」（人権宣言）をフランスの国民議会が採択するのは革命まもなくのことであり，その後，混乱を極めて，立憲君主制から共和制へと，ナポレオンが皇帝になるまでに数次にわたって憲法が制定された．ナポレオンはフランスの危機をばねにして，対外解放戦争を遂行する．こうしたフランスの激変は周辺諸国にとって二重の脅威であった．ひとつは，君主権を否定する原理がフランスで正統性を得たことであり，その拡散を各国支配者は恐れた．しかしこの危険思想は，ウィーン会議でひとまず退けられた．

しかし，フランス革命とナポレオンの遠征がまき散らした主権在民の思想の種子は各地で芽を吹き，それから1世代の間に，各国では立憲革命が起こり，君主権を制限して事実上の主権在民が実現する．もうひとつは，強力な国民軍の登場である．わずか数年の内に，フランス軍は，ロシアとスウェーデン，イギリスを除くヨーロッパのほとんどを支配するか従属させた．フランスの勝利は，各国の国防政策を抜本的に変え，戦争のあり方を大きく変えた．19世紀半ばまでには「徴兵制」や「動員」制度が浸透した．傭兵その他からなる常備軍が戦争の主役だったものが，祖国愛に結びついた国民皆兵理念に裏打ちされた国民軍に代わり，将校団も貴族中心から職業軍人へと代わる．

　対外解放戦争を指導したナポレオンは，専制からの自由をヨーロッパ人民に与えようと企図したのかもしれないが，結果としては，主権在民の思想を拡散しただけでなく，フランスに対する反感とナショナリズムの興隆を引き起こした．おそらく最も的確に反応したのはプロイセンだろう．イギリスからは産業革命による軍事産業の近代化を，フランスからは徴兵制による国民皆兵を学んで，それらを結びつけ，ドイツ・ナショナリズムを利用してドイツ統一（ドイツ帝国の建設）を実現し，英仏のライバルとなっていく．

　ちなみに，ヨーロッパの激変を引き起こしたフランスではあるが，フランス軍が無敵の軍隊になったわけでもなければ，フランス・ナショナリズムが地方や人々の隅々にまで浸透したわけではない．1871年プロイセンとの戦争に敗れたフランスは，ウェストファリアの講和で獲得したアルザスをドイツ（占領下のパリで，プロイセン国王が連邦制のドイツ帝国の皇帝に即位）に割譲する．この領土変更を象徴するのがドーデの『最後の授業』であるが，教師が黒板に書く「フランス万歳」は，いわば上からのナショナリズムの典型である．また，戦時中でパリの包囲が続く中，脳天気にも郊外に釣りに出かけて，スパイ容疑でプロイセン兵に銃殺されてしまう市民をモーパッサンは『二人の友』の中で活写している．

　19世紀後半以降，イタリアの統一，ドイツの統一を経て，ヨーロッパの国際関係はイギリス，フランス，ドイツ，イタリア，オーストリア・ハンガリー，ロシアの六大国の合従連衡が中心になって展開し，それにアジア・アフリカにおける従属領域獲得競争と対立が絡むようになる．世紀末になると，北ア

メリカに帝国を築いたアメリカは，スペインと戦争して海外領土を獲得するとともに，中国進出に出遅れたために門戸開放を主張する．ほぼ同時期，日本も中国との戦争に勝利し，イギリスと同盟を結び，さらにロシアと互角に戦ったことで，アジアを舞台とする国際関係に登場する．20世紀初めの主権国家システムは，ヨーロッパ六大国とアメリカ，日本の合計8カ国が中心となった．そしてヨーロッパ全土を戦場とする第一次世界大戦が起こる．国民国家化したヨーロッパ各国は，国民と産業を総動員し，4年にわたる消耗戦を戦った結果，ドイツ帝国の敗北と共和化，オーストリア・ハンガリー帝国の敗北と解散，ロシア帝国の崩壊（ソビエト連邦による再建），オスマン帝国の崩壊にいたる．帝国崩壊は主権国家システムに大きな衝撃を与えた．

2　戦争の違法化

　主権国家システムは，戦争を主権国家が他の主権国家との関係において自己の利益の実現を図るための正統的手段と位置づけた（第1章3を参照）．もちろん，戦争は外交努力を尽くした後の最後の手段でなくてはならず，戦時における非人道的状態をできるだけ減らすべく，戦争の制度化（jus in belloの法典化）をめざした．それが，19世紀末から20世紀初めにかけて2次にわたって開催されたハーグ平和会議である．まず国際紛争をなるべく平和的に処理すべきであるとして，国際紛争平和的処理条約を採択するとともに，常設仲裁裁判所という制度を構築した．しかし，戦争に訴えることを禁じたわけではなく，戦争の回避を努力義務として規定しただけであった．また，開戦に関する条約やハーグ陸戦条約も採択された．（なお，第二次世界大戦後になって，戦傷者や捕虜，非戦闘員の保護などに関して，ジュネーブ4条約と各々の追加議定書が採択されている．）

　しかし1910年代の大戦争はヨーロッパ全土を荒廃させ，1000万人近くの戦闘員と，ほぼ同数の非戦闘員の生命を奪ったのである．このような被害を当事国にもたらす戦争は，もはや文明国どうしの関係であるとみなすべきでないとの思潮が強まった．国際システムにおける平時と戦時の2状態秩序の修正を迫られたのである．それは具体的には，当事者間の紛争処理の一形態としての戦

争を，当事者問題ではなく，システム全体の問題と捉え，システム全体の課題として戦争の回避を実現することであった．

　戦時から平時への回復は講和によってもたらされる．ドイツとの講和を結んだヴェルサイユ条約をはじめとする連合国（米英仏など）と同盟国（ドイツ，オーストリア，トルコなど）との講和条約の第1編として国際連盟（聯盟が正式）規約が採択された（第1条—第26条）．かつてない主権国家からなる恒久的平和維持機関が成立したのである．規約は，「戦争または戦争の脅威は，連盟国のいずれかに直接の影響あると否とを問わず，総てを連盟全体の利害関係事項」（第11条，引用に際しては文言・表記を適宜修正した．以下同様）であると規定した．加盟国相互に限定されていないところから，戦争をシステム全体に関わる問題と捉えていることが分かる．そして「連盟国は，連盟国間に国交断絶にいたる虞ある紛争発生するときは」，当該事件を司法的判断か連盟理事会の審査に委ねて，結果がでてから「三月を経過するまで，いかなる場合にもおいても，戦争に訴えざること」（第12，13条）とした．さらに，この規定を無視して戦争に訴えた場合，「当然他の総ての連盟国に対して戦争行為を為したるものとみなす」（第16条）とし，ただちに一切の経済関係を断絶することを義務づけるとともに，連盟理事会が加盟国に拠出すべき兵力分担を提案することとされた．この第12条，第13条，第16条からなる考え方，すなわち約束を破って戦争手段をとった場合には制裁の対象となるという論理は，集団安全保障と呼ぶべきものである．国際連盟は，集団安全保障制度を実現したといえよう．

　連盟は，戦争を全て禁止したわけではなかったが，戦争や戦争の脅威が，当事者間の私的問題ではなく，それ自体として国際システムの公的秩序の問題であるとして，大きな規範の転換をもたらした．戦争を主権国家の自由に委ねておくべきではないとして，交戦権（jus ad bellum）に強い明示的制限を加えたのである．

　戦争の違法化をもう一歩進めたのが，「戦争抛棄に関する条約」（不戦条約，ケロッグ・ブリアン条約）である．これには，イギリス，フランス，ドイツ，イタリア，アメリカ，日本など大国を含む国々が原加盟し，その後ほとんどの国が加盟した．「締約国は国際紛争解決のため戦争に訴えることを非とし」，

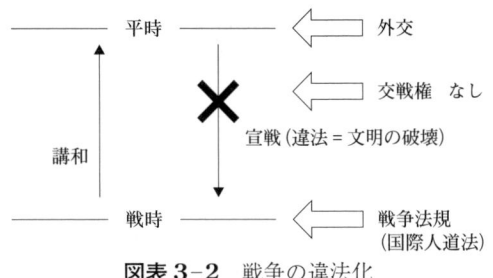

```
        ── 平時 ──   ⇐ 外交
            │
            │       ⇐ 交戦権 なし
       講和  ✕
            │         宣戦（違法＝文明の破壊）
            ↓
        ── 戦時 ──   ⇐ 戦争法規
                       （国際人道法）
```

図表3-2 戦争の違法化

「相互関係において国家の政策の手段としての戦争を抛棄する」（第1条）と宣言した．もちろん，権利侵害に対する自衛のための戦争は条約によって政策手段として放棄された戦争には含まれないものの，国際紛争の平和的処理をめざす国際規範の表明ではあった（図表3-2）．

1920年代の国際協調的な雰囲気はやがて壊れ，1930年代末，ふたたびヨーロッパ全土を戦場とする大戦争が勃発する．同時期の日本と中国の互いに戦争状態を認めない事実上の戦争も，41年についにはアメリカを巻き込んで，全世界にまたがる大戦争へとつながった．

国際連盟や不戦条約の仕組みだけでは平和維持が困難なことは当初から認識されていたものの，国際協調によって制度的欠陥を克服できるという楽観論が支配的であったが，人命だけでも戦闘員2500万人，非戦闘員4000万人の犠牲を伴う第二次世界大戦という未曾有の大惨事を防げなかった．平和を破壊した枢軸国に対する平和を愛好する連合国の闘いという位置づけの下，枢軸国の劣勢が明らかになった1944年にはワシントン郊外のダンバートンオークスで戦後秩序を構想する会議を開き，連合国は自らの戦時同盟を引き続き平時における平和維持組織に模様替えすることに合意した．そして45年（ドイツ降伏前に）連合国の代表がサンフランシスコに集まり，（ドイツ降伏後・日本降伏前に）連合国憲章（国際連合憲章）を採択した．講和の一環として設立された国際連盟とは異なり，国際連合は戦勝国による戦後の国際秩序管理という特徴を持っている．

連合国側は，大戦争の再来は，連盟に体現した集団安全保障という考え方が非現実的だったせいであるというのではなく，集団安全保障の仕組みが不徹底

だったからであるとの教訓を得た．具体的には，連盟の下で平和維持ができなかったのは違反国の認定が総会における全会一致（当事国を除く）だったことと違反国を制裁する公的権力（軍）を備えていなかったことにあるという教訓である．それを踏まえ，新しい制度では，安全保障理事会が「国際の平和および安全の維持」に関する主要任務を負うことになった（第24条）．連盟と同様に，加盟国間の問題ではなく，主権国家システムの問題として捉えているのが明らかである．「平和に対する脅威，平和の破壊および侵略行為」の存在を安全保障理事会が認定した場合，国連の名において制裁行動をとることができるとした（第39, 40, 41条）．安保理の決定（手続き事項を除く）は，アメリカ，イギリス，フランス，ロシア（かつてはソ連），中国と名指しされている常任理事国（五大国）の同意と，非常任理事国10カ国のうちの4カ国の同意が必要（第23, 27条）である（設立当初は，非常任理事国は6カ国であり，2カ国の同意を必要としていた）．これが常任理事国の拒否権と言われているものである．そして安保理の決定の受諾・履行を加盟国に義務づけている（第25条）．この安保理の決定の効力を，決定に関与していない加盟国にも及ぼすことは，従来の主権国家システムでは考えられなかった大変化である．

戦争の違法化に関しては，国連憲章は「すべての加盟国は，その国際紛争を平和的手段によって国際の平和及び安全並びに正義を危うくしないように解決しなければならない」（第2条3項）として，平和的解決を義務化し，さらに「すべての加盟国は，その国際関係において，武力による威嚇又は武力の行使を，（中略）慎まなければならない」（第2条4項）との原則を掲げ，戦争という用語よりも客観的な用語を用いて，明確に表した．これにより交戦権はなくなったと言える．例外（違法性阻却事由）は，安保理決議に基づく軍事的制裁への参加と自衛権の行使の2つのみである．そして自衛権については，固有の権利として認めながらも，一定の条件をつけた．すなわち「この憲章のいかなる規定も，国際連合加盟国に対して武力攻撃が発生した場合には，安全保障理事会が国際の平和及び安全の維持に必要な措置をとるまでの間，個別的又は集団的自衛の固有の権利を害するものではない」（第51条）とした．

2つの世界大戦を経て，戦争の違法化と違反国に対する集団措置（集団安全保障の仕組み）とがかつてないほど明確になった．しかし加盟国との特別協定

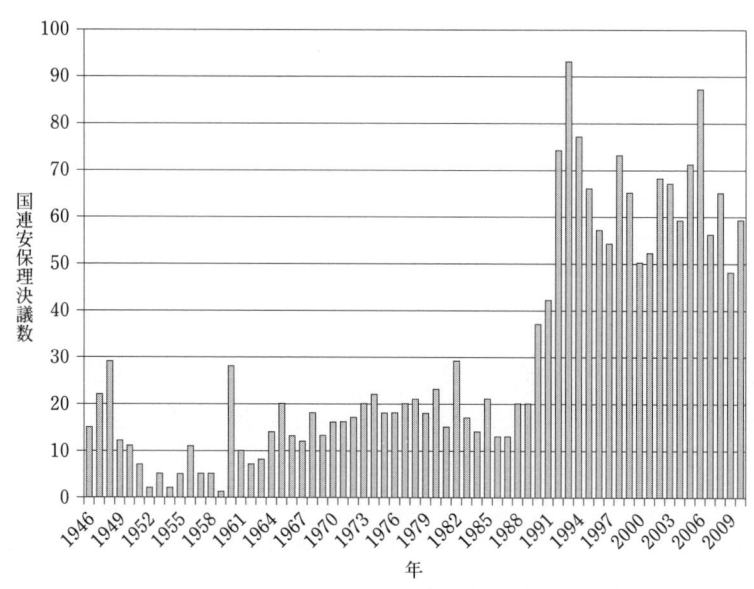

図表3-3 国連安保理決議の推移

によって常設されるはずの「国連軍」(第43条以下)はまだ実現していない。さらに,アメリカとソ連との対立構造(冷戦)により安保理は機能不全になり,集団安全保障に代わって集団的自衛権に基づく同盟(とくに北大西洋条約機構(NATO)とワルシャワ条約機構)が東西対立状況における主権国家の安全確保の手段となった。

　冷戦が終わり,21世紀に入った今日でも,集団安全保障の仕組みと集団的自衛権による同盟との並立状況が続いている。しかし国連安全保障理事会の関与は格段に増えた(図表3-3)。1950年に朝鮮戦争に際しての「平和の破壊」の認定と国連軍の編成を決めたのが安保理決議83(ソ連がボイコットしたために可能になった)であり,第三次中東戦争後のイスラエル撤退を求めた決議242(67年11月),冷戦終結直後のイラクのクウェート侵攻を「平和の破壊」とし制裁を多国籍軍に委任したのが決議678(1990年11月)である。40年間に600弱の決議しか出ていない。それに対して,たとえば国連カンボジア暫定統治機構設置決定(決議745,92年2月),ジェノサイド発生後のルワンダへの関与(決議918,94年5月),国連東ティモール・ミッション派遣決定(決議

(a) 戦争件数

(b) 戦死者数

図表 3-4 戦争の全体像

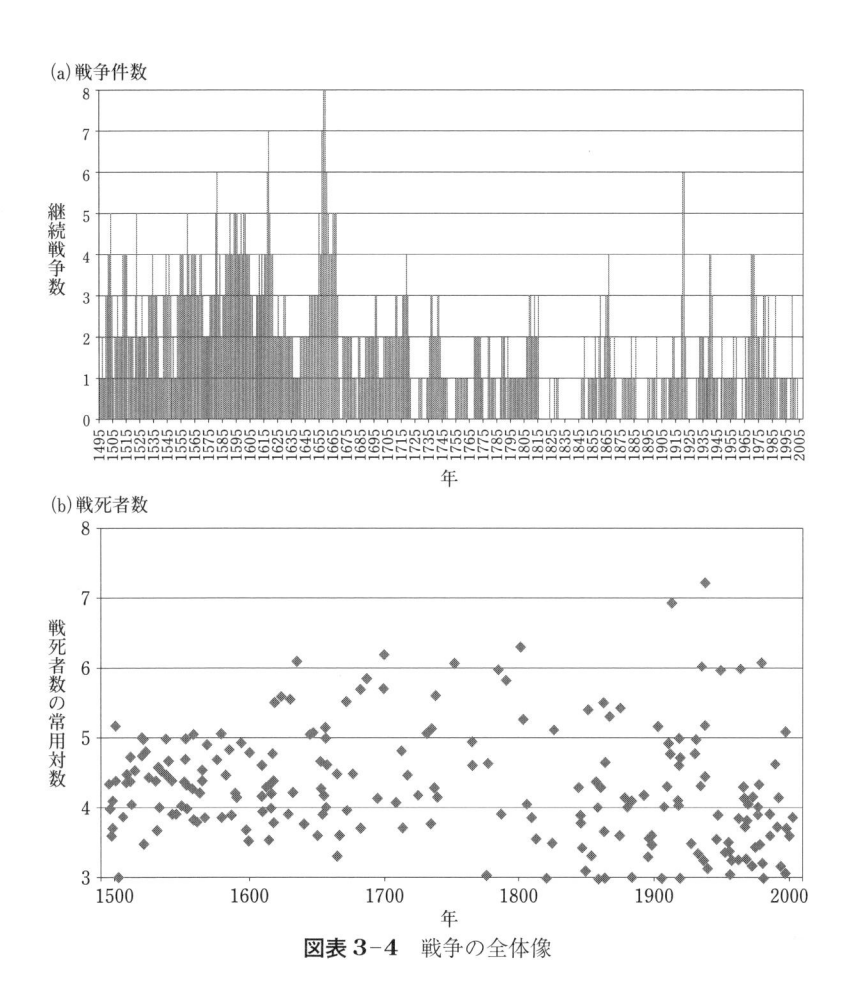

1246, 99年6月), 9.11同時多発テロ非難（決議1368, 2001年9月), 北朝鮮の弾道ミサイル発射非難（決議1695, 2006年7月), イラン核開発をめぐる懸念（決議1737, 2006年12月；決議1929, 2010年6月）といった具合に, 明らかに国際の平和と安全の維持に関与するようになっている. なお, 冷戦後の安保理決議には国連平和維持活動（PKO）に係るものも多いが, PKOについては第4章2で議論する.

主権国家システムの生成期から最近にいたる戦争の全体像（件数と規模＝戦死者数）をここで示しておく（図表3-4).

第3章 国際規範の変化と主権国家システムの変容　57

3　自由開放経済の管理

　1941年8月，ドイツに苦戦しているイギリスと中立国アメリカは，大西洋上で共同声明（大西洋憲章）を出して，早くも戦後秩序の構想を打ち出した．その中で，自由貿易体制の構築と全面的経済協力をうたった．両国指導層は，世界大戦勃発の原因に経済が2点で大きく関わっていたとの認識を共有していた．まず，1930年代の近隣窮乏化政策が大国中心の経済ブロック形成につながって，経済紛争が激化し，戦争にいたったという教訓である．戦後は，主要国が自由貿易政策をとるとともに，開放的な国際金融が保証される必要性がある点で合意した．もうひとつは，第一次大戦前にイギリスが担っていた役割（金本位制による自由貿易体制の維持）を戦後は果たし得なかったことが保護主義をもたらしたという教訓である．今後は，巨大な債権国になったアメリカが制度維持の責任（最後の貸し手）を担わざるを得ないという点で合意した．

　それまで，主権国家システムには，国際経済活動を管理するという仕組みがまったく埋め込まれていなかった．経済は個々の主権国家の政策の問題であり，当事者間関係の問題であった．19世紀の自由貿易制度と金本位制度はイギリスの政策であった（覇権システム）．しかし第二次大戦後は，主権国家システムの中に，自由で開放的な国際経済を保証するための制度が埋め込まれるようになる．このような制度は，狭義の国際機関（設立条約，機関，事務局，法人格を持つ）のみならず，多角的条約に基づいた制度はもちろんさらに緩やかな制度の場合もある．このような多様なあり方の制度をまとめて，レジームと呼ぶことがある．

　アメリカとイギリスの関係者は，国際通貨政策，国際貿易政策，商品政策，競争政策，雇用維持のための協調政策の5分野にわたって戦後の制度構築を協議した結果，国際通貨政策は国際通貨基金（IMF）として具体化された．残りの4分野は国際貿易機関で取り上げられたが，設立できなかったために，貿易政策のみが関税と貿易に関する一般協定（GATT）として具体化した．いずれにせよ，国内経済政策が国際関係と結びつけられ，今日にいたる．なお，戦後国際経済秩序構想協議にはソ連も参加していたが，結局，冷戦が終結するま

で戦後国際経済レジームは社会主義圏を含まないかたちで運営された．実際，主権国家システムの構成員数と比べて，とくにGATTの加盟国は少なかった（1950年時点でIMFが48カ国，GATTが20カ国，70年時点で115カ国に対し75カ国）．

　まず，国際通貨金融レジームを概観しよう．1944年夏，アメリカ東部の避暑地ブレトンウッズで連合国通貨金融会議が開かれ，最終議定書に国際通貨基金協定と国際復興開発銀行協定とが含まれており，45年に発効して，IMFと国際復興開発銀行（IBRD）が発足する（ブレトンウッズ体制）．IMFは，通貨の交換性（第8条）にもとづく多角的決済，調整可能なペグを認めた金為替本位制，IMF引出権による国際流動性確保による開放的で安定的な通貨制度をめざしたが，ヨーロッパ諸国の経済回復が遅く，制度が崩壊の危機に見舞われたため，米ドルと金との固定交換性を保証する一方，アメリカからの公的資本輸出で国際収支を赤字にする政策をとるようになり，米ドルが基軸通貨としての地位を確立していった．しかしヨーロッパが復興を遂げて通貨交換性を回復し経済成長を続ける一方で，アメリカの赤字が大きくなると，ドル売り・金買いが生じ，1971年ついにアメリカ政府は金・ドル交換を停止し，しばらく新たなレートでの固定相場制を維持しようとしたが，結局失敗して，今日の変動相場制に移った（ブレトンウッズ体制の崩壊）．しかしIMF自身は存続し，債務問題を抱える途上国に対する短期資金の提供（先進国銀行貸し倒れの防止）に主要任務を移した．IBRDは戦争からの復興のための融資を主たる業務としていたが，1960年にIBRDより緩やかな条件で途上国に長期融資する国際開発協会（IDA）が設立され（両者を併せて世界銀行と通称），補完機関とともに世界銀行グループを構成するようになり，IMF同様に途上国開発融資が主要任務になった．国際規範としての途上国支援の必要性については，次節で取り上げる．

　IMFと世界銀行とは密接な関係にある．最高意思決定機関は総務会で，年次総会は合同で開催している．両組織の任務のほとんどは理事会に委任されており，両組織の理事会とも最大出資国5カ国（アメリカ，日本，ドイツ，フランス，イギリス）と名指しの中国，ロシア，サウジアラビアから選出される理事8人と加盟国からの選任理事16人の計24人から構成される（2010年に世

銀は選任理事を1名増やし，計25人が理事会を構成する）．意思決定は，実際にはコンセンサスによっているが，公式には出資額の多寡を反映した加重投票権にもとづいた多数決であり，IMFの場合は85％の賛成により決定される．設立時以来今日に至るまでアメリカは15％より多い投票権を有している（徐々に減ってきたが）ために，アメリカは拒否権を持っているのと等しい（アメリカ以外の複数国が協力して15％以上になればアメリカの意向を拒否することは可能である）．また，IMF専務理事はヨーロッパ国籍，世界銀行グループ総裁はアメリカ国籍から選出するという暗黙の了解が今日まで生きている．なお，IMFに加盟しないとIBRDやIDAに加盟できない規則になっている．

次に，国際貿易レジームの形成は難航した．自由貿易にイギリスが抵抗したために1948年にようやく国際貿易機関設立に合意するが，アメリカ国内でも反対派が力を増し，結局発足しなかった．この間，47年に工業製品を中心とする関税引き下げと貿易上の一般的義務を盛り込んだ協定（GATT）が取り敢えず合意されていたので，結局これが多角的自由貿易レジームの中核になった．GATTの基本原則は無差別（最恵国待遇，内国民待遇），数量制限禁止，公正な競争であるが，現実にはさまざまな例外が残った．しかし，GATTは多角的貿易交渉（ラウンド）方式によって，加盟国（先進国中心）の関税引き下げ・撤廃，非関税措置の改善・撤廃など貿易の自由化を推進してきた．86年に始まったウルグアイ・ラウンドは難航続きだったが，94年に最終合意にたどりつき，世界貿易機関（WTO）設立協定とその4つの議定書に盛り込まれた21協定のかたちで具体化した．この貿易レジームは，先進国のみならず途上国も参加し，基本的には47年GATTの原則の再確認と強化（94年GATT）をもたらしたものであるが，(1) 輸出自主規制の原則禁止，(2) 農産品の自由化，(3) サービス貿易など新分野への拡大，(4) 紛争処理手続きの強化などを含み，GATTよりもはるかに発達した制度になった．しかし一方で2001年に始まったドーハ・ラウンド（ドーハ開発アジェンダ）は途上国の抵抗で膠着し，他方で特恵的な経済地域が世界各地に形成されるようになり，主権国家システムに埋め込まれた全体的な国際貿易レジームの進展は停滞している．

さて，1970年代初めの国際通貨レジームの混乱と当時の経済不安（第一次石油危機）などを受け，1975年にフランスの提唱で，アメリカ，イギリス，ドイツ，日本，イタリアの首脳が一堂に会し，主要先進国首脳会議（サミット）の年次開催の制度化が始まった．翌年からカナダもこれに加わった（この国名の並べ方は，会議主催順）．主要議題はマクロ経済政策，貿易問題，通貨問題，エネルギー問題などにわたり，国際的相互依存の深化に対応するための，いわば大国どうしの政策協調レジームが形成されたのである．変動相場制の下で，マクロ経済政策の協調がますます重要になっていき，先進各国の政策担当者（通貨マフィア）は折に触れて協議・連携するようになっていたが，ドル高是正をめざす協調介入合意（1985年プラザ合意）で，アメリカ，イギリス，フランス，ドイツ，日本5カ国の財務担当閣僚と中央銀行総裁が協議する秘密制度（G5）が一躍脚光を浴びた．86年からは全サミット参加国によるG7につながっていき秘密性は薄れ，87年には少なくとも年に3回開催されることで合意した．

　主権国家システムの構成員は，第二次世界大戦の教訓を踏まえて，自由で開放的な国際経済の管理をシステム全体の関心事と位置づけるようになり，経済を国際関係の正統できわめて重要な分野として捉えるようになった．経済問題が多岐にわたるため，制度化は複雑に発達してきた．いくつものレジームが重なりあい，併存しつつ，機能を果たす状況を「レジーム複合」と呼ぶが，国際経済をめぐる諸制度はまさにレジーム複合となった。主権国家システムに埋め込まれた国際経済レジーム複合は，制度的に自由な経済活動を後押ししたことで，国家間の相互依存の深化と経済のグローバル化の進展を促した一方，相互依存とグローバル化によって飛躍的に増大した国境をまたぐ経済活動は，主権国家システムによる国際経済管理を不十分なものにしている（第4章3を参照）．今日に至る，あるいは1970年代初めまでの，アメリカの圧倒的影響力をもって，国際経済レジーム複合をアメリカを軸とする覇権システム（非公式帝国システム）と見なすこともできるだろう．

4　自決原則から開発（発展）アジェンダへ

　19世紀の主権在民思想は，20世紀の従属領域の帝国システムからの独立運動（主権国家システム参画運動）を勢いづけた．そして20世紀半ばには，自決原則（民族自決または人民の自決）が規範となり，主権国家システム構成員資格である文明国基準に重大な変更がなされ，非植民地化が完成する．自決原則をめぐる具体的問題は第5章2で取り上げることにして，ここでは国際規範の変化が主権国家システムに及ぼした影響について概観する．

　国際規範として自決原則が初めて掲げられたのは，ウィルソン14箇条においてであると言われる．これは1918年初にウィルソン大統領がヨーロッパ戦争に参戦する国際的大義として発表したもので，第5条に，宗主国の意向と同等に従属領域住民の意向を尊重した上で，植民地の全要求を自由・寛大・公平に調整することとあるのが，自決原則の提唱とされる．第6条以下で取り上げられているのは，ロシア帝国，ベルギー，アルザス・ロレーヌ，イタリア国境，オーストリア・ハンガリー帝国，バルカン諸国，オスマン帝国，ポーランドである．ここに列挙された地域で新国家を樹立する際に，民族自決が具体的な問題となる．当然のことながら，ウィルソン14箇条は戦後処理（講和）と密接に結びつけられており，一般的国際規範の主張とはやや距離がある．むしろ，国際規範として従属領域の独立を打ち出したのは，コミンテルンによる「民族，植民地問題に関するテーゼ」（1920年）であろう．中国やアジアの従属領域で共産党が次々に誕生し，国内階級闘争よりも反帝国主義運動を展開していく．

　実際，第一次世界大戦後における従属領域の扱いは中途半端であった．従属領域の分捕り合戦は，国境線の画定や緩衝国の相互承認などを経て，20世紀初めには幕引きの時期を迎えていた．国際連盟は，加盟国の領土保全と政治的独立を定めて，新たな支配（結局は，ゼロサム的取り合い）を禁止した．敗戦国の従属領域は，原則として，連盟の委任統治制度の下に置かれた．「近代世界の激甚なる生存競争状態の下にいまだ自立し得ざる人民の居住する」領域に対して「人民の福祉及発達を計る」ことは，「文明の神聖なる使命」と明記し

た（第22条1項）．ここには，文明国の責務として非文明国を統治できる，という考え方がまだ生き残っていた．

　自決原則が国際規範として明確になるのは，国際連合憲章まで待たなければならない．すなわち「人民の同権及び自決の原則の尊重に基礎をおく諸国間の友好関係を発展させること」（第1条2項）と，国連の目的のひとつに掲げられたのである．とはいえ，文明国化するのが主権国家システムに参画する要件であることに変わりはなかった．従属領域を持つ連合国（国連加盟国）は，住民の文化を尊重しつつ，「政治的，経済的，社会的及び教育的進歩」を確保すること（第73条b項），「人民の進歩の異なる段階に応じて，自治を発達させ，人民の政治的願望に妥当な考慮を払い，且つ，人民の自由な政治制度の漸進的発達について人民を援助すること」（第73条c項）が義務づけられた．また，連盟の委任統治制度を引き継ぐかたちで，信託統治制度を導入した（憲章第12章）．このように，従属領域の主権国家化は，住民の政治的・経済的・社会的・教育的進歩を促し，自治または独立を漸進的に実現することが理念として確立したといえよう．

　他方で，文明国の概念は大きく変わっていた．戦争を違法化し，集団安全保障制度を導入した国連体制では，自己保存（自衛）できる自助能力を備えていることが文明の基準とみなされる必要性は低下した．また，国連体制は，憲章義務を履行する能力と意志があると認められる全ての「平和愛好国」に開放された（第4条1項）．文明の定義が変わったとみるか，主権国家となる要件が文明国から平和愛好国に代わったとみるか，いずれにせよ，第二次大戦前と後とでは，主権国家システムの構成員資格が大きく変わったのである．

　1950年代は，アジアやアフリカの従属領域が大挙して独立し，国連に加盟した．とくに1960年は「アフリカの年」と呼ばれた．この年の国連総会で，「植民地独立付与宣言」（総会決議）が反対ゼロで採択された．宣言は「すべての人民は自決の権利」を持っていることを確認し，「政治的，経済的，社会的または教育的準備が不十分なことをもって，独立を遅延する口実としてはならない」とした．ここに，文明化してから主権国家になるという従来の漸進的方法を否定したのである．さらに従属領域の住民の意向を最優先するという了解から，極小領域までもが単独独立するようになった（図表3-5）．

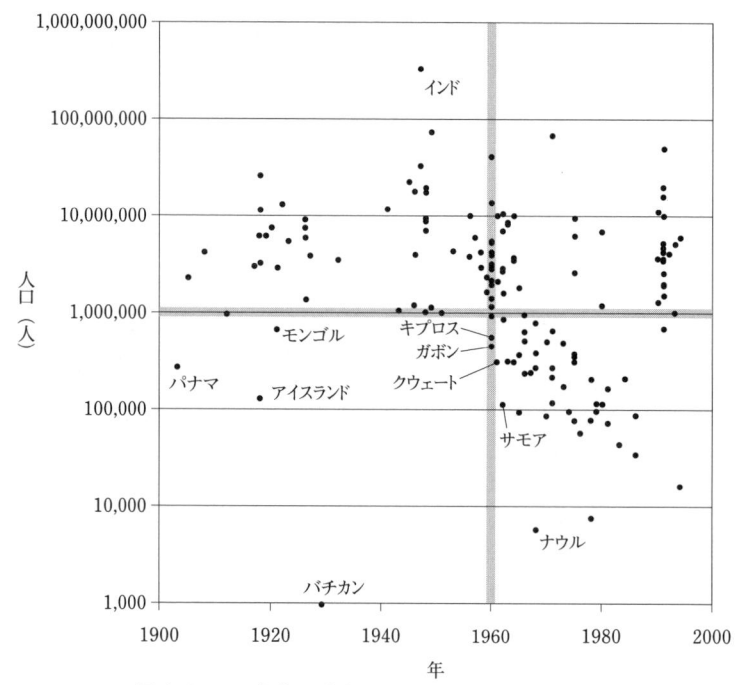

図表 3-5 主権国家創設と国家規模 1900-2000

しかしながら，ここで主権国家システムは大きな問題を抱えることになった．十分な自助能力・自活能力を有しない政治単位を主権国家システムの正統な構成員として受け入れざるを得なくなったのである．第二次世界大戦後に独立した国々の多くが，程度の差こそあれ，国家建設・国民統合問題と経済開発（発展）問題に独立後の大きな課題として直面することになった．主権国家システムは，経済開発問題については新しい国際規範をもって対応しようとしたのに対し，国家建設問題については特段の規範を導入しなかったのである（図表 3-6）．

経済開発の国際規範は，非植民地化の進行と並行して形成された．先進国に対する後進国というカテゴリーは，開発（発展）途上国と改称された．1961年の国連総会では，アメリカのケネディ大統領の提唱で「国際開発戦略」を採択し，1960年代を「国連開発の10年」と指定して，さまざまな取り組みをすることになった．その一環として，地域的な開発銀行の設置が決まり，米州開

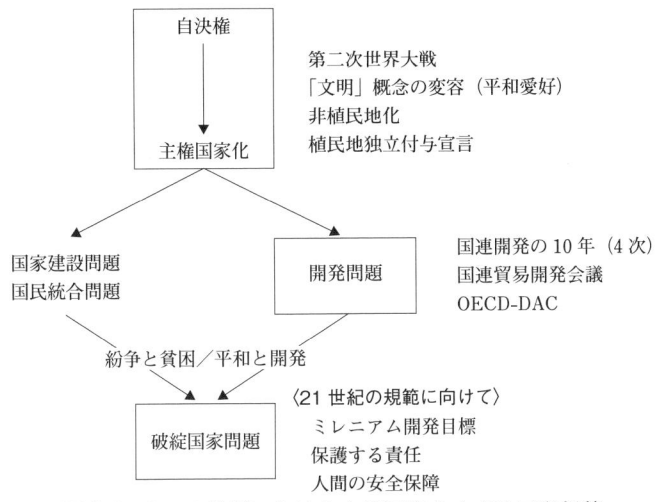

```
┌─────────┐
│  自決権  │
└────┬────┘
     │         第二次世界大戦
     │         「文明」概念の変容（平和愛好）
     ↓         非植民地化
┌─────────┐   植民地独立付与宣言
│主権国家化│
└─┬─────┬─┘
  │     │
  ↓     ↓
┌──────┐ ┌──────┐  国連開発の10年（4次）
│国家建設問題│ │開発問題│  国連貿易開発会議
│国民統合問題│ │      │  OECD-DAC
└──┬───┘ └──┬──┘
   │紛争と貧困／平和と開発
   ↓     ↓
  ┌──────────┐  〈21世紀の規範に向けて〉
  │破綻国家問題│  ミレニアム開発目標
  └──────────┘  保護する責任
                人間の安全保障
```

図表 3-6 20世紀における主権国家をめぐる国際規範

発銀行，アジア開発銀行，アフリカ開発銀行が発足した．ブレトンウッズ体制の中では，途上国向けの緩やかな条件で融資する IDA が設立され，IBRD とともに世界銀行と称されるようになった．66年には国連傘下の開発援助制度が統合して，国連開発計画（UNDP）が発足した．

かつては帝国システム内部の課題として宗主国は従属領域の文明化を義務づけられていたが，従属領域の独立後は，旧宗主国は先進国という立場で途上国支援に関与することになった．欧州経済協力機構（OEEC）が拡大・発展して経済協力開発機構（OECD）が1961年に発足したが，機構の目的のひとつに途上国援助を掲げて，開発援助グループを結成し，64年に開発援助委員会（DAC）と改称した．DAC は，加盟各国の政府開発援助（ODA）にガイドラインを設け，GNP 比で0.7％に向けての拡大，贈与比率（グラント・エレメント）の拡大などを盛り込んだ．

国連で多数を占めるようになった途上国も，開発問題の国際規範化に積極的だった．1964年には途上国グループ（当時の途上国加盟国が77カ国だったので G77 と通称される）のイニシアティブで国連貿易開発会議（UNCTAD）が総会機関として設置された．その名称が示唆しているように，「援助だけでなく貿易も」途上国の開発には重要であるとの認識の下に，先進国の市場開放，

途上国に対する特恵関税制度の導入，先進国の国民所得の1％の途上国への移転などを要求した．

国際機関，先進国，途上国はそれぞれの立場から，開発が主権国家システム全体の課題であるという認識の共有を後押しした．しかし結果的には，「国連開発の10年」は，1960年代では期待した成果を出せず，70年代から90年代にかけて結局4次にわたる10年計画が作られた．その間，インフラを中心とする経済開発から，絶対的貧困層を対象にした「ベーシック・ヒューマン・ニーズ（BHN）」や「人間開発」といった新しい概念が提唱された．しかし開発問題は解決せず，21世紀の「ミレニアム開発目標（MDGs）」へと課題が継承された（第14章1を参照）．

国家建設と経済開発という2つの課題は相互に関連しているが，1960年代には経済開発が進めば国家建設も進むという楽観的な見方が大勢を占めていた．しかし政治発展に関する国際規範やそれを実現する国際制度のない中，途上国（戦後独立国）は冷戦に巻き込まれ，社会主義と反共産主義の体制選択，反体制勢力の活動，国外からの公然・非公然の支援・介入などの難題に直面した．経済開発に成功した国は，開発独裁と批判されることもあった．冷戦が終わると，国家建設・国民統合を達成していない国は擬似国家（国家もどき）あるいは破綻国家（崩壊国家）というカテゴリーにまとめられて，改めて地球社会の関心事となった．

第4章　地球社会の中の主権国家システム

　　　　主権国家システムは時代遅れであるとの見方が増えつつある．今日のさまざ
　　　まな課題（第4部を参照）に対して主権国家システムが十分に対応できてい
　　　ないのは確かであろう．しかし，地球社会の中で主権国家システムが今日果
　　　たしている役割を軽視すべきではない．拡大しつつある人間の活動領域で，
　　　主権国家システムがどのように対応しようとしてきたかを概観しておこう．
　　　まず主権国家システムが関与する領域が各国領域を越えて，地球全体から宇
　　　宙にまで広がっている．また，政治安全保障問題でも経済問題でも，主権国
　　　家システムとして取り組んでいる領域が拡大している．そのような中で，主
　　　権国家システムの相対化が進行しているのであるが，これに代わって直面す
　　　る課題に対して有効に対処できる制度は見つかっていない．

1　主権国家システムの関与拡大

　主権国家システムの構成単位（主権国家）は過去1世紀の間に数十から200
程度まで3倍以上増えた．主権国家は南極を除く地表を分割占有している．も
ともと，主権国家が自国人や外国人の活動を管理できる空間的範囲（属地的管
轄権）は狭かった．国家の主権が及ぶ範囲（領域）は，領土と領水（領海と内
水）だけであった．領海は完全に排他的ではなく，外国船舶の無害通航権が認
められていた．航空機の発明により，第一次世界大戦中に領空（領域上空）の
概念が登場し，完全に排他的な主権が及ぶことになった．ちなみに領域以外は
国家主権の及ばない空間であり，誰の占有物でもないので，誰でも利用できる
とされた．公海の自由（航行の自由，漁獲の自由），公空（公海上空）の自由
（飛行の自由）が原則として認められた．
　人間活動が活発化する中で，国家の役割が拡大し，主権国家システムの中に
さまざまな国際的な調整・規制の制度が発達してきた．すなわち，技術進歩や
資源開発・利用に対する考え方の変化にともない，上述の領空の出現のみなら

ず領海の延伸（3海里から12海里へ，「群島水域」概念の承認）といった領域の拡大が生じた．さらに主権的権利が領域外にも及ぶようになった．国連海洋法条約（UNCLOS）（1994年発効）によって，領海に接続する水域，排他的経済水域（EEZ）そして大陸棚に沿岸国の主権的権利が自然資源の利用をはじめとして広範に及ぶことが決まった．とくに200海里までを認めるEEZの設定により，公海の約30％はどこかの沿岸国のEEZになったという．

　国外での自国人の活動を保護・支援する直接的な方法を国家は持っていない（自分の旅券の第1ページに書かれていることを一度読んでみれば良い）．ちなみに活動の規制については，属人的管轄権により可能な場合がある（国外犯の処罰など）．他方で，ヒトやモノは国境を跨いで行き来する（国際交流）．国家間で国際交流の円滑化を図り，互いに在外自国人の一定の権利を認め合うものが領事関係である．もともと東地中海交易圏において異文化間交流を支える商習慣として発達したとされる．二国間の領事関係は，通商航海条約をはじめとするさまざまな形態の合意によって規定される．領事らは，相手国内で領事業務（在留自国人の保護，現地情報の収集，査証の発給，国際交流の増進など）に携わる．実際，われわれが外国と交流できるのは，それを可能にする国家間合意による制度があるからである．国境での交流のコントロール（旅券，査証，輸出入許可，出入国管理，税関，検疫など）が19世紀以降，とくに20世紀になって整備されるが，同時にコントロールの緩和に特定国間で合意が形成され，今日，多くの国々との国際交流があまり障碍を意識せずに可能になっている．

　二国間のネットワークは，関係国が増加すると幾何級数的に複雑になり，多国間の制度に対する需要が高まる．19世紀のヨーロッパでは国際行政連合と呼ばれる制度が登場した．初期の例として有名なのが，ライン川の通行税，航行規則，保安などを共同管理するライン川国際委員会である．19世紀半ばには，電信連合や郵便連合が発足した．20世紀前半までに，(1) 国際交流の制度としては国際通信（情報），国際郵便（郵便物），国際衛生（細菌など），国際航空（航空機）などの分野で，(2) 国別行政の調整を目的とするものとしては著作権，工業所有権，工業規格などの分野で，数十に上る国際組織ができた．これらの多くは，改組されたり，国連の専門機関になったりして，今日で

も活動を続けている．20世紀後半，つまり第二次世界大戦後，新しい国際規範に基づく普遍的組織が形成される．第3章で概観したように，国際連合と複雑に絡まり合った国際経済レジーム複合である．前者は戦争の違法化と集団安全保障の仕組みを中心とした国際の平和と安全の維持を主要任務とするものであり，後者は自由で開放的な国際経済活動を保証し，基礎づける制度である．

主権国家システムは，国家領域を越えて，地球内外の公的空間へまで管理の手を伸ばしている．人間活動の無節操な拡大・高度化に対する規制という側面もでてきた．それが典型的に現れている海洋，宇宙，地球環境について概観しよう．まず海洋であるが，領海を含む海洋全般に関するUNCLOSが最も包括的で基本的である．UNCLOSは，既述のように沿岸国にEEZや大陸棚の資源に対する権利を大幅に認めた一方で，深海底，環境保護・保全，科学技術，紛争解決（国際海洋法裁判所設置）などにわたっている．深海底とその資源については，開発能力を持つ者の自由にせず，「人類共同の財産（遺産）」と位置づけて，国際海底機構の管理下に置くこととした．海洋に関しては，UNCLOSの他に，海洋汚染防止条約，海洋非核条約，国際捕鯨取締条約，さらには海域別あるいは対象別の公海漁業規制条約が多数ある．

宇宙は20世紀後半になって人類の活動領域に入ったため，海洋のように慣習法は存在せず，国連が中心になって制度化が進んだ．「人類共同の利益」あるいは「すべての国の利益」のために宇宙の平和利用を推進することが基本である．主権国家システムの「ソト」に位置するものをシステム自身が決め，しかも主権国家に責任を集約した興味深い事例である．1967年に宇宙条約（正式には，月その他の天体を含む宇宙空間の探査及び利用における国家活動を律する原則に関する条約）ができたのを皮切りに，宇宙救助返還協定，宇宙損害責任条約，宇宙物体登録条約，国際宇宙基地協力協定などが締結されて，宇宙における人類の活動を規制している．宇宙に対しては国家主権が及ばない（宇宙天体を領有できない）．もっとも宇宙空間と領空の境界を画定する問題は未解決である．天体と天体の資源は「人類共同の財産（遺産）」とし，宇宙空間や天体の軍事利用が制限されている．また，通信・放送衛星の利用が増えるに従って，赤道上空のいわゆる静止衛星軌道が有限な資源として見なされるようになったが，赤道国の主権的権利は認められていない．

地球環境についても，1972年の国連人間環境宣言（ストックホルム宣言）を契機に，影響を及ぼすような人間活動の規制が必要であるとの認識が共有されるようになった．国際捕鯨取締条約と海洋油濁防止条約を除く，環境保護条約は70年代に入ってから作られた．たとえば，海洋汚染防止条約，船舶汚染防止条約，ラムサール条約（水鳥のための湿地保全），世界遺産条約，ワシントン条約（野生動植物取引規制），長距離越境大気汚染条約，オゾン層保護ウィーン条約，モントリオール議定書（オゾン層破壊物質規制），バーゼル条約（有害廃棄物規制），生物多様性条約，気候変動枠組条約（温室効果ガス規制），砂漠化防止条約など多岐にわたる．このような地球環境レジームと呼んでも良いような相互に関連する諸制度には，総論賛成をまず重視する枠組条約方式，法的拘束力のないソフト・ローによる規制，科学的確証より将来の危険性を重視する予防原則，先進国と途上国との間で義務に差別化を図る二重基準など，新しい考え方がいろいろと導入されている．なお，地球環境問題のように専門的知識に依存する領域では，制度の構築や運営に主権国家のみならず非政府組織（NGO）や学界の積極的な参画が顕著である．

　伝統的な主権国家システムは，国家間の関係（戦争と平和）にもっぱら関わり，国内問題には関与せず，国境を跨ぐ交流は領事関係に任せるという明確な役割分担があった．しかし，人類活動が活発化するにつれて，主権国家システムは国内外を問わず人間の活動を関心事項とし，国家領域空間のみならず公的空間に及ぶ制度を構築してきたのである．

2　平和と安全の確保をめぐる新たな課題

　前章で概観したように，戦争（武力紛争）は紛争解決をめざす当事者間の問題であるという見方から，主権国家システム全体の公的な問題として規制すべきであるという見方へと20世紀前半に大きく転換した．ふたつの世界大戦の教訓を踏まえて，国際連合が集団安全保障の仕組みで武力紛争の規制をめざしたが，当初の期待どおりには機能せず，伝統的な当事者主義に依拠する同盟が代替的機能を果たすことになった．しかし，現実に起こる武力紛争を当事者主義に任せて放置したわけではない．新しい仕組みを（やや試行錯誤的に）主権

国家システムの中に作ったのである．

　国際連合の下での国際の平和と安全の維持は，前章で指摘したように，当事者主義に基づく伝統的な「紛争の平和的解決」(憲章第6章) と，公共的な秩序維持の立場からの「平和に対する脅威，平和の破壊及び侵略行為に関する行動」(憲章第7章) との二段構えになっているが，冷戦のせいで後者は機能不全に陥った．これに対し，国連総会は，国連安全保障理事会が麻痺した場合に特別緊急総会を招集し，3分の2の多数決で平和と安全のための措置を勧告できるとする制度 (平和のための結集決議, 1950年11月) を導入した．1956年のスエズ危機 (第二次中東戦争) に際し，当事国のイギリスとフランスが拒否権を行使したために安保理は機能せず，平和のための結集決議にしたがって緊急総会が招集され，即時停戦決議が採択された．まもなく実現した停戦を確実なものとするため，総会決議にしたがって休戦ラインに沿って国連緊急軍 (UNEF) が展開した．この国連の紛争介入は，当時の国連事務総長ハマーショルドとカナダ外相ピアソンの発案であった．(この功績により，ピアソンは翌年のノーベル平和賞を受賞し，ハマーショルドは公務中に死亡した1961年のノーベル平和賞を受賞した．) 2年後，この経験は報告書にまとめられ，国連平和維持活動 (PKO) と呼ばれる範型ができたのである．PKOは，軍事要員を含むが強制力を持たない国際の平和と安全の維持・回復のための国連の行動を指す (活動 Operation は作戦と訳すことも可能である)．1948年のパレスティナ紛争 (第一次中東戦争) や翌年のインド・パキスタン紛争の停戦監視に国連が部隊を派遣した前例はあったが，国連による国際の平和と安全の維持という主要目的のための PKO という概念が確立するのは，スエズ危機への対応に際してであった．

　PKOは，国連を含む関係者の努力による停戦ないし休戦の実現を前提に，紛争当事国の合意原則，紛争に中立的な不偏性原則，自衛以外の武力不行使原則の下に国連部隊を紛争地帯に駐留させ，国際の平和と安全の維持・回復を図るというものであった．国連憲章に規定がないため，PKOをどのように捉えるのかという問題が残った．紛争当事者の同意を前提とする国連の関与という点では第6章の延長線上にあるが，国際の平和と安全という観点から国連が介入するという点では第6章を超えて第7章の精神の延長線上にある．とはい

え，当事国の一方を「平和に対する脅威，平和の破壊及び侵略行為」のいずれかで制裁するものではなく，不偏・中立の立場に立つもので，第7章の規定とは異なる．そこで，PKOは国連憲章「第6章半の行動」とも呼ばれる．

　冷戦が終結すると，PKOにも新たな役割が課せられた．そもそも第二次世界大戦後の武力紛争は，国連憲章策定時に想定していたような国家間の違法化された戦争は激減した一方で，民族紛争とか地域紛争とか呼ばれる内戦型の紛争が増大した（図表14-3を参照）．とくに冷戦後は，東西対立の枠内に押さえ込まれていた個別的な対立が世界各地で顕在化し，分離独立，国家体制の支配権，地域覇権，自然資源へのアクセスなどさまざまな争点をめぐるさまざまな勢力間の紛争が激増した．そして紛争の解決とは，紛争地における国家統治機能の建設と国民の再統合（和解）の双方が実現する包括的な問題解決を意味していた．このような紛争を前にして，国際の平和と安全の維持の観点から，国連の紛争介入が期待されたが，憲章第6章でも第7章でも対処できない類の紛争に直面せざるをえず，PKOの柔軟で広範な活用が現実的選択肢として残ったのである．

　平和実現（停戦・休戦合意）を前提にした平和維持に加えて，平和構築に向けての活動もPKOの主要任務となり，文民警察，行政支援，選挙監視，人権保護，難民帰還支援などに従事する民政行政要員，経済インフラの復旧・復興支援のための要員などを投入する包括的な介入を実施することになった．このような冷戦後の新しい考え方に基づくPKOを第2世代PKOと呼んで，それまでの伝統的なPKO（第1世代PKO）と区別する．第2世代PKOのあり方を体系的に提唱したのが国連事務総長ブトロス＝ガリによる「平和への課題」（1992年）である．その中で，紛争予防（部隊の予防展開を含む），平和実現への介入（平和執行部隊の投入），平和維持，平和構築（国内政治への介入）という4段階の整理をした上でそれらの連続性・一体性を重視し，従来の考え方よりも軍事的要素を強調した（平和強制）．しかし平和強制の困難に直面して，「平和への課題　追補」（1995年）により，やや伝統的PKO（同意原則，強制措置の区別）に回帰した．平和強制の要素が加わったPKOを第3世代のPKOと呼ぶこともあるが，このような理由から，冷戦後から今日にいたるPKOは基本的に第2世代PKOとしてまとめるのが適当だろう．

図表 4-1 国連 PKO の推移

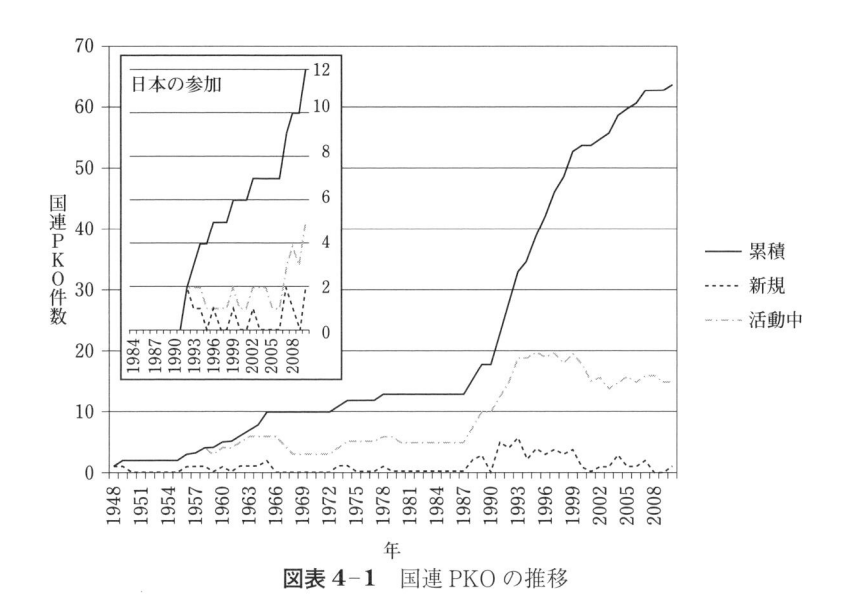

　今日，PKO に託される任務は広範で重い．冷戦終結までの PKO（第 1 世代 PKO）が合計 14 件だったのに対し，1989 年から 94 年の 5 年間に国連安保理は 20 件の PKO を設置し，90 年代をとおしてみると約 40 件の PKO が設置された．2000 年代は約 10 件と減少したが，常時 15 件前後の PKO が世界各地で活動している．日本も 1990 年代初めから国連 PKO に参加するようになった（図表 4-1）．過去の PKO 全体についてみると，アフリカへの展開が約半分，残りの半分が米州，アジア太平洋，ヨーロッパ，中東に展開してきた．こうした PKO 活動のすべてが所期の目的を達成できたわけではない．任務に失敗し撤退を余儀なくされた事例もある．とくに旧ユーゴ UNPROFOR（92-95 年），ルワンダ UNAMIR（93-96 年），ソマリア UNOSOM II（93-95 年）の失敗は国連内外から批判を浴びた．しかし，批判のポイントは兵力・予算の不十分さに置かれ，介入の是非を問うものではなかった．国際紛争はもとより国内紛争についても，国際の平和と安全の維持・回復という観点から国連が介入するという新しい原則は今後ますます重要になると認識されている．国連の平和活動（PKO を含む）の改革を提唱する「ブラヒミ報告」（2000 年）が出された．また 2005 年の国連サミットが平和構築委員会の設置を決めた．現在，PKO は平

和構築への橋渡しとして，民間人の保護，紛争要員の武装解除・動員解除・社会復帰（DDR），選挙監視，治安・法の支配の回復なども任務としている．

3　経済の相互依存とグローバル化

経済は主権国家にとってきわめて重要な領域であると認識されていたが（たとえば重商主義），越境する流れ（貿易を含む国際交流）に関する事項は伝統的には領事の仕事とされ，二国間の通商航海条約の類が交流をめぐる制度を規律していた．第二次世界大戦後は，多国間制度が形成され（第3章3を参照），基本的に自由で開放的な関係の形成・維持が目的となった．この制度の中で，(1) 国境（水際）規制の緩和，(2) 国際制度の調整・調和，(3) 制度自体の構改築，という3側面をめぐって，主権国家どうしの関係（利害の調整）が展開した．制度面では，貿易（モノの流れ）制度と為替・金融（カネの流れ）制度とを分けて概観しよう．

貿易制度（GATT（関税と貿易に関する一般協定）レジーム）の理念は，貿易自由化のメリットを，19世紀の不平等条約体制の中で発達した最恵国条項を用いて，当事国以外にも均霑させるものである．自由貿易のメリットについては，19世紀初めにリカードが提唱した「比較優位」が有名である．彼の用いた事例は，伝統的な同盟関係にあったイギリスとポルトガルである．工業品（毛織物）と農産品（ワイン）を製造するのに，ポルトガルの方が両製品について効率的である（労働生産性が高い；絶対優位にある）場合，従来の定説は，貿易は無意味であるというものであった．これに対しリカードは，ポルトガルに絶対優位があったとしても，両国で工業品生産から農産品生産に労働力が移動した場合に，ポルトガルの農産品生産の方が効率的である（比較優位にある）場合（必ず逆も成立して，両国で工業品生産に労働力が移動した場合に，イギリスの工業品生産の方が効率的である（比較優位にある）場合）には，イギリスは工業品を過剰に生産して余剰分をポルトガルに輸出し，ポルトガルは農産品を過剰に生産して余剰分をイギリスに輸出すれば，労働力が変わらなくても，両製品について全体の生産量を増やすことができるという主張を展開した（図表4-2）．結局，貿易（生産の特化）によって，生産量＝消費量

図表 4-2　比較優位の基本（リカード自身による説明）
各1単位（任意）生産に必要な労働者数
（ポルトガルに絶対優位がある）

	イギリス	ポルトガル	総生産
毛織物	100人	90人	2
ワイン	120人	80人	2

一方から他方に労働者が転業したら
何単位生産可能か

	イギリス	ポルトガル	
毛織物	1.2	0.88	英に比較優位
ワイン	0.83	1.125	葡に比較優位

特化したら両製品とも生産増になる
（だから貿易すればもっと豊かになれる）

	イギリス	ポルトガル	総生産
毛織物	220人	—	2.2
ワイン	—	170人	2.125

が増大する結果，両国とも豊かになることが可能になる（再配分がうまくいけば）．この説を基礎に，生産要素の種類を労働力のみ（しかもリカードの場合は一定量）から土地・資本・労働力に増やし，生産要素の量や価格を変動可能なものにし，貿易理論は発達してきた（詳しくは国際経済学の入門書へ）．

　しかしリカードの主張自体は正しいにしても，長期的には工業品に特化したイギリスは産業革命を経験して工業大国となり，農産品に特化したポルトガルは経済の長期停滞を経験することになる．つまり，産業間比較から出てくる結論は，国家間比較，国家間関係ではおのずと別な意味を持っていた．少なくともリカードが比較優位を説明するときに前提としたことを緩めれば，貿易を自由にした場合に何が起こるかはそれほど自明ではなく，貿易を自由化すれば必ずしも豊かになるわけでもなかった．貿易（交換）の利益は，交易条件という観点から考察できる．交易条件とは輸出財と輸入財との交換比率のことで，貿易によって輸出する商品（比較優位商品）価格に対する輸入する商品（比較劣位商品）価格の比（指数）で表す．この比が貿易前より貿易後の方が大きくなれば，交易条件が改善したといい，貿易から利益が生じたことを意味する．なお，リカード自身は，ここで概説した比較優位による利益創出の主張だけでな

く，さまざまな条件下での貿易とその影響について論じている．

貿易の効果（一国経済にとっての利害）を考察する上で，特に重要なのは，産業調整コストの転嫁と収穫逓増（規模の利益）であろう．貿易自由化を進めれば国内で産業調整（資本や労働力の産業間移動）が必要となる．それには当然コストがかかり，国内政治の対立を高め，保護主義的主張が声高になるが，国内摩擦を回避しようとすると，貿易相手国との摩擦（貿易摩擦，経済摩擦）を生むことになる．自由貿易を推進するGATTレジームの外で（灰色措置），2国間あるいは多国間で発達したのが「輸出自主規制」制度である．ある貿易財（たとえば繊維や自動車）の輸入により，輸入国の当該財を生産する産業に大きな影響が及ぶ場合（自由貿易の必然であるが），輸入国政府が輸出国政府に対して自主規制を求めるものである．輸出企業が自主的に輸出を減らすと輸入国の独占禁止法制に違反しかねないので，輸入国政府との合意に基づいて，輸出国政府が貿易法制を利用して自国企業の輸出を規制（通常は数量割り当て）する制度である．ちなみに，日米関係では，1950年代から日本からアメリカへの輸出をめぐり，この種の摩擦と制度化が始まったが，日米経済摩擦は1980年代に入ると，日本側の輸入や日本国内の制度（非関税障壁，市場アクセス）が問題となり，構造的障碍をめぐる協議（SII）にいたる．世界貿易機関（WTO）では，輸出自主規制を含む灰色措置は禁止され，セーフガード（緊急輸入制限措置）の発動がこれにとってかわることになった．

貿易自由化を進めれば，輸出産業によっては収穫逓増のメリットを大きく受ける場合がある．先端的な製造業（半導体，航空機など）は概ねこの類であると言われており，現実の貿易で収穫逓増が問題になるのは，リカードのモデル（工業品と農産品との貿易）ではなく，同一産業の製品貿易（産業内貿易，水平貿易）がとくに先進国間で重要になっているからである．このような場合，政府がその種の産業の育成を補助すれば（戦略的貿易政策），世界市場で先発者の利益を享受できるだろう．あるいは自国の規格や標準を世界大に及ぼすことができれば，自国産業の受けるメリットは計り知れない．WTOのスタンダード協定（貿易の技術的障碍に関する協定，TBT協定）によって，国際標準化機構（ISO）の国際規格に各国制度は準拠することになった．

GATTレジームの精神からすれば，世界全体が貿易自由化するのがベスト

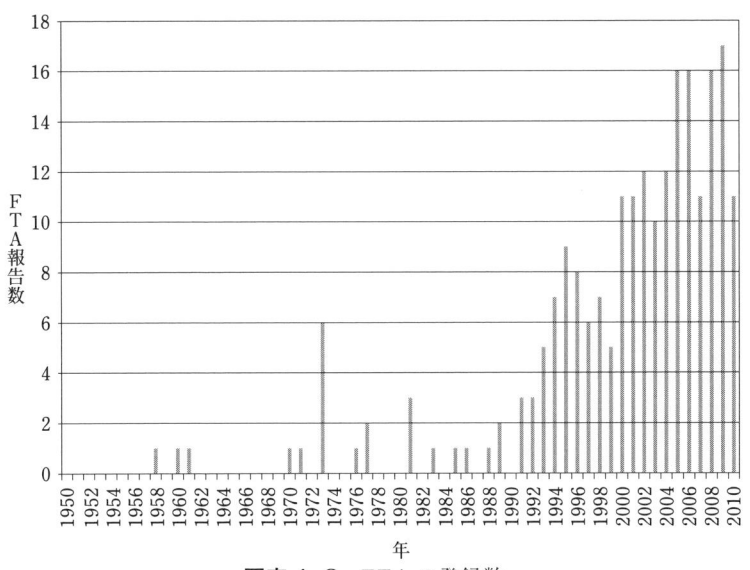

図表 4-3 FTA の登録数

である．しかしただちにベストな状態が実現する可能性の低い中で，GATT レジームの中に，一部の国々が自由化することによって「経済地域」を形成するセカンド・ベストを明記した（第24条）．これは経済地域内部で特恵関税を認めるもので，無差別原則とは相容れないところがあるので，域外に対して関税障壁を高くしてはならないこと，実質的に全商品についてあまり時間をかけずに（90％以上10年以内が目安）自由化することといった条件が付けられた．ただし，たとえこれらの条件を満たす経済地域であっても，域内貿易自由化で貿易創出効果が生じるとしても，域外との貿易が減って域内貿易にシフトする貿易転換効果（貿易歪曲効果）も生じるので，世界全体として利益があるかどうか自明ではない．域内貿易を自由化した経済地域を自由貿易地域（FTA），これに加えて対域外関税を域内各国が統一したものを関税同盟と呼ぶ．1990年代から，世界各地でFTAが急増している（図表4-3）．

国際為替・金融レジームについては，主権国家システムとの関係において，大問題となるのは資本取引が行われる外国為替市場の発達であろう．1970年代前半に変動相場制に移行して以来，貿易決済以外のカネの流れが急増した．

IMFや世界銀行が主権国家システムに組み込まれた制度であり，しかもこうした国際金融機関の融資が主権国家に対してなされるのに対し，国際為替市場では，国家は，銀行や為替ブローカーなど多数の参加者のひとつにしか過ぎない．変動相場制の下で資本移動を制限する必要がなくなり，先進各国が為替管理を自由化していく中で，国際為替市場は拡大を続けた．国際為替市場は，取引を行う通信ネットワークであり，取引規模は，三大市場のうちロンドンが世界全体の約3分の1を占めており，ニューヨークが15％程度，東京が数％程度（かつては10％以上あったが，シンガポールが肉薄）である．取引通貨は米ドルが約4割，ユーロが約2割，日本円が約1割である．毎日1兆ドル以上，年間約400兆ドルの売買総額に上る（2010年）．年間貿易額が輸出入往復で約30兆ドル（2008年）であるから，一桁大きいことになる．

　外国為替の変動相場制とは国際為替市場で相場（為替レート）が決まることを意味しており，国家（通貨当局：財務省と中央銀行）は，相場の乱高下に対して介入するが，特定の政策目的のために相場に介入することもある．しかし経験的に言えば，その効果は限られている．理論的に興味深いのは，国内・対外経済政策上，自由な資本移動，為替レートの安定，金融政策の独立性の3つを同時には達成できないという主張である（マンデル・フレミング・モデルから導出される命題）．自由な資本移動を保証する場合，変動相場制の下で対外均衡するように為替レートを安定させることと物価安定とを両立させるのは不可能なことを意味する．このように，主要各国が変動相場制を採用し，資本取引が自由化されていく中で，各国の政策協調の必要性が増した．1970年代半ばに始まるサミット（主要先進国首脳会議）やG5（のちのG7）は，各国が，利害対立する側面はさておき，経済の成長・金融の安定という利害関心を共有したものと言えよう．今日では，新興国も含めたG20サミット（金融・世界経済に関する首脳会議）も制度化された．

　国際取引自由化は，各国市中銀行を直接的な取引参加者とし，取引失敗（破綻）は国際金融制度自体の安定性を脅かしかねなくなった（債務危機）．そのために1980年代末，国際決済銀行（BIS）がイニシアティブをとって，国際業務に参加できる銀行の統一基準を設けた（BIS規制）．2000年代に入って，改訂されている．主要各国政府は，自国の銀行に対してこの合意に従った監督を

図表 4-4 世界大の国際交流

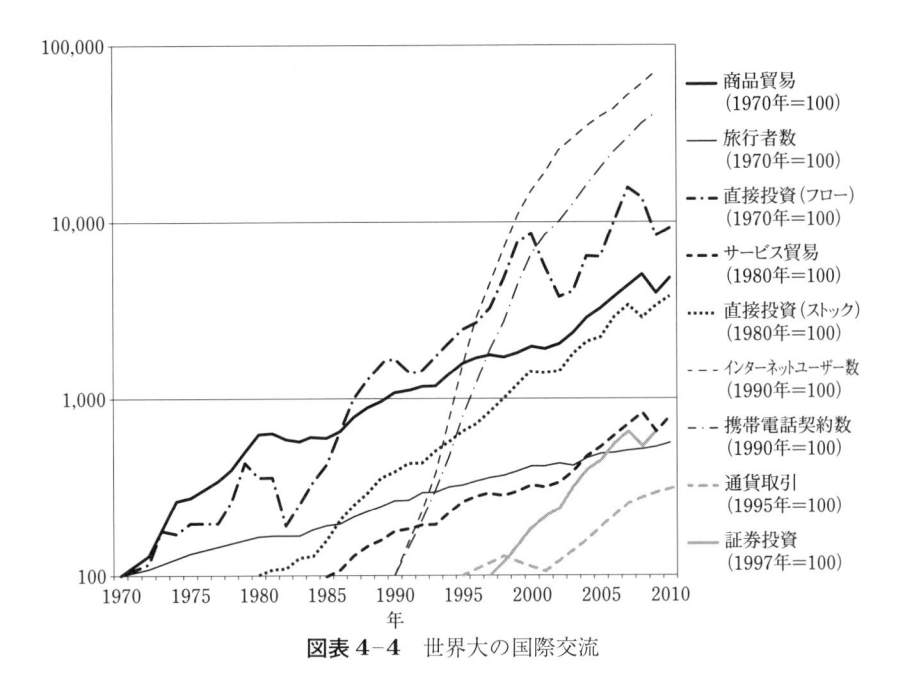

グラフ凡例:
- 商品貿易（1970年=100）
- 旅行者数（1970年=100）
- 直接投資(フロー)（1970年=100）
- サービス貿易（1980年=100）
- 直接投資(ストック)（1980年=100）
- インターネットユーザー数（1990年=100）
- 携帯電話契約数（1990年=100）
- 通貨取引（1995年=100）
- 証券投資（1997年=100）

することになっている．

　為替市場における取引は，貿易決済，直接投資，証券投資，デリバティブ（金融派生商品）取引など何種類かに分類される中で，金額的には相対的に小さいが，国境を越える経済活動を支えるのが企業の直接投資である．盛んな直接投資活動は，多国籍企業と呼ばれる企業形態を発達させた．企業の越境活動は，大別すると貿易（とくに輸出），ライセンシング，そして直接投資の3種類である．とくに，貿易（輸出）から直接投資へのシフトは，相手国における保護主義への対応（貿易摩擦の回避），自国における生産コスト（輸出価格）の高騰，規模の経済の世界規模での追求などがある．こうした企業活動は，主権国家システムが構築した制度を前提にしている一方で，関係国の間の利害対立を低めたり，逆に高めたりさまざまな影響を国家に与えている．国家と市場あるいは企業との対立は，主権国家システムが構築した国際金融制度（変動相場制）がもたらしたという意味では，主権国家システムの選択が主権国家システムにとって統治（管理）困難な脱領域的空間を作り出したと言えよう．

以上のような制度の上で，世界大で交流がどのように増大したかをまとめておく（図表4-4）．縦軸が対数になっていることに注目してもらいたい．つまり，基準年と比較して10倍，100倍，1000倍になっている交流があるのである．

4 主権国家システムの相対化

今日の地球社会の中で，個人（市民）を基本的な主体として認めたとしても，数十億の市民（成人男女）の多数の意思により地球社会としての意思を決定すべきであるという立場は世界政府の創設とほぼ同義であり，現状では明らかに非現実的である．現実的なのは，(1) その個人が所属している国家における意思決定に国民の一員として関与し，国家をとおして反映させる，(2) 国内で，あるいは国境を跨いで，既存のNGOに参画したり，価値観を共有できる他の個人と協力してNGOを設立したりして自国政府に自分の立場を反映させる，(3) 個人として，あるいはNGOの一員として他の国家や国際組織・制度に影響を与える，といった間接的な方法を選択することであろう．上記の(1) の方法は，伝統的な主権国家システムにおける唯一の正統的な方法であるが，数十億の個人をとりあえず200程度のブロックに分けて（7桁ほど数を減らして），利害を調整するという観点からはひとつの（決して唯一ではないが）現実的な選択肢とみなせる．(2) や (3) で人々の利害関心を括るNGOは，国連広報局と提携しているものだけでも約1500ある．国連憲章第71条や，経済社会理事会決議1996／31などにより，国連や国連を通じての活動に関与できる他，国連専門機関も独自にNGOとの提携関係を制度化している．NGOは，主権国家よりおそらく2桁多い（図表4-5）．さまざまな関心分野で活動しており，主権国家システムに対しても無視し得ない影響力を持っている組織もある．

　国際連合システム（国連本体，国連専門機関，総会や経済社会理事会が設置した下部組織）は，主権国家システムの中の国連本体を超えて，地球社会における規範や秩序を形成する機能を果たしている．普遍的価値をめぐる議論はきわめて政治性が高い場合があるが，それを人権について概観してみよう．もと

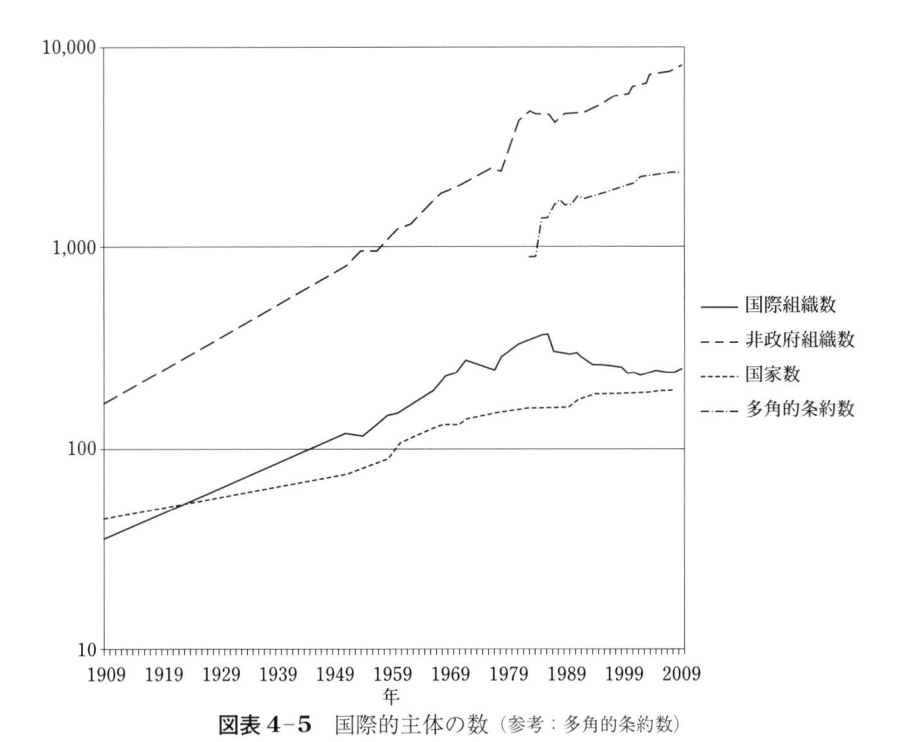

図表 4-5 国際的主体の数（参考：多角的条約数）

もと人権（と市民権・公民権）は国家とその自国人との基本的関係についての規定であり，国内問題であった．しかし，1930年代の全体主義国家の登場や第二次世界大戦を教訓として，国連憲章では人権を国際的関心事項に加え，人権概念の普遍化を可能にし，さまざまな対立はあったものの，総会と経済社会理事会の補助機関として設置された国連人権委員会（2006年に国連人権理事会に改組）などの活動を背景に大きな進展をみせた．1948年には総会で，世界人権宣言が反対ゼロで採択され，その後の取り組みの基礎となった．総会は人権に関するさまざまな宣言を採択する一方で，宣言の条約化も推進した．世界人権宣言を下敷きとして，自決権をも人権の前提とする国際人権規約が66年に採択された．同様に，人種差別撤廃条約（65年），女子差別撤廃条約（79年），拷問等禁止条約（84年）など多角的人権条約が整備された．もちろん条約加盟を国家に強制することはできないし，主要国がこれら全てに加盟したわ

けではないが，国際規範を形成したのはたしかである．

　人権への取り組みと補完関係にあるのが，個人の国際犯罪に対する刑事裁判への取り組みである．主権国家システムの相対化との関連では，国際犯罪の中でも，地球社会の一般的利益の侵害に対する取り組みに注目すべきである．第二次世界大戦後，従来からの伝統的な交戦法規違反のみならず，平和に対する罪と人道に対する罪が新たに戦争犯罪として付け加えられ，ドイツと日本の国家指導者が国際軍事裁判所で裁かれることになった．1948年には，集団殺害罪の防止及び処罰に関する条約（ジェノサイド条約）が国連総会で採択され，国際刑事裁判所の設立に触れられた．この構想が進展するのは冷戦後の90年代である．ユーゴスラビアの解体過程で生じた内戦で「民族浄化」と呼ばれた残虐行為が行われたことに対し，その責任を追及するために国連安全保障理事会の決議によって，旧ユーゴにおける国際人道法の重大違反を裁く国際軍事裁判所が設置された．同様に，ルワンダ内戦で生じた大量虐殺についても，国際軍事裁判所が設置された．このような経緯を経て，1998年に国際刑事裁判所（ICC）の設立が決まった（国際刑事裁判所ローマ規程）．ICCはジェノサイド，人道に対する罪，戦争犯罪，侵略の罪について普遍的管轄権を持っている（侵略については2010年にコンセンサス，締約国領域内で生じた場合には「補完性の原則」により国内裁判所が優先）．

　本章1では，国家領域外についても主権国家システムが国連のイニシアティブで多国間条約という形で関与するようになったことを概観した．そこでは，「人類共通の関心事」（気候変動枠組条約や生物多様性条約など），「人類共同の財産（遺産）」（国連海洋法条約，世界遺産条約など）といった語句が登場した．ここには，伝統的な主権国家システムの枠を超えて，地球社会という観点からの問題設定（たとえば地球規模問題群）と，主権国家とNGOを巻き込みながら協調・協力を制度化しようとする動きとを確認できる．

*5　ポストウェストファリア体制論

　冷戦終結と前後して，ウェストファリア後の世界あるいはポストウェストファリア体制を論じる言説が増えた．冷戦期まで生きながらえた伝統的な主権国

家システム（ウェストファリア体制）がいよいよ終焉するというわけである．もっとも，どのような特徴をもって新しい体制というのか，またすでに新しい体制に移行したのか否かという点については見解の一致を見ていない．おそらく3つの異なった論点があるように思える．

　第一は，従来ではありえなかった主権国家が登場したことをもって，そう主張する．国家主権の二重基準の出現であり，1960年の植民地独立付与宣言をひとつの指標とし，擬似国家や破綻国家の出現とそれがもたらす混乱が主要な事象である．1648年以来の本質的に革命的な変化であるという．たしかに前章4でも論じたように，自決権の無条件的承認は，きわめて大きな変化である．しかし，それは主権国家システムの構成員資格をめぐる問題であって（その意味では基本的な規範であるが），システムそれ自体を大きく揺るがしたわけではない．ポストウェストファリア体制を論じたとは必ずしも言えないであろう．

　第二の論点は，内政不干渉原則を見直して，人道的干渉を許容する新しい規範が必要である体制，すなわちポストウェストファリア体制に移行すべきであると主張する．この論点は，第一の論点と関連する．破綻国家などで著しい人権弾圧や一般人を巻き込んだ内戦が頻発するようになったので，そのような状況を回避するために国際的な共同体の名において武力干渉（人道的干渉）する責任があるという．人道的干渉は，もともとオスマン帝国版図内におけるキリスト教徒オスマン臣民の保護を目的として文明国（ヨーロッパのキリスト教国）が武力干渉することを指す用語であったため，第二次世界大戦後は，新独立国を中心にそのような干渉を避けるために内政不干渉原則が強調されてきた経緯がある．新しい人道的干渉論は，国連憲章の規定を見直すことを意味しており，たしかにこれまでのシステムの基本原理を覆しかねない議論である．しかし，すでにそうなったとかそうなりつつあると主張しているのではない．（なお，この議論の流れは，「保護する責任」（第13章3を参照）につながっており，結局は，武力干渉は国連安保理決議が必要であるという合意に落ち着いた．その意味では，ポストウェストファリア体制に移行しなかった．）むしろ，内政不干渉を全てに優る規範とみなすべきではない状態に主権国家システムは変容してしまったという主張とみなすべきであろう．

第三に，グローバル・コミュニティの出現をもって，ポストウェストファリア体制に移行しつつあるという主張がある．あえて国際共同体（国家どうしの共同体）という用語を用いないところに，伝統的な主権国家システムからの脱却を強調しようとしていることがみてとれる．主権国家システムに組み込まれた国際組織の役割については賛否が分かれるが，国境を越えて世界各地に広がる市民社会の重要性を強調する点が共通点である．文字通りの世界規模の万民法（jus gentium）の生成・浸透を期待するかのようである．しかしながら，上の第二の主張と同様，すでにそのような状態が主権国家システムを凌駕したと主張しているわけではない．世界市民の共同性に基礎づけられた地球社会の政治（社会的意思決定）は，将来の希望的観測として語られている．

　そもそも，主権国家システムとして抽象化された理念型は，数世紀に及ぶ国家間関係の基本構造の変化と，ある程度は連動しつつ変化してきた．このことは，第1章と第3章の作業で明らかにしようとしてきたことである．冷戦後，あるいは20世紀から21世紀にかけて現実の国家間関係が変化してきた一方で，地球社会で生じるさまざまな難問や危機に対して国家間関係あるいは国際組織・制度が十分に対応できていない現状がある．その意味で，主権国家システムが現実に変容したとか，主権国家システムは変容すべきであるという主張は十分理解できる．要するに，ウェストファリア体制は制度疲労により崩壊しつつあるという見方にも一理あると言えよう．問題は，ポストウェストファリア体制の「ポスト」とはいかなる意味で，ウェストファリア体制後の体制を指しているのかが曖昧である点にある．

　主権国家システムは，その生成以来少なくとも20世紀末まで，本質は変わっていないとするならば，主権国家システムをどのように特徴づけたら良いであろうか．おそらく，伝統的な主権国家システムとは，(1) 相互に平等性を認め合う主権国家が並存している状態が成立しており，(2) 主権国家は互いに内政には不干渉の方針を基本的には尊重し合い，(3) 各主権国家内部の社会（国内社会）とは異なる秩序・制度が主権国家を構成員とする主権国家システムには必要であり，(4) 主権国家システムの秩序・制度には主権国家のみが関与する，とまとめることができるだろう．

　上の (1) についての要点は，平等性とは対等の当事者適格性（条約の締

結・約束の履行など）を意味するだけで，大国どうしの勢力均衡が小国の犠牲の上に成り立ってきた事例に事欠かない．しかし第二次世界大戦後における主権国家システムの組織化・制度化の中で，国連安全保障理事会やIMF理事会などの権限などで大国の地位が明確に規定されるようになった．他方で，擬似国家ないし破綻国家と呼ばれる国家が多数存在しており，保護する責任をめぐる議論は，統治能力を欠いている主権国家の存在を前提としている．(1)の修正が必要であろう．

(2)は，南アフリカのアパルトヘイト政策をめぐる制裁が議論になったような事例はあるが例外的であった．しかし冷戦後においては，民主主義的な政治価値の普遍化が進行した．許容されうる国内政治体制の範囲が狭まったのは確かであり，また重大な人権抑圧を引き起こした政治指導者個人に対する刑事責任を追及できるようになったなど，内政不干渉原則を掲げたままで，その原則が適用される条件について新しい国際規範が形成されつつあると言えよう．

(3)は戦争（武力紛争）の位置づけに密接に関連している．今日では主権国家システムにおける戦争（武力紛争）は違法とされ，国連安保理決議による制裁と制裁発動までの自衛が例外的に武力行使を認める条件になっている．また，実際にも国家間紛争に武力行使が伴う事例は激減している（図表14-3を参照）．もちろん，主権国家システムにおいては政治制度はきわめて未発達であり，主権国家を構成員として基本的には合意に基づいて社会的意思決定がなされるという点で，主権国家のあり方とは根本的に異なる．しかし，紛争の平和的解決の期待（平和的変更の期待）の共有は国家間でも成立しうるという議論は，国内秩序（民主主義的政治体制）と国家間秩序（平和の持続）とを結びつけたものである．市民社会（民主主義）の拡大による平和をうたったカントの恒久平和論は国内秩序と国際秩序とを直結するという問題点を抱えていたが，上の議論は両者をつなぐ媒介項を明確にしたものである．いずれにせよ，国際秩序と国内秩序は別々であるものの，「国内平和」対「国際戦争」という対比は必ずしも妥当しない．

最後に，(4)については，主権国家や国際組織以外の行為体が制度構築に関わる領域が増えつつある．地球環境問題をめぐる制度が典型であろう．また，一旦制度が構築されると，主権国家の総意によって構築されたものであって

も，主権国家を制約しうるという点も無視し得ない．

このように，4点全てにわたる変化は，主権国家システム（ウェストファリア体制）がポストウェストファリア体制に移行しつつあることを示唆しているわけではないが，システムの構成員についても規範についても制度についても過去半世紀に大きく変貌を遂げたのはたしかである．

おそらく最も基本的な問題は，地球社会の仕組みがウェストファリア体制からポストウェストファリア体制に移行しつつあるかどうかよりは，ポストウェストファリア体制論の第3の論点と関連して，地球社会は主権国家システムによってのみ代表されているわけではないという点だろう．グローバル化の進行にともなって，主権国家システムのソトで，主権国家以外の行為体によって別種の制度が形成されるようになっている．この点については，第8章3で概観することにしよう．

第2部　地球社会の主体とアイデンティティ

　今日，私たち一人ひとりは国際関係とどのような関係にあるのだろうか．国際関係は国家どうしの関係であって自分とは関係ない，という答えはあり得ない．私たちは地球社会の一員として地球社会の政治に関わっている．最も基本的には，主権国家を動かす主権者として関わっている（今は未成年の人でも，やがて成人になって国民の一人として関わることになる）．主権国家は，私たちの人権を侵害できないのはもちろん，私たちの利害関心に応える役割を与えられている私たちのエージェントである．私たちは国家を通じて自分たちにとって望ましい状態を実現しようとする．しかし，地球社会への関与の手段はそれだけではない．国民の一人としてはひとつの国家にしか関与できないのに対し，複数の非政府組織・団体を通じて，自国はもちろん，他の国々，国際組織，多国籍企業，国外の人々と関係を結ぶことができる．

　本書第2部では，地球社会の中の主権国家システムと最も密接に関係する国民を中心に，主体として行動する人々の集まりとそうした集まりの間の関係について取り上げる．

　第5章では，場合によっては自分の命より大切だと思えるくらい強いアイデンティティを人々にもたらす国民という共同体について考察する．第6章では，国民の利害関心が国際関係の中でどのように追求されているのか，その仕組みについて考察する．第7章では，国民の相対化のさまざまな局面，とくに国際化の影響，国民の統合・分裂，国民を超える統合を考察する．そして第8章では，国民という捉え方では括りきれないさまざまな問題を概観する．

第5章　国民共同体の形成とナショナリズム

　　　　　　国民国家というあり方が今日の主権国家システムの構成員としての典型的な
　　　　　　あり方（規範的あり方）である．ネイションないしネーションという用語が
　　　　　　用いられることが多い．それは国民国家の捉え方に応じて，国家・国民・民
　　　　　　族という多様な姿が見えてくるからである．本章では，主権者としての国民
　　　　　　に焦点を当てて，不特定多数の市民（公民）が単一の国民としてまとまって
　　　　　　いるという基本的な理念の基礎になっている人間集団のあり方を分析的に整
　　　　　　理する．人間は共同体に包まれて生きているが，国民も共同体の一種と見る
　　　　　　ことができる．そこで共同体の基礎理論を概観した上で，そこで得た分析道
　　　　　　具を使って国民共同体の特徴をみていこう．

1　共同体の形成：アイデンティティとコミュニケーション

　人間は，ばらばらでは生きていけない．少なくとも2種類の安定的な人間集団の中に位置づけられるのが通常である．すなわち，日々を生きていくための地域社会（ローカル・コミュニティ）と祖先から子孫へ橋渡しをする通婚圏（エスニック・コミュニティ）である．共時的共同体と通時的共同体と特徴付けることも可能だろうし，物々交換と遺伝子交換の分業と対比してもよいだろう．両者の共通部分には，自分自身をとりまく家族が存在している場合が多い（少なくとも一生家族に恵まれないというケースは稀である）．人間は，本質的に複数の共同体（家族，ローカル・コミュニティ，エスニック・コミュニティ）に同時に属している（図表5-1）．共同体は，言葉遣いから所作・立居振舞まで，ある種の価値観・文化を共有している人間集団である．共同体への参画は，本人の帰属意識と他の構成員の受容とによって実現する．共同体に属す人間にとって，共同体はその人の生活史において多面的な保護機能を有しているとともにさまざまな制約やタブーを課している．以上のことは，家族はもちろん，ローカル・コミュニティに関してもエスニック・コミュニティに関して

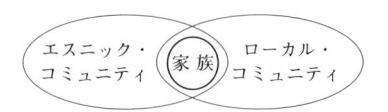

図表 5-1　共同体の基本枠組

も当てはまる．このような基本的な共同体と国民とはどのような関係にあるのだろうか．考察のための道具として，この節では，共同体をめぐる基礎理論を必要最小限の範囲で紹介する．

　共同体は，ひとつにまとまっているという意味で，アイデンティティに関わる．アイデンティティとは，(1) 一人の人間が成長過程で獲得する自分自身の連続性と安定性に関する自信，(2) 自分は何者であるかを他人に理解してもらえるような標識，(3) 自分は何者であるかを社会の中で定位して人間関係の曖昧性・不確実性を減少させる集団的属性概念，といった意味を持っている．この最後の意味，つまり集合的（集団的）アイデンティティが，集団が集団としてまとまる上での共通性の核を意味しているので，共同体形成と密接に関連している．アイデンティティ理論が教えてくれるのは，自分Aと他人Bとが同一共同体に属しているということは，自己認識と他者認識とが多重に絡まりあった関係が成立しているということである（図表5-2）．つまり，自分がある特定の共同体に属していると思っているだけでは全く不十分であり，主観（帰属意識）の共有（間主観性）の相互確認・相互了解が基本にある．アイデンティティは自己と他者とを分けるものであるが，集合的アイデンティティは仲間・朋輩と部外者・余所者（よそもの）とを区別する機能を有し，「われわれ」と「彼ら（あいつら）」という意識を内部で共有することになる．このアイデンティティを表象する標識が意識化されると，「われわれ」は広い意味空間の中で定位される．関心が「あいつら」に向かえば，差別・排除に繋がりかねない（第8章を参照）．

　共同体は，多数の人々をまとめるという意味で，コミュニケーションに関わる．共同体構成員の間で相互理解・相互了解をもたらすのが，コミュニケーションである．コミュニケーションすなわち意思疎通が成立するには，メッセージの送受信の相対的正確性とある程度の誤差を是正する冗長性が必要であり，広い意味での翻訳の問題と文脈の共有が関わる．たとえば，コミュニケーショ

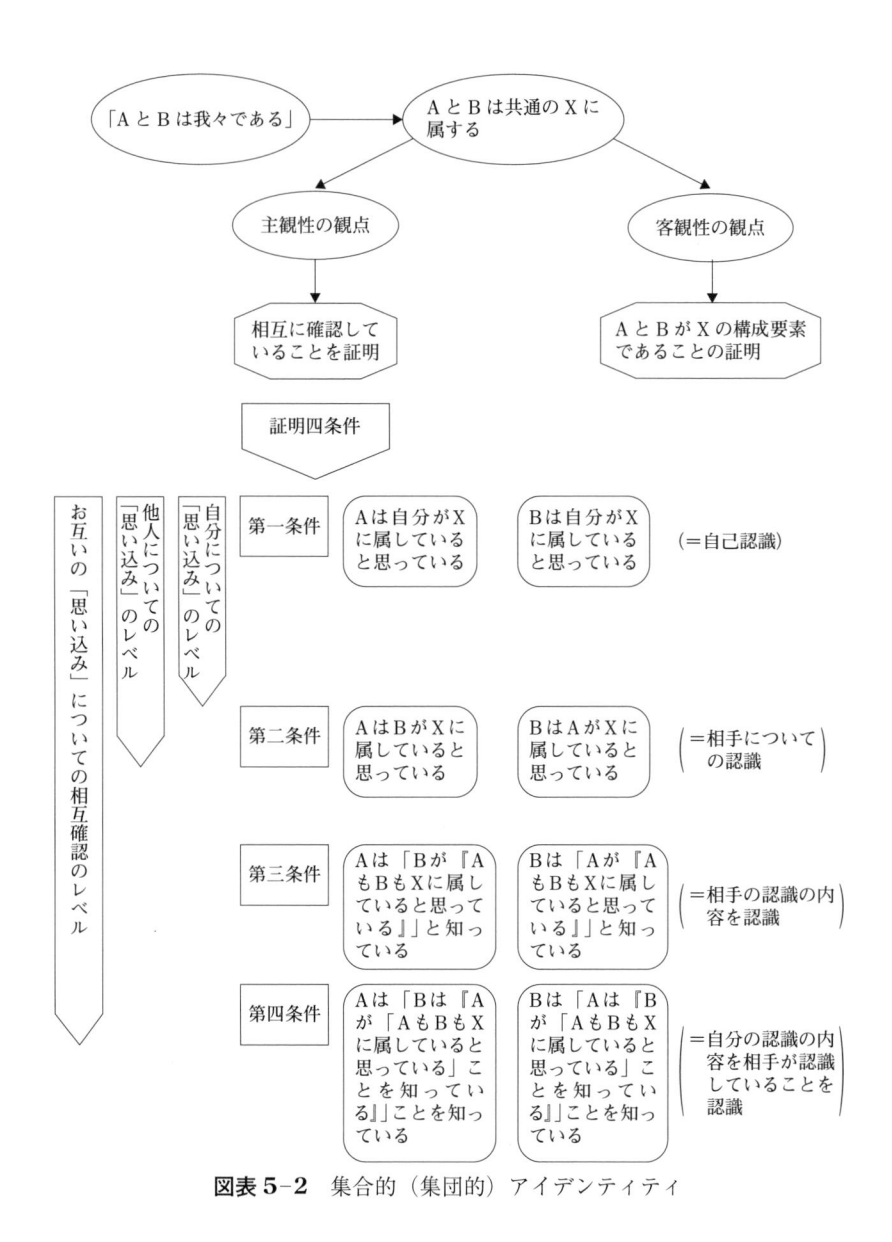

```
                    ┌─────────────┐         ┌─────────────┐
                    │「AとBは我々│────────▶│AとBは共通のX│
                    │ である」    │         │に属する     │
                    └─────────────┘         └─────────────┘
                                   │                    │
                            ┌──────┘                    └──────┐
                            ▼                                  ▼
                    ┌─────────────┐                    ┌─────────────┐
                    │ 主観性の観点│                    │ 客観性の観点│
                    └─────────────┘                    └─────────────┘
                            │                                  │
                            ▼                                  ▼
                    ┌─────────────┐                    ┌─────────────┐
                    │相互に確認して│                    │AとBがXの構成要素│
                    │いることを証明│                    │であることの証明│
                    └─────────────┘                    └─────────────┘
```

証明四条件

	第一条件	Aは自分がXに属していると思っている	Bは自分がXに属していると思っている	（＝自己認識）
	第二条件	AはBがXに属していると思っている	BはAがXに属していると思っている	（＝相手についての認識）
	第三条件	Aは「Bが『AもBもXに属していると思っている』」と知っている	Bは「Aが『AもBもXに属していると思っている』」と知っている	（＝相手の認識の内容を認識）
	第四条件	Aは「Bが『Aが「AもBもXに属していると思っている」』ことを知っている」ことを知っている	Bは「Aが『Bが「AもBもXに属していると思っている」』ことを知っている」ことを知っている	（＝自分の認識の内容を相手が認識していることを認識）

（縦書き左側ラベル：お互いの「思い込み」についての相互確認のレベル／他人についての「思い込み」のレベル／自分についての「思い込み」のレベル）

図表 5-2 集合的（集団的）アイデンティティ

ンにとって言葉は重要な役割を果たすが，国際共通語（外国語としての英語），公用語（国語），日常方言（地方言語，階層方言），仲間言葉（ジャーゴン）によって定義されるような言語共同体は，この順にその範囲は狭くなると同時に，言語的コミュニケーションが容易になるだけでなく，非言語的なコミュニケーション（以心伝心，阿吽の呼吸）が意味を持つ状況が広くなる．他方で，国際共通語が使用言語であるような場合，たとえば学界（アカデミック・コミュニティ）において，特定の学会における研究報告セッションでの相互理解の容易さとレセプションでの共通の話題を探す苦労との違いは歴然としている．また，コミュニケーションには非言語的要素も関係している．そして一方向ではなく双方向のコミュニケーションが基本であり，応答や共感といった複雑な相互性がそこから生まれる．コミュニケーションの難易・粗密・多寡は共同体を範囲づけることになる．共同体を規定するコミュニケーションは，実際のコミュニケーションの収斂作用の結果，ひとつの共同体が形成・維持されることもあれば，コミュニケーションを可能にする道具（言語や文化など）を教育・学習により流布・拡散させることによって共同体の形成・維持を図ることもある．

　人間の記憶力や想像力は自分の活動範囲を大きく越える共同体の形成を可能にした．すなわち，アイデンティティ標識の共有（帰属意識）とコミュニケーション可能性（想像上の一体意識）の拡大により，実際には一度も接触したこともなく互いに見ず知らずの構成員がほとんどのような広範な共同体の存在が可能になった．その極端な例がディアスポラ（離散共同体）である．ディアスポラと言えばユダヤ人が典型例としてあがるが，古代のフェニキア人やギリシャ人（マグナ・グラエキア），さらにはポルトガル交易拠点帝国などもディアスポラの例といえよう．いうまでもなく，国民も，顔見知りの範囲をはるかに大きく超えた広域共同体の一種といえる．このような広域共同体は，その特徴上，地域社会（ローカル・コミュニティ）ではあり得ないが，通婚圏（エスニック・コミュニティ）としては成立しうる．

　人間の活動範囲がきわめて小さい時代は，多くの人々は同じ地域社会（典型的には村落共同体）で一生を終えただろう．その共同体は政治（ムラの掟），経済（生活必需品），社会（冠婚葬祭）など多重機能を果たす．しかし社会が

(a) 国民国家の理念型(全ての人々にとって)

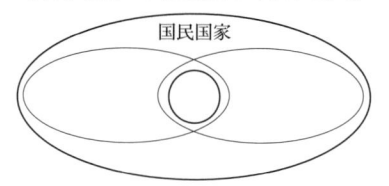

国民国家

(b) 国民国家の現実(ある人々にとって)

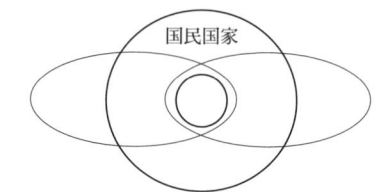

国民国家

図表 5-3 国民共同体の理念と実態

複雑化すると地域共同体を越えて，周辺共同体を巻き込み，共同体の分業が発達する．政治共同体とは，そのような共同体の一種である．たとえば図式的には，古代ギリシャの自由民は政治共同体（ポリス）を形成し，婦女子や奴隷をも含んで経済共同体（オイコス）を形成した．いうまでもなく今日の国民は政治共同体の一種である．

人間は本来的に複数の共同体に属すと上で指摘したが，2点注意が必要である．第1点は，一人の人間にとって，地域社会と通婚圏とが重複することがあるように，重複し合う異なった共同体に同時に所属することはあり得るが，同時に属している共同体が同心円構造・入れ子関係（一方が他方を包含する）にあるとは限らないことである．もう1点は，一人の人間が同時に属すことのできるタイプ（重複可能な共同体類型）と同時に属すことのできないタイプ（重複不可能な共同体類型）とがあることである．たとえば，宗教共同体は後者である．また典型的には，国民もそうである（それゆえ例外としての二重国籍問題が発生する）．複数の共同体所属・アイデンティティを持つことによって人間は共存できるという主張を聞くことがあるが，共同体間関係やアイデンティティ複合の問題はそれほど単純ではない．

国民国家は，典型的には国民あるいは国籍保有者全員の家族はもちろん地域

社会と通婚圏が国境内に閉じている状態を想定している（図表5-3(a)）．さらには，国民経済が多数の地域社会を相互に結びつけ，国語や国教が通婚圏を共通なものにすることが国民国家の理念型である．しかし現実には，国民経済としてひとつにまとまっていないかもしれないし，通婚圏も複数存在しているのが普通だろう．さらに，国内に居住する人々の一部にとっては，自身の地域社会または通婚圏は国境の外側まで広がっている（図表5-3(b)）．

2　国民：個人と国家の間で

日本語の国民という言葉には，一人一人の国籍保有者を指す意味と，集団として主権者を指す意味とが含まれている．前者は臣民・領民と同義で，国家の被統治者一人一人のことである．後者はネイションと通用する意味である．実際の用法をみるとどちらを指しているのか曖昧な例に事欠かない．また，国民国家をひとつの大きな社会単位として捉えれば，国民を社会の構成員として見ることも可能である．つまり国民は少なくとも3つの側面を持っている．

国家の主権者としての国民は，不特定多数の市民（公民）からなる．この意味において，国民は政治共同体であり，政治価値・政治文化でまとまっている．つまり，国制（憲法）を受け入れ，政治の仕組みを納得し，それに従って社会的意思を決定する共同体である．他方で，国民は，国籍保有者全体の一部分を占める．国籍を保有していないと国民の一員にはなれないが（必要条件），国籍を保有していれば国民の一員に必ずしもなれるわけではない（十分条件ではない）．国民と国籍保有者全体との関係は多様である．一般的には国籍保有者全体は複数の通婚圏（エスニック・コミュニティ）に分かれており（場合によっては国境の外側まで広がる），全てのコミュニティを国民が代表している場合もあれば，特定のコミュニティのみを代表している場合もある．いずれにせよ，国民は主権国家と一体であり，個人を国家に結びつける最も重要な共同体である．

主権国家のモデルの中で国民を位置づけよう．国民国家（主権在民の国家）が登場する歴史的な過程はすでに第3章1で概観したとおりである．ここでは，理念型としての国民国家とはどのような主権国家なのかを簡略に示す．確

認のために「国民国家とは国籍保有者の一部が主権者となった主権国家である」という理念型を思い出してもらいたい（図表3-1）．これが全てであるが，ここからいくつかの特徴が導出される．第一に，従来は君主を主権者としていたものが国民に取って代わられる．第二に，国家による統治の客体であった被統治者のうち，国民となった者は統治の主体となる．第三に，被統治者の権利も変化する．主権国家における抵抗権は，国民国家における基本的人権と市民権（公民権）へと二重化する．第四に，主権国家においては単なる一方的統治で十分だったものが，国民国家においては，国民（統治者）は同時に被統治者であり続けるために，自分たちで自分たちを統治するという自己統治（self-government：自治）に統治の意味が変化する．第五に，国家意思はすなわち君主の意思であり，典型的には君主独裁制であったのに対し，国民を構成する不特定多数の意思を単一の国家意思へと翻訳する必要が生じ，民主制（代表制）が採用されることになる．第六に，国家意思は君主の利益を追求・実現すれば良かったのに対し，国民的利益（national interest：国益）を追求・実現するべきものになる．

　国民国家とは，典型的には，市民革命を経て共和制を採用するようになった主権国家である．もちろん，主権国家となるときに共和制を選択した場合もそうである．君主制であっても，主権者としての君主の権限を制限し，事実上，国籍保有者の代表が政治の主導権をとることができる国制（憲法）を有していれば，すなわち立憲君主制ならば，国民国家とみなすことができる．今日の主権国家は，共和制が圧倒的に多い．

　そもそも国民とは主権者であるから，国家の支配者（国家の主人・持ち主）として特権的な立場にある．したがって，国家に貢献し，国家を統治する能力を備えていることが当然視された．典型的には（アメリカやフランスにおいても後続の国においても），国民を代表する代議員被選挙権と市民（公民）権＝選挙権という二段階制がとられ，当然，前者の方が後者より要件がきつく，基本的な国政選挙権も成人男子の納税者または資産家にしか与えられなかった．このような基準があるせいで，19世紀の国民国家のほとんどにおいて，全人口（ほとんどが国籍保有者とみなしてよいだろう）に占める国民＝国政選挙権者の比率は数パーセント未満だった．

国民国家において，政治参加の拡大が基本的潮流になる．国家に貢献するのは，必ずしも財産を持っている多額納税者だけでない．徴兵制と国民皆兵制の下で，生命を投げ出す可能性も国家への貢献であり，成人男性一般も当てはまるであろう．このような基準の拡大は，やがて普通選挙につながっていく（したがって，男性のみへの付与でも普通選挙とみなされた）．さらには，男女同権を認めれば，成人女性にも参政権が与えられる．成人に達する年齢も，徐々に引き下げられる．こうして，20世紀後半には国籍保有者は男女を問わず，一定の年齢に達すれば国民の一員となるのが通常の国民国家における国民の範囲となった．

　このような変化を日本についてまとめたものが図表5-4である．1889年の憲法制定を受けて，初の衆議院選挙が行われて以来，1925年の普通選挙の導入，1946年の男女同権化などによる国民の拡大が分かるであろう．なお，国民の範囲が拡大するにつれて，投票率が下がる傾向を見て取ることができる．国民であるという特権意識が薄れていくとともに，政治参加への動機が減っていくのかもしれない．

　国民の一員となる必要条件は国籍を保有していることである．したがって，誰を国民とするのかという国民資格問題と，誰を国籍保有者とするのかという国籍付与問題とは密接に関連している．国籍付与は，大別すると成人についての帰化を通じて国籍を付与するやり方と，子供の誕生に際して国籍を付与するやり方があり，後者については，自国国籍保有者から生まれた子に与える血統主義と自国領域で生まれた子に与える生地主義（出生地主義）とがあるが，現実には多種多様な組み合わせになっている．概ね，国民という政治共同体を重視して，政治価値を強調する国は生地主義を採用し，帰化の条件も緩いが，国籍保有者全体を通婚圏（エスニック・コミュニティ）の観点から捉える傾向が強い国は血統主義を採用し，帰化の条件はきつい．アメリカ，フランス，イギリスなどが前者のタイプであり，日本，ドイツ，中国などが後者のタイプである．

　ここまで，ネイションと通用する言葉としての国民について，その基本的な理念を概観してきた．しかしネイションには，国民という日本語以外に，国家とか民族という意味もある．いわゆるネイションの多義性という問題である

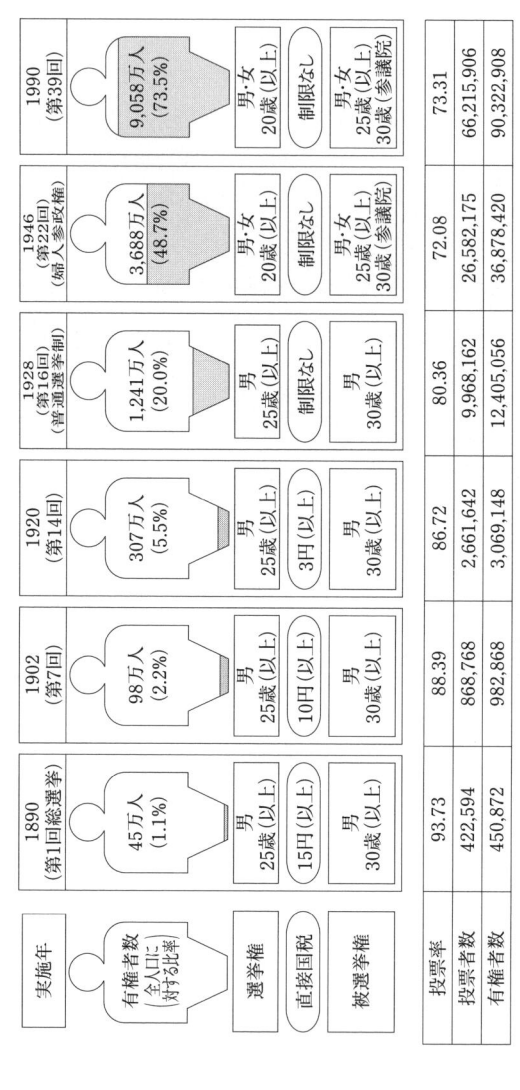

実施年	1890 (第1回総選挙)	1902 (第7回)	1920 (第14回)	1928 (第16回) (普通選挙制)	1946 (第22回) (婦人参政権)	1990 (第39回)
有権者数 (全人口に 対する比率)	45万人 (1.1%)	98万人 (2.2%)	307万人 (5.5%)	1,241万人 (20.0%)	3,688万人 (48.7%)	9,058万人 (73.5%)
選挙権	男 25歳(以上)	男 25歳(以上)	男 25歳(以上)	男 25歳(以上)	男・女 20歳(以上)	男・女 20歳(以上)
直接国税	15円(以上)	10円(以上)	3円(以上)	制限なし	制限なし	制限なし
被選挙権	男 30歳(以上)	男 30歳(以上)	男 30歳(以上)	男 30歳(以上)	男・女 25歳(以上) 30歳(参議院)	男・女 25歳(以上) 30歳(参議院)
投票率	93.73	88.39	86.72	80.36	72.08	73.31
投票者数	422,594	868,768	2,661,642	9,968,162	26,582,175	66,215,906
有権者数	450,872	982,868	3,069,148	12,405,056	36,878,420	90,322,908

図表 5-4　日本国民の拡大

が，日本語では3つの用語を使い分けて多義性を分解できるというメリットを活かすことができる．国家という意味のネイションは，まさに国民国家（Nation-State）という国民と国家との一体性に基礎づけられている．とくにアメリカのような連邦国家において，連邦としての国民国家をステート（State）と呼ぶと連邦構成国（州＝State）と混同される場合があるので，ネイションがひとまとまりとしての国家を表す用語として多用される．他方，民族という意味のネイションは，政治共同体としての国民ではなく，その基盤となっている国籍保有者全体あるいはその中核部分に注目する用法である．多くの場合，地理的範囲（とそこに与えられた地理的名称）や言語文化の共通性（とそれに与えられた言語名称）に注目し，そのような概念で一括りにされる人間集団を指す．Nation-Stateを民族国家と訳す場合も多々ある．他方で，ひとつの国民国家を指して「多民族国家」と特徴づけることもある．この場合の民族は，エスニック・コミュニティと通用される概念であり，民族学的・人類学的な概念であり，日本語の民族の多義性が混乱を生む原因になっている．また，民族としてのネイションは人民（people）概念とも関連している．民族自決（national self-determination）と人民の自決（self-determination of peoples）は同義である．（イギリスが，イングランド・スコットランド・ウェールズの3つのネイションに分かれてサッカーやラグビーの国際試合に登場するのは，連合王国のあり方や歴史的背景もあり，例外的な用法である．）

3　ナショナリズム：多義的な意味

ナショナリズムとカタカナで記されることが多い概念は，同時に，国民主義・国家主義・民族主義と訳し分けられることも多い．これは，ちょうど前節の最後でネイションの多義性として，ネイションを国民・国家・民族に訳し分けられることを指摘したことと表裏一体をなしている（図表5-5）．多義的ではあるが，ナショナリズムとしてひとつにまとめることのできる共通点はある．それは，「まともな国民国家」の実現を志向する上で，その基礎を確たるものにするべきであるという思想と，それをめざす広範で組織化された運動の両面を指すという点である．目標とすべき「まともな国民国家」とはどのよう

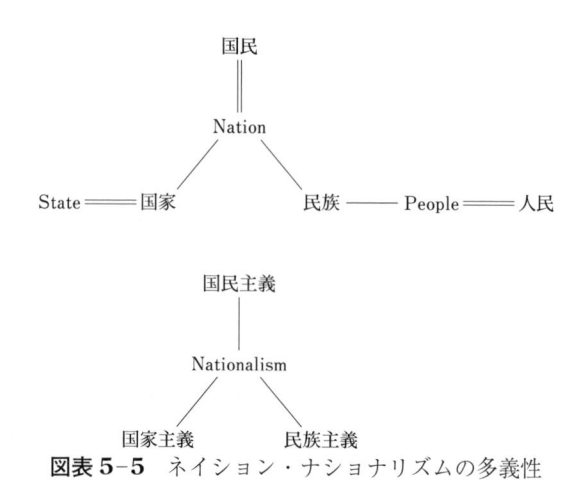

```
                    国民
                     |
                   Nation
        ┌────────────┼────────────┐
   State══国家      民族────People══人民
```

```
                  国民主義
                     |
                Nationalism
              ┌──────┴──────┐
            国家主義        民族主義
```

図表 5-5 ネイション・ナショナリズムの多義性

なものなのか．その違いがナショナリズムの多義性を生み出していると言えよう．

　国民主義と訳せるナショナリズムは，フランス市民革命やアメリカ独立革命についての議論の中で典型的に登場する．その意味で，「まともな国民国家」を志向するということは，文字通り，理念型としての国民国家の実現をめざすものである．要するに，政治的主体としての人民の存在を認め，主権在民を主張する思想・運動であり，被統治者の政治参加を求めたものである．領域国家の実態はすでにあり（アメリカの場合は13カ国の連合体），主権者からの主権剥奪（フランス）・主権奪取（アメリカ）が主要目的となる．主権の獲得に成功した後，それまでの大同団結が崩れ，権力闘争が生じるのは，程度の差こそあれ，多くの事例で（フランスはもちろんアメリカでも）見られる．国民主義運動においては被統治者（の一部）が同時に統治者としての権能を持つことをめざすために，統治者＝国民の構成員の資格条件として国籍を明確化する必要性がでてきた．つまり国民と国籍とは表裏一体の過程から生まれたと言えよう．

　次に，国家主義と訳せるナショナリズムは，典型的には，すでに成立した国民国家が，国民の連帯意識と政府による社会的動員（後述）とを梃子にして，主権国家システムの中における「まともな国民国家」の実現をめざして，国際

的地位の向上を図るものである．明治期の日本のように，このプロセスは，国民主義と呼んでも良いプロセス（自由民権運動）と並行することもあるだろう．国際的地位の向上が，キャッチアップではなく，覇権をめざそうとすると，周囲の従属地域はもちろん主権国家に対しても，自国内の社会的動員の対象となる国民に対しても，（1930年代のドイツや日本のように）超国家主義と呼ばれるような強制的なナショナリズムに変質する．

　民族主義と訳せるナショナリズムは，ひとつの主権国家を実現するためにひとつの共同体＝民族が存在していることを主張するところに特徴があるが，具体的事例を思い浮かべる上では次の3種類を区別するのが妥当であろう．

　ひとつは，19世紀前半のドイツやイタリアに典型的に見られたものである．すなわち，フランスのような領域主権国家の国民国家化と比較すると，一方では文化的に共通の人間集団が広域にわたって生活しているのに対し，他方ではいくつもの主権国家に分かれて生活しているという主権国家システムにおける状況がある．前者（つまり，人間集団の相対的一体性）をひとつの民族と規定して，そのひとつの民族に対応するひとつの主権国家の形成をめざす思想・運動である．ドイツを例にすれば，文化民族（Kulturnation）を基礎にして国家民族（Staatnation）＝「まともな国民国家」をめざすものである．もっとも，オーストリアの位置づけをめぐってプロイセンとオーストリアとの戦争が起こったことに象徴されるように，文化的な一体性（ドイツ語圏）から国家は恣意的に切り取られたものである．そしてドイツ文化の重要な担い手であったユダヤ人は，無視（やがて排除）された．いずれにせよ，文化を所与にして，国家統一を図る思想・運動として民族主義はヨーロッパで展開した．

　第二のタイプの民族主義は，19世紀のヨーロッパにおいて，文化民族は歴史上存在しているだけでなく，かつて主権国家として存在したという歴史記憶に依拠して，「まともな国民国家」として帝国支配から独立しようとする思想・運動である．ロシアからの独立をめざしたポーランド民族主義，オーストリアとの国家連合を実現したハンガリー民族主義などが第二の民族主義の典型事例である．ショパン，スメタナ，ドヴォルザーク，グリーグ，シベリウスなどの音楽史上の位置づけは，こうしたナショナリズムと関連している．

　第三の意味における民族主義は，欧米日の帝国主義（つまり主権の覆い掛

け）に対するアジア・アフリカの従属地域の独立による「まともな国民国家」の設立志向である．ここには二重の課題がある．すなわち，宗主国からの主権奪取という目的と，従属領域がひとつの民族になっているという前提の両方をどのように実現するのかである．このタイプの民族主義においては，前二者と比較して，文化の実態的な共通性は相対的な重要性を減じた．文化的共通性よりはひとつの従属領域として宗主国に支配されているという現実が重要性を増し，反帝国主義・反植民地主義という思想・運動とほぼ同義になった．この文脈における民族（人民）の定義として，「民族とは一見して施政国から地理的に分離し，人種的および／または文化的に異なる地域」というものが，民族主義の変質を如実に表している（民族が地域として定義されていることに注意）．

　以上のような多義的なナショナリズムと関連する思想・運動として，社会主義について簡潔に触れておこう．社会主義は，国民主義と訳せるナショナリズムの対抗概念である．すなわち，国民を構成する市民は多額納税者であり資産家（ブルジョア）であるが，多種多様な主張を表明してきた社会主義のおおよその共通点として，市民＝資産家の所有物から価値を生み出すのは無産労働者（プロレタリア）であり，市民＝資産家は労働者に寄生しているのだから，労働者こそ国家の支配者に相応しいという思想・運動である．したがって，社会主義革命とは，ブルジョアの私有権・公民権を否定し，プロレタリアの集団（プロレタリアート）を主権者とすることを志向する．日々の労働に従事しているせいで主体的な判断を下す能力に欠けるプロレタリアを少数エリートが指導する前衛理論や民主集中制など，多数のプロレタリアの利益を代弁・代表する一党独裁制が具体的政治制度として提唱される．現実に，この考えが主権国家として具体化するには，ソビエト連邦の成立まで待たなければならない．ちなみに，社会主義国とは，憲法で社会主義政党による人民の利益代表を明記した国家を指す．競争選挙の結果としてたまたま社会主義政党が政権に就いても，その国を社会主義国家とは呼ばない．

　政治参加主体としての国民の範囲が普通選挙制に向けて拡大していく契機として，社会主義の登場は無視できない．ブルジョアジー対プロレタリアートの階級闘争を止揚するには，経済的な格差を棚上げして，普通選挙の理念に基づいて国民の範囲を拡大するしか選択肢はなかった．他方で，普通選挙の導入に

よって多数派を占めることになるであろうプロレタリアートが選択するかもしれない社会主義路線を選択肢から除外するには，労働者階級が置かれた状況の改善（社会保障・社会政策の推進）と，社会主義政党の非合法化や治安維持法の制定とが表裏一体の現実的対応であった．また，1920年代に入ると社会主義運動は，その当時，反帝国主義・反植民地主義をかかげた唯一の思潮であったため，アジアやアフリカで自決を求める民族主義運動に大きな影響を及ぼし，第二次世界大戦後の独立国の中には社会主義政党が，政治権力に近い場合も反体制側に立つ場合も，大きな勢力を持つことがあった．

4 国民の統合と動員

ナショナリズムは，被統治者たちの中から自分たちは「まともな国家」の住人あるいは主人になりたいと願う思想・運動がわき起こる現象であるが，統治者の側も「まともな国家」の実現をめざそうとする現象も含んでいる．繰り返しになるが，国民国家においては，被統治者の一部が統治者を兼ねるようになり，国民と国家の一体化が進行する．そのような国民国家は，少なくとも理念型として，(1) 国民を統合し再生産する装置，(2) 領域内均質化・平準化と国境内外の差別化・異質化，(3) 動員による国民的力の発揮，というきわだった特徴を持っている．

国民国家は自然に生まれ，成長するわけではない．国民国家は国民の手によって建設され，維持される．被統治者を同胞（同じ国家の仲間）としてまとめあげることを国民統合という．それには，国民の待遇付与（選挙権の拡大）だけでなく，それを可能にする大前提として，国家への帰属意識の浸透（国民の育成）とが必要である．国民の育成を意図的に推進する必要性から，公教育制度が誕生した．公教育において特に重要なのが，国家の中の国民の一体性を必然化するための国語（共通語）教育と国史教育である．そして，統一的教員養成（師範学校教育）と統一的教科内容（国定教科書）が，公教育の効率を高める．国籍を保有する親に対しては子供を学校に行かせる義務を課す（義務教育制度）．作られた国家の一体性を必然化する作業の一環として日本でとくに有名なのが，イタリア国家の成立を踏まえたデ・アミーチス著『クオーレ』であ

る．主人公の少年が通う小学校の先生が生徒に話し聴かせ清書させるという構成になっており，パドヴァ，ロンバルディア，サルデーニャ（著者の出身地）と，順次，統一される前の各国を舞台にした少年のさまざまな物語を通じて，イタリアにおける「多様性の中の統一」をひとりでに納得するような仕組みになっていた．フランスでも，やや似た趣向のブリュノ著『二少年のフランス一周』が，普仏戦争敗北後の状況の中での「多様性の中の統一」を学ばせる仕掛けになっていた．

　国民統合政策を補完するのが，領域内均質化・平準化と国境内外の差別化・異質化である．前者については，国民文化，国民音楽，国民文学などなど「国民○○」という形で標準・範型が示され，また，国民経済，国民所得といった経済活動のまとめ方がされるようになった．19世紀の逓信網の発達（ユニバーサル・サービス），20世紀の放送網（ラジオそしてテレビ）の発達は，地方文化の均質化・平準化を大いに促した．また，道路網・鉄道網の整備は，自然の制約を必然的に受ける水運と比べて，領域内の均質的な物流と人流を支え，経済活動を活発化させた．産業革命後の技術進歩や工業の近代化と国民統合の進行とが相互に関連していたのである．他方で，国境の内側と外側を峻別して，領域内の一体性を高める政策もとられた．国境における物流・人流の管理（出入国管理，税関，検疫）は効率的になった．逓信の内国料金と外国料金とは意図的に格差がつけられ，郵便については国内一律料金が導入される場合もあった．放送については，国外放送の受信を制約する場合もあった．

　動員とは，もともと軍事用語で，民間人（たとえば予備役）を軍隊に召集し，民間製造業者に兵器生産を命じ，商用運送手段を部隊輸送に徴用するなどして，平時から戦時へと切り替える準備をし，戦争を遂行できる態勢を整えることを指す．一般的には，特定の国家目標に即して，人材と産業（とくに工業）を政策的に特定の分野に集中的に振り向けることを指す．軍事動員と対比させる意味で，このような平時における動員を社会的動員という．国民国家においては効率的に動員を実施することが可能である．国民にとって国家の大事は他人事（ひとごと）ではなく，自分自身の問題である．国民の構成員は国家と一体化し，国家への忠誠を誓う．国家目標を決めるのも自分たちである．平時には，近代化をめざして社会的動員を進める．工業化，都市化（農村から都

市への人口移動），労働の組織化などをつうじて，国民国家は近代化を遂げた．また，国民皆兵（徴兵制）を踏まえて，戦時には人材も産業も軍事動員して，最新の兵器を備えた強い軍隊を戦場に送り込むことができた．（第一次世界大戦勃発時，イギリスは徴兵制をとっておらず，ただちに志願兵を募集した．応募しないのは非国民であるとの雰囲気もあり，50万人近くが志願したという．兵器の扱いには素人だったせいで次々に戦死していったが，その中には多数の上流階級の子弟が含まれていた．結局，1916年に徴兵制に踏み切った．ちなみにイギリスが普通選挙制を導入するのは1918年のことである．）国民の社会的動員を進めるのと並行して，都市計画，公共施設，公衆衛生といった基盤整備も重要になった．軍隊用語だったエンジニアリング（軍事施設・設備の構築・管理・運営）・エンジニア（工兵）は，近代化（都市化・産業化）の中でエンジンの意味が変わり，シビル・エンジニアリング（民間施設・設備の構築・管理・運営：土木工学）が登場したのである．

　以上のような国民の統合や動員の理念的な説明は，程度の差はあるものの，19世紀から20世紀初めまでに国民国家化をめざした国にはだいたい当てはまった．その成功の経験を基にして，第二次世界大戦後に独立した国にも適用しようとしたのが，近代化理論として一括りにされる理論群である．共通する見方を要約すれば，近代化（工業化，教育の普及など）により社会的動員が進めば，国民は統合されて民主主義体制が確立する（経済発展は政治発展につながる）というものである．実際には，新しい独立国の多くで，そのような楽観的なシナリオ通りに国家建設は進まなかった．そうした現実を前にして，対抗理論が登場する．経済発展が進展しない点に焦点を当てて，先進国（旧宗主国）による搾取や経済構造の非対称性に注目するのが従属論である．国民の統合が進まない点に焦点を当てて，国民の分断に注目するのがエスニシティ論である．そして，民主主義体制に向かわない点に焦点を当てて，強権的な経済開発を進める政治体制に注目するのが開発独裁論である．

　ここでは，動員が進めば統合に成功するという，近代化理論が前提としていた点に焦点を当てて，動員プロセスと同化プロセスとを区別した上で統合と関連づけるK.ドイッチュの見方を紹介する（図表5-6）．この見方では，国民とは国家を支える文化に同化し，かつ国家を支える活動に動員されている人々

図表 5-6　動員と同化に着目した人間集団の分類

		同化		計
		している	していない	
動員	いされて	N	H	M
	いさなれいて	Q	R	U
計		A	D	P

（N）を指す．したがって，統合プロセスが進む（被統治者全体Pに占めるNの比率の増加）には，同化プロセスの速さと動員プロセスの速さとがうまく連動していることが必要である．Mの増大が近代化に対応するが，MのうちのNとHの比（Mに占めるNの比率）が，政治発展にとり重要である．動員速度と同化速度とは関連しているにちがいないものの，動員は一人の人間の成長過程で実現可能な程度まで速められるだろうが，同化は世代をまたぐようなゆっくりとした速さでしか進まないのではないか，というのがポイントである．また，国家を支える文化が狭小か広範かで，AとDの比が変わってくるので，統合プロセスの成否に影響が及ぶ．さらに，4分類された各カテゴリーに属す人々の出生率の違いも無視できないかもしれない．いずれにせよ，図表5-6の見方は，Nに含まれない人々の存在を無視しては，Nを語れないことを明確に示したモデルである．

*5　国民の原初性・近代性・独自性・継続性

　主権国家としては同じような外形をしている国家ではあるが，国民国家として眺めると，各国の歴史経緯を踏まえて，さまざまな様相を見せている．それにも拘わらず，国民という共通の存在が核心的重要性を持っていることは言うまでもない．国民とは何なのかという問題意識は19世紀以来今日に至るまで，重要な学問的課題であり，さまざまな角度から論じられてきた．
　19世紀から20世紀にかけて，国民国家の国際規範化にともなって，理念型としての国民国家は明確化していった．アメリカ，フランス，ドイツなどは

各々国民国家の形態は異なるが，意識的に国民国家を形成したという共通点があり，国民とは何かを論じる上で問題はない．これに対し，この時代までに事実として国民国家化していたイギリス（とくにイングランド）にとって，国民形成の時期が問題となる．13世紀のマグナカルタまで遡るのか，名誉革命を画期的ととらえるのか，という問題であり，イングランド・スコットランド・ウェールズ（そして20世紀になってから独立するアイルランド）における各々の独自性と主権国家としての連合王国の一体性とのずれをどうとらえるのかという問題である．（18世紀初めから19世紀半ばにかけて，イギリスがハノーファー公国と同君連合を形成していたという問題はとりあえず無視する．）

このように一瞥しただけでも多様な歴史的経緯があるにも拘わらず，一般論（理論）として，国民を近代の創造物と捉えるのか，それ以前からの「まとまった存在」が近代になって国民化したのかについては論争があった．

前者は，近代ヨーロッパにおけるメディアの発達・交通網の発達がもたらした経験の共有を重視する．中世ヨーロッパにおける教会による知識の独占状態（ラテン語・ギリシャ語の世界）から，地方語を用いた印刷・出版の登場による新たな情報流通圏の形成，郵便制度の普及，新聞の登場，産業革命後の鉄道網の発達などがもたらした情報空間・生活空間の変化に注目するのである．それに対し，後者は中世ヨーロッパにおける文化共同体に注目する．とくに，集団の持つ固有名，共通の祖先についての神話，共通の歴史記憶，共通する独自文化，連帯感などを重視し，それに領域性と経済的・法的・政治的一体性が付け加えられたものが国民だとする．ある文化共同体が国民化する際に，領域内の劣勢・弱小文化共同体を併呑していく過程が付随する場合もある．

必ずしも近代派と伝統派とは議論がかみ合っているようには思えない．どちらの立場につくにせよ，政治共同体としての国民が誕生したのは近代であるという理解には大きな違いはない．また，どちらの立場についても，なぜ限られた（区切られた）人間集団の間で，どのように共通のものが共有されるにいたったのか，という共同体のウチとソトの区別について説得的な議論が展開されているとはいえない．言葉とか宗教とか風習とか神話とか記憶とかいった成分表示の違いではなく，そのようなものでまとまるようになった共同体生成機能の裏付けが問題の核心だろう．この点で，自由の捉え方について，同じフラン

ス語話者でもフランス人とスイス人とでは抱く意味が異なり，同様に同じドイツ語話者でもドイツ人とスイス人とでは抱く意味が異なるが，スイス人のフランス語話者とドイツ語話者とでは意味が同じであるという指摘は大変に示唆的である．

　国民共同体が有している共同体機能の強力さは何に由来するのだろうか．ある人にとっての国民アイデンティティの強化・最優先化は，その人自身のひとりの人間としてのアイデンティティの消滅（と言って語弊があれば，昇華）に繋がる．国家の自己保存がその人自身の自己保存に優越する．国家の存続の方が一人一人の生命より重要であると納得できるまでに，国民アイデンティティは強烈になりうる．可視化できる表象（国旗，国歌，記念碑，記念像，無名戦士の墓など）をつうじて，可視化できない国家と一体化した個々人が，一人一人として国家に殉じるのを厭わなかったり，互いに連帯・団結したり，共通の敵に対して協力したりする．これほど強力な集合的アイデンティティに裏打ちされたタイプの共同体は少ない．こうした点に注目して，ナショナリズムと宗教との類似性を指摘する議論も多い．人間の生命を軽視する（甚しくは無視する）という国民共同体のあり方は，おそらく，歴史的には戦争の近代化と国民形成とが分かちがたく結びついていたことに起因するのだろうが，国民共同体の独自性として一般化できないかもしれない（第9章5や第14章4も参照）．

　国民共同体の再生産機能も強力である．ある人が死ぬと，その人の財産（物権・債権）は相続される．王国では，主権者たる王が死ぬと王位継承が問題になるが，領域・領民は王国に付随していて，新しい王が相続するわけではない．（公国は微妙である．）国家が自然人ではなく法人だから当然である．国民国家では，主権者たる国民の中身（つまり公民）は時々刻々入れ替わっている．日々，新しい公民が誕生し，毎秒のように誰かが死んでいく．数十年で，国民の中身は総入れ替えになるはずである．しかしながら，国民は継続的に存在している．たとえば60年前の国民の犯した罪はもう時効になったというような主張は受け入れてもらえない．国民という一貫性・一体性（つまり，集合的アイデンティティ）は維持されていると見なされる．ここで，集合的アイデンティティにおける経時性が重要になる．廃校になった学校の同窓会はやがて数十年後には解散する運命にある．限界集落は地域社会としてのアイデンティ

ティが消滅する危機に直面している．既存の国民共同体もやがていつかは消滅する運命にあるだろうが，それまでは国民としての集合的アイデンティティは変化するとしても，まさにアイデンティティとして存在し続ける．

　同時に，国民共同体の離合集散も歴史上決して稀な現象ではない．国家の分裂や統一と結びついている場合もあれば，そうでない場合もある．国民共同体の存在は，大きなダイナミズムの中に位置づける必要がある．この問題は，第7章2, 3, 4で取り上げる．

第6章　国民の利益追求

　　　　主権国家は国家という器が外形的に標準化され，その外形をもって互いに国
　　　　家間関係を構築してきたが，国民国家は政治体制・国民の範囲・社会のあり
　　　　方など国家の中身の違いが大きい．したがって，国際社会の中で果たす役
　　　　割，影響度，などにも大きな違いがあるが，主権国家システムの中における
　　　　主権国家間関係を動かすのは各国国民である．国外との関係において，国民
　　　　は主権者として自国をどのようにコントロールしているのかが本章のテーマ
　　　　である．このような基本的・普遍的テーマを扱うのであるが，主として日本
　　　　を事例として取り上げ，日本に即して概観することにする．

1　代理としての政府／代表としての政府

　主権者としての国民は，どのように国家の政治に関わっているのか．国家の政治を扱う機関は政府である．国民は，毎日，立法府による意思決定に直接参加しているわけでも，行政府の仕事ぶりや司法府の判断をいつも見張っているわけでもない．日本では，国民投票制度や裁判員制度などをつうじて国民を構成する個々の市民（公民）が政府の機能に直接関与する場合はあるものの，ほとんどの場合は定期的に行われる国会議員選挙を通じて関与する程度であろう．しかし国政選挙（とくに衆議院議員選挙）をつうじて，国民は政権交代をもたらすことができるので，政府の機能を監視し，賞罰を与えているのはたしかである（司法に対するチェック＝最高裁判所裁判官の国民審査はほとんど効いていない）．

　国民と政府とのこのような関係を踏まえると，政府を国民の利害関心に応えるエージェント（代理人）と捉えるのが適切であろう．もちろん，日々日常的に国民の利害関心を問うわけではないので，かなり大きな自由裁量権を持っているエージェントである．そして政府自体にも，とくに立法府（国会・政治家）にとって行政府（内閣・官僚）はエージェントであり，内閣の中では総理

大臣から見れば閣僚はエージェントであるというような関係がみられる．依頼主（プリンシパル）と代理人（エージェント）との関係を，プリンシパル・エージェント関係と呼んでそれを分析対象とする理論があるが，本書では立ち入らない．さしあたり，政府は国民との関係において幅広い裁量の余地を与えられているが，国民の負託に応える最終責任があり，国民は政府の実績（パーフォーマンス）を時折評価していることを確認しておこう．図式的には，国民は立法府を，立法府は行政府をチェックする構図になっている．（三権分立についてはここでは議論しない．）他方で，政府は国民の代理であると同時に，国民の代表でもある．いうまでもなく立法府を構成する国会議員が国民の代表である．何らかの選挙区から選出されるが，その代表ではなく国民全体の代表と考えられている．

　国内政治と異なり，国民と国際関係との距離は大きい．最も基本的な理由は，国際関係（とくに他国）には国家主権が及ばないからである．国内政治を考えてみよう．国民の中に深刻な意見の違いや利害対立があったとしても，最終的には国会によって国民の意思がひとつに決まり（法律の制定），反対者もそれにしたがう義務が生じるという意味で，主権者の意思の実行には被統治者の同意を必要としない．しかし主権国家システムにおいては，ある主権国家の意思は他の主権国家を制約しない．したがって，法律として確定した主権者の意思は，国際関係では単なる事実としてしか扱われない．たとえば，領海を12海里より拡大する法律，○○島（あるいは××国）を自国領土とする法律などは関係国に対して何の効力もない（対抗力を持っていない）．（自国法の域外適用や，強制措置は別に論じる．）このことから，以下で詳述するように国家間関係は行政府中心になること，国民的利益が大きな議論になりうること，が導かれる．

　まず，国家間関係，とくに外交は行政府中心に行われる．日本についてみると，その法制度上，「外交関係を処理すること」と「条約を締結すること」とは内閣の権限であり，国会に対しては，内閣総理大臣が報告することと条約の承認を得ることが義務づけられているだけである（日本国憲法第72, 73条）．国会への報告については，とくに規定がないが，通常国会での施政方針演説や外務大臣による外交演説がそれにあたるとされる．国会による条約承認について

第6章　国民の利益追求　109

は，それを必要とする条約（「憲法上の条約」）はきわめて限定的に了解されており，(1) 法律事項を含む国際約束（国内法の整備が必要になるもの），(2) 財政条項を含む国際約束（新たな財政支出義務を伴うもの），(3) 発効に批准が要件になっている政治的に重要な国際約束（国家間関係の基本となるもの）とされている（1974年の大平外相の答弁による政府統一見解）．それ以外の国際約束（さまざまな名称をもつ）は憲法上の条約として処理されず，行政協定として扱われている．このように，行政府による締結・立法府による承認という扱いを受ける条約は国際約束の一部にしかすぎないということは，日本以外の多くの国々にも当てはまる．なお，国家間関係の基本として，伝統的主権国家システムにおいては平時と戦時との切り替えが最も基本であった．すなわち，宣戦と講和であるが，その権限は主権者にあった．実際，大日本帝国憲法では天皇の権限として明記されていた（第13条）．今日では，武力行使が禁止されており，周知のように，日本も「国権の発動たる戦争と，武力による威嚇又は武力の行使は，国際紛争を解決する手段としては，永久にこれを放棄する」としている（第9条）．

　次に，国民的利益が大きな議論になりうることを説明しよう．国民的利益（national interest）は国益と略され，国家利益の略ともされるが，君主独裁の主権国家であるならば，国家利益の概念はとくに必要ないので，やはり不特定多数の市民のさまざまな利害関心を国民としてひとつにまとめることを意識した概念を考えるべきであろう．いずれにせよ国内問題ならば，国民の利害関心がいかに多様であったとしても，最終的には国家の意思は立法府が制定する法律として確定する．しかし外交関係の事案についてはこのような最終決定方法がないせいで，何が国益なのかは決着しにくい争点となってしまう．言い換えると，国益とは国民国家の安全と繁栄の維持であるといった一般的価値を意味するのではない．そのような一般的命題に反対する市民はきわめて少ないであろう．他国との関係において，どうすれば安全と繁栄を確実なものにできるのかという具体的課題に即して国益を議論する必要がある．日本では，冷戦期には安全保障政策をめぐってアメリカとの同盟と非武装中立のどちらの方が日本に平和と安全をもたらすかが激しい議論になったし，冷戦終結と前後して通商政策をめぐって農産品（とくにコメ）市場開放を含む貿易自由化を選択するか

否かがやはり激しい議論になった．いうまでもなく，日本政府はアメリカとの同盟を選択したし，コメ自由化については衆参両院で与野党一致して反対決議を採択したにも拘わらず行政府は貿易自由化を選択した．なお国益は，国民の「利益」と狭く捉えるのではなく，国民の利害関心（interest の本来の意味）と考える方が国家間関係を理解するのに良いであろう．

　上でまとめたように，国際関係は，互いに国家主権の及ばない関係であるということから，行政府どうしの関係が主となる．また，何が国益なのかをめぐって国内政治で議論になり，立法府において決めにくい．しかしながら，だからといって主権者としての国民と無関係のところで行政府の独断で対外政策が決められているわけでもないし，国益なるものが存在しないとか国益概念は国際関係を考える上で無意味であるとかいうわけでもない．国益の一義的な決定が叶わない状況下にあっても，行政府は国益を追求することが期待されているのであり，最終的には，外交の処理をめぐって政権が交代するという事態もありうるのである．

　日本の外交を処理する内閣は，首相を頂点に，外務大臣，官房長官，官房副長官，官房副長官補（外交担当）などが内閣官房にあって首相を補佐する．行政府の中で外交（国家間関係）を所管するのは外務省である．外務省は，世界各地に200近くの在外公館（大使館，総領事館，国際機関代表部）を配置している．次節で概観するように，今日の外交は，狭義の国家間関係のみならず，国際交流（ヒト・モノ・カネ・情報の国境を越える双方向の流れ）をめぐる調整・協力や，国内制度の調整も重要な課題になっている．そのため経済産業省や財務省はもちろん，ほとんどの省庁には外国との関係を所管する部署が設置されている．

　日本は例外かもしれないが，一般的に政府の機能として国外での国家権力行使（「パワー投射」）も重要であり，具体的には軍隊がその機能を担っている．軍隊は国外において国家主権そのものを体現している．戦時はもちろん平時にあっても，軍隊は主権国家システムの中で特別な扱いをされている．とくに軍隊が他国に派遣される場合には，特別な合意（地位協定）が必要になる．

2 対外政策の形成：日本を事例にして

　対外政策とは，抽象的に表現すれば，国家（国民）と国外とのあらゆる関係を対象にして，それらの制御を通じて，自国（自国民）にとって望ましい状態を実現しようとする政府実行である．すなわち，他の国際主体（主権国家，国際組織）に対する働きかけと自国の国境（水際）での管理である．他の主権国家への働きかけは，政府との関係（狭義の外交）の他，その国の国民への直接的働きかけである広報活動やその国に関する情報を収集する情報活動も含まれる．自国が加盟する国際組織への働きかけも重要であり，自国にとっての望ましい国際制度・国際環境の整備につながる．国境管理については，国際交流（ヒト・モノ・カネ・情報の国境を越える双方向の流れ）を管理するわけであるから，きわめて多岐にわたる．国境管理は原理的には主権に基づいて裁量できるはずであるが，それが対外政策として他国との関係が生じるのは，(1) 他国が現状変更を求める，(2) 多角的国際制度や二国間条約で制約を受けたり約束をしていたりするなどの理由による．

　さらに，従来は対外政策と結びつけられなかったものが，他国との関係において，対外政策と化すことがある．第一に，外国の利害に影響を及ぼす国内政策の外交問題である．第二に，国内法の域外適用（自国法の他国への適用，他国法の自国への適用）をめぐる問題である．第三に，マクロ経済政策を中心とする各国国内政策をめぐる政策協調の制度化がある．国際交流の自由化がもたらした相互依存の深化やグローバル化が，他国の国内制度に対する関心を互いに高めたことが大きな要因である．たとえば農業保護や政府調達などがこの種の問題となったことがある．日米関係では，「日米構造協議」(1989-90年)，「成長のための日米経済パートナーシップ」(2001年) などの枠組で，国内法制の規制緩和が外交問題の議題に取り上げられている．また，サミットやG7は，制度化の代表例である．国民と国際関係との制度的な距離は離れているが，対外政策・国際関係は，国民を構成するひとりひとりの市民に最終的に大きな影響を与えるのである．

　対外政策は，このようなさまざまなタイプの政策の総称である．日本を念頭

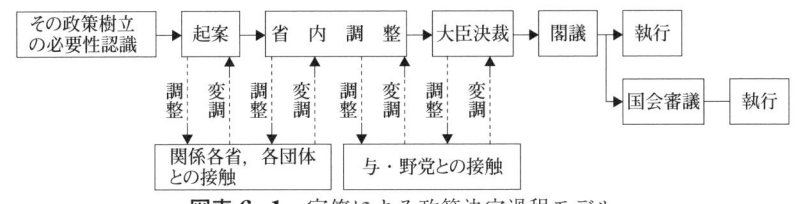

図表 6-1 官僚による政策決定過程モデル

に置いて整理すると，(1) 追求すべき価値：安全保障政策，貿易（通商）政策，国際エネルギー政策など，(2) 用いる手段：FTA（自由貿易協定）政策，ODA（政府開発援助）政策，文化交流政策など，(3) 対象：対アメリカ政策，対中国政策，アジア地域政策，対国連政策などに便宜的に分類できる．このような政策分野が，互いに階層関係，相互補完関係，拮抗関係（トレードオフ）のように関連し合う複合体が対外政策である．

　対外政策の形成は，典型的には次のような過程からなる．第一に政権の基本方針，第二に外務省による具体的立案，第三に内閣の決定である．まず，政権が交代すると，新内閣は新しい政策を打ち出すのが普通である（所信表明）．これを機に，対外政策の基本方針や重点が前政権と変わることがある．また，国内政策と同様，毎年度の予算に当該年度の具体的政策実施が反映される．第二に外務省における具体的な政策の立案は，課のイニシアティブによる（図表6-1）．所管する課の課長と首席事務官（筆頭課長補佐に相当）が中心となって，新政策を起案する．課の属す局での調整や省内外の関係課との調整を経て，局レベルで問題がなければ外務省としての政策が決まる．この意味で，局としての方針（局長の意向・判断）が政策立案に大きな位置を占めている．なお，局レベルで調整がつかなかった問題は，省内や省庁間での論議に回されるが，このような調整困難な問題は局長や大臣の判断で，さらには内閣官房（場合によっては首相の強いリーダーシップ）で最終的に処理されることになる．最後に，内閣による決定・承認によって対外政策が正式に認められる．閣議決定に持ち込まれる案件は，すでに了承が得られているのが普通である．憲法上の条約（国会承認条約）は，調印（署名），承認のための国会への付託，批准書の天皇による認証と，閣議を3回経ることになる．

　日本における対外政策の形成は制度的に行政府主導であるが，このように政

策決定までにはさまざまな関門がある．外務省で正式に決定するまでに，与党（場合によっては野党）の了承や，要路にある政治家への説明，報道機関への周知などを済ませておくことも必要である．とくに従来の方針を大きく転換するような新政策の形成は，大きな摩擦や抵抗を生み出す．担当者どうし（課長級，局長級，次官級）の非公式協議はもちろん，閣僚懇談会や国会といった合議や審議の場で論争が生じる．対外政策形成への関与という観点から，次の4種類の影響力行使主体を区別できる．(1) 国会議員（政治家），与野党，議員組織，(2) 政治団体，圧力団体，利益集団，(3) マスメディア（ジャーナリスト），論壇（評論家），有識者，(4) 世論形成集団・一般公衆．概ね，この順序で良質・詳細な情報を大量に持っており，政策形成に強い影響力を持っており，それを日常的かつ公然と行使する傾向にある．第1グループは，立法府の正式メンバーとして政策形成に公式に関与すると同時に，個人的・非公式的に（場合によっては第2グループと連携して）さまざまな影響力を及ぼす．第2グループは，財界（経済界），業界団体，労働組合，非営利団体（NPO）など多種多様な中間団体を含み，特定の利害関心をめぐって積極的に（第1グループを通じて，あるいは行政府に直接）影響力を及ぼそうとする．第3グループは，第1，第2グループと相対的に独立して（場合によっては目立たない形で関係し合いながら）立場を表明するし，行政府サイドも関心を持っており，両者の間で意見交換がなされる場合も多い．最後の第4グループは，政策形成から最も遠いところに位置し，第3グループの意見に強い影響を受けながら，世論を形成したり選挙権を行使したりして，対外政策に影響を与える．

　外務省を主体とする行政府が対外政策を決めるといっても，このように形成過程には国民各層との間でさまざまな相互作用があり，全体としては，政策形成ネットワークと呼べるような双方向コミュニケーションが制度化されている．対外政策においては，国民的な利害関心は，このような国民を代表する各層と行政府との相互関係（政策形成ネットワーク）の中に埋め込まれているといえよう．世論調査の結果や政策形成ネットワークの中で，ほぼコンセンサスが成立しているような場合，国益が改めて問われることは少なく，このような状況で政治指導者や外務省が政策転換を図ることは困難である．国益が表立って議論の的になるのは，そのようなコンセンサスが成立しておらず，利害関係

の調整が困難な場合である．国益増進を目的とするとしながら，互いに矛盾する政策案が提示される．第1グループと第2グループの範囲内で，決着する場合もあれば，第3グループや第4グループを巻き込んで，「国論の二分」状態に陥る場合もある．与野党の対立であれば，与党の方針で決着するが（与党が野党に譲歩する場合もあるが），与党内部で意見・利害が対立すると調整困難であり，首相のリーダーシップ（内閣支持率に支えられて）が問われる事態となる．

　国民は制度的に国際関係から距離があるが，対外政策に主権者として関心を持つのが当然であろう．かつてと比べて，今日は対外政策の枠組でどのようなことが行われているのかを知るのはきわめて容易である．情報公開の進展やインターネットの発達により，外務省が発信する政策評価や行政事業レビューによって，詳しく知ることができる．

　なお，一国の政治（対外政策形成も含めて）はその国の主権者のみが関わることである．政策決定への関与（国政選挙権）を外国人に与えていないのはもちろん，政治団体が外国政府や外国人から政治資金を受け取ることを禁じ，外国人がマスメディア企業の大口株主になることを制限している法制度があるのは，国外からの不当な影響を阻止する目的からである．しかし，このような公式的な影響を排除したとしても，対外政策形成への影響は国外からも来る．上で分けた第1グループから第3グループに属す人々には外国の政府，政治家，経済人，ジャーナリストなどがさまざまな手段で影響を及ぼそうとする（お互い様である）．とくに日本について「外圧」が問題とされる．外圧が効果的なのは，国内でコンセンサスが成立しておらず，対立があるときに，一方の立場に政策が決まるように誘導するときであるといわれている．

3　外交における交渉・協議

　対外政策が決まったからといって，相手の出方によっては，その国の意図する結果になるとは限らない．その国の主権が及ばない他国の政策を決定できないからである．行政府が国民の利益を増進できるかどうかは，最終的に他の国との関係に依存している．外国との利害関係の調整を行う場が外交である．

外交は主権国家システムの生成とともに制度化されていった．外交とは，国際礼譲（comity）をわきまえつつ，国家間の利害対立を，国家を代表する主権者の代理人（外交使節団）の交渉によって解決する仕組みである．外交の制度化は，基本的には，国家間関係と代理人関係とを切り離し，たとえ国家間関係が険悪なものであったとしても，それが代理人の人格・身体への危害に及ばないことや冷静な交渉の場を確保することなど，本質的な利害対立と結びつかない問題を予め整理し，相互に認め合う方向に発達してきた．互いに外交使節団を相手国に常駐させるようになり（在外公館の設置），外交官職も公職のひとつとして一般化した（外交官の身分の定着）．在外公館とそこに勤務する外交官（領事官も含む）については，円滑な外交任務遂行のために伝統的に「特権・免除」を相互に認め合ってきた（治外法権の慣習法）が，今日では法典化されている（ウィーン外交関係条約，ウィーン領事関係条約）．また，さまざまな外交儀礼（儀典，プロトコール）も慣習化している．さらに，「外交的言い回し」と呼ばれる，表現と意味の間の特殊な結合も発達した．たとえば外交官が「重大な関心を持っている」と言えば，自国が相手国に対して強硬方針をとる可能性を伝えている．つまり，国家の間の重大問題と外交官の間の冷静・平静なコミュニケーションとを結びつけたものである．

　このようなインフラを基礎にして，外交交渉が行われる．外交交渉は，一般的に，(1) 手続き的交渉，(2) 実質交渉，(3) 結果の確認，の3つの過程を経る．手続き的交渉（予備交渉）では，議題，交渉の時期・場所・主催者，交渉者の格，スケジュール，会場設営法などを決める．利害対立が激しかったり，基本的な信頼関係が不足したりすると，手続き的交渉に多大な時間とエネルギーをさかざるを得ない．ここで合意ができると，その枠組の範囲内で，実質交渉（本交渉）が行われる．自国の立場と相手国の立場を相互に確認し合うことから始まり，さまざまな駆け引きが試みられる．公式の交渉と並行して，非公式な協議や互いに拘束されない意見交換も行われるのが普通である．実質交渉には，互いに自国にとって望ましい決着を実現しようとする動機と，互いの利害を調整して妥協点を模索する動機とが混在している．合意が不成立に終わるよりは何らかの合意が成立した方が，両国にとって望ましいのが普通である．交渉の結果，合意が成立すれば，その時点で互いに誤解がないように合意内容

を確認する．その際，ただちに条約への署名や仮署名にいたることもあれば，改めて調印式を行うこともある．仮に合意が不成立の場合も，何が不一致点なのかについて合意しておく（agree to disagree）ことも，今後の再交渉などのために重要である．将来に向けて，何の合意もない単なる物別れは，交渉決裂を意図していない限り，最も避けるべき交渉の結末である．

　外交交渉を左右する重要な要素は，交渉当事者間のコミュニケーションの仕方と妥協の余地の大小を規定する本国の立場である．交渉で飛び交うメッセージは，自国の出方に関する約束，保証，威嚇や，相手国の出方に関する説得，誘導，警告などさまざまなタイプがあるが，メッセージの信頼性（究極的には交渉者の信頼性）が合意成立にはきわめて重要である．交渉力という言葉がある．これは，さまざまなタイプのメッセージを駆使して，相手に自国の立場と利害を納得させるだけでなく，相手の立場と利害を理解した上で，相手も受け入れられる自国にとってできるだけ望ましい結果を引き出す能力を意味している．言うまでもなく，相手国の立場や利害について事前に調査し，情報をできるだけ収集しておくことが交渉力を高める上での大前提である．また，交渉者は互いに本国の立場から制約を受けている．交渉で合意達成が重要であるとはいえ，本国を説得できないような合意をしても承認を得ることはできないであろう．両国の立場の違いが大きすぎれば，交渉者がいかに努力しても合意には到達しない．しかし本国の立場が強硬な場合に，相手側からうまく譲歩を引き出せれば，結果的に自国にとって望ましい合意を実現できることもある．

　交渉において合意形成が困難な場合，創造的解決という可能性が残されている．これは，交渉の枠組を見直して，全体として相互に妥協可能な合意を見つけ出すことである．たとえばリンケージという手法は，新しい交渉材料を付け加えて，譲歩しにくい争点と譲歩しやすい争点とを組み合わせることによって，もともとの争点についての合意を達成する方法である．さらに本質的なやり方は，互いに両国の立場を見直して，利害認識や関心のあり方を修正することで，新しい解決の枠組を構築することである．これには冷静なコミュニケーションと相互信頼が不可欠であり，文字通り，創造的な外交と言えよう．

　交渉と似たものに協議があり，今日の外交では重要な役割を果たしている．交渉も協議も当事国間の合意を目的にしている点では同じであるが，協議は交

渉と比較すると，紛争解決（利害対立の決着）よりは協力への合意の色彩が強く，合意内容も互いに拘束したり義務化したりするよりは努力目標ないし政治的意思表明の場合が多く，概ね非公式な特徴を持っている．単なる意見交換である場合もある．外交において協議として独立して行われることももちろんあるが，上で触れたように交渉過程に協議が埋め込まれていることも稀ではない．

　外交交渉・協議は二国間が基本であるが，近年は，多国間交渉・協議も重要になっている．多国間交渉は，関係国の代表が一堂に会する国際会議が交渉の場になるので，会議外交と言い換えてもよい．会議外交の歴史は古い．ウェストファリア会議，ウィーン会議，ヴェルサイユ会議など大規模戦争があれば，講和と戦後国際秩序構築のために関係国の代表が集まるのが常であった．しかし今日の国際会議は，講和会議とは大きく異なる．第一に，首脳級や閣僚級の会合が定期的に開催される国際会議が増大している．第二に，国際組織が国家間の利害調整や協力の場として増大した．第三に，国連を中心に多国間条約の起草（国際立法）が増大した．第四に，多国間枠組条約が増大したために，定期的に開催される締約国会議も増大した．

　多国間交渉・協議の場となる国際会議では，議長が重要な役割を果たす．議長は個人として選出される場合もあるが，あらかじめ議長国が決まっていて，その国の代表が務める場合もある．議長は，さまざまな意見や利害を集約して合意形成に持って行く調整役であるが，交渉の場合には（1）手続き的交渉，（2）実質交渉，（3）結果の確認，の全段階で関与しうる．つまり，議題の設定（取捨選択），議事進行（争点の操作，発言への介入など），最終合意案起草などで大きな影響を及ぼすことができる．協議の場合には，コンセンサスの方向付けに議長は重要な役割を果たす．

　多数国の代表が参加する会議では，最終合意案は特定少数国代表グループが起草する場合もあり，その場合にはそのグループに加われるか否かが自国の利害を反映できるかどうかを大きく左右する．いわゆる大国（広範な分野に利害関心を持っている国）がイニシアティブをとる場合が多い．しかし，たとえば，カナダは国際平和・国際協力でイニシアティブをとってきたので，大国ではないが小国でもなく，このような国は中級国家（ミドルパワー）と呼ばれることもある．

4　危機と組織

　国民の生命・安全・財産や国土の保全が脅かされる事態に陥ることがある．政府は危機的状況に置かれたことになる．典型的には，危機とは次のような条件を満たす状況である．(1) 予知できなかった事態が突然に生起する（突発性・不測性），(2) 事態に対処するための措置を決めるのに許されている時間がきわめて限られている（切迫性・緊急性），そして (3) 決定如何によって事態の帰結に重大な違いをもたらしかねない（深刻性・岐路性）．このような状況下では，限られた（しかも不正確かもしれない）情報に依拠せざるを得ず，本来なら検討が不可欠な重要事項を十分に検討している時間的余裕がなく，また本来なら当然協議すべき関係者の間の意思疎通や合意形成にかける時間的余裕もない．決定の場に参加できた限られたメンバーは，最悪の可能性を念頭に置きながら，心理的緊張の中で意思決定を行うことになる．決定を下せなくても，それ自体がひとつの決定と同じことになる．

　行政府には，危機に対応する組織が予め決められており，日本の場合は，内閣官房に内閣危機管理監（国防を除く危機管理，次官級）と内閣官房副長官補（安全保障・危機管理担当，局長級）が配置されている．また国防に関しては，最高意思決定機関である安全保障会議（首相を議長とする閣僚級）が，その任務の一部として，武力攻撃事態や武力攻撃予測事態への対処，周辺事態その他首相の認める重大緊急事態への対処などを決定することになっている．

　危機における意思決定はいかになされるのかについては，国家の命運を左右する問題だけに従来から詳細な事例研究が行われてきたが，その一般化・類型化については，1960 年代に発達した経営学（組織論）の考え方を踏まえて整理を試みた，1970 年代初めに G. アリソンによって提唱された 3 つのモデルが有名である．それは第 1 モデル（合理的行為者モデル），第 2 モデル（組織過程モデル），第 3 モデル（政府内政治モデル，官僚政治モデル）と呼ばれている．事例として用いられたのは，米ソ核戦争が瀬戸際まで迫った 1962 年 10 月のキューバ危機である．キューバ危機の実際については冷戦後に新知見がもたらされたために，3 つのモデルの有効性に修正が必要となったが，危機におい

て組織の中の当事者がどのように振る舞うのかを説明する上での基本的な類型となっているので，簡単に紹介しておく．

　第1モデル（合理的行為者モデル）は，政府を一枚岩的な意思決定主体と見なして，その主体の合理的な「選択」として決定を捉える．3つのモデルの中では最も単純な分析枠組であるが，戦略的意思決定の理論（ゲーム理論）をそのまま適用できるので，理論の展開は最も精緻になりうる．ゲーム理論を用いると，自他の選択肢，選択の結果としてもたらされる結果の評価，入手できた情報などを前提として，望ましい決定（自分の選択肢からの選択）の仕方が導かれる（第10章を参照）．さまざまな条件を設定することで，多種多様な現実をある程度近似できる分析的モデルを構築することができ，それを分析することによって興味深い結論や洞察を得ることが可能になる．

　危機に限らず対外政策・外交を分析する上で，政府を単一の行為者と捉え，かつ合理的選択をするという仮定が妥当なものかどうかをめぐっては，いろいろな考え方があり，個別の事例について知れば知るほどこの仮定は成立していないのではないかと考えるようになるのが普通であるが，ここではモデルとしての有用性を指摘しておこう．まず，行為者の合理性とは，全てを見通して計算できる能力を意味しているわけではなく，限定合理性とか制約された合理性あるいは主観的合理性と呼ばれているもので，必ずしも非現実的な仮定が必要なわけではない．また，相手国についての情報が限られている場合に，その政府や指導者が合理的に判断して行動するだろうという仮定を置いて，自国の意思決定をしなければならない．自国政府についても，意思決定には複数の個人・組織が関与するが，個々の政治家や官僚が十分に合理的に行動していなくても，組織全体としては，さまざまな偶発的・非合理的要素が相殺し合って，それなりに一貫した連続性のある判断・決定をすることになり，合理的行為者と一括りにできる場合もある．

　第1モデルの有用性は，当事者がこのモデルが記述するような意思決定をしているかどうかとは別に，分析者の立場として，外部からは客観的情勢と政府の決定しか観察できないときに，とりあえず依拠すべき前提を構成している点にもある．そしてゲーム理論自体も，行為者の合理性仮定を大幅に緩める方向の発達もみせてきた．いずれにせよ，政府を一枚岩的な意思決定主体とみなす

方法は，危機の分析であろうと，そうではない状況の分析であろうと，国家間関係を巨視的な相互作用（つまりゲーム）として捉える場合に用いられる．

　言い換えると微視的な分析，すなわち対外政策の形成や決定が実際にどのようになされたかを見るには，組織の中の人間に注目する必要がある．決定に関わる個々人はいくつもの「顔」を持っている．(1) 自我の確立した近代的個人として合理的に振る舞おうとするかもしれないが，(2) 組織人として役職に相応しい権限と責任に基づいて役割を演じるかもしれないし，(3) 政治的信念や私的野心を優先させて行動するかもしれないし，(4) 1個体の動物（ヒト）としてパニックを起こしているかもしれない．そのような個々人が組織の中で相互作用をすることによって組織としての最終的決定が下される．第2モデルや第3モデルは，こうした組織内で生じていることに注目する．

　第2モデル（組織過程モデル）は，政府の意思決定を，外部環境からの入力に反応した複雑な組織の「出力」として捉える．複雑な組織（複合的組織）とは，複数の内部（下部）組織が情報や指令の流れによって相互に結びつけられ，全体としてひとつにまとめられている組織である．個々の内部組織は，各々他の内部組織から相対的に自律的であり，所与の任務（所管事項）について具体的案件が持ち上がった場合に，予め決められた優先順位と標準的処理手続きにしたがって，権限と能力の範囲内で処理する．複雑な組織の意思決定は，内部（下部）組織の行動の連鎖として最終的になされる．危機に際しても，それに関する情報が内部（下部）組織のどこかで処理され，一定手続きにしたがって，その情報は順次別の内部組織に回り，全体組織としての行動（出力）がやがて決まる．情報が最高意思決定機関まで持ち上がり，何かを決定する場合でも，実際は内部組織の行動連鎖の結果を承認するだけかもしれない．

　複雑な組織は，内部組織間の権限関係にしたがって予め決められた手順以外の行動をとれない（そうしておかないと組織としての統制がとれない）．したがって，緊急に意思決定を必要とする事態に陥る前における，重大緊急事態の想定・準備・手続き規定の明確化（危機管理マニュアル）に組織は依存することになる．そして予め想定したこと以外の事態が起こるのが危機の危機たるゆえんであるから，マニュアル通りの円滑な決定で済む場合は少なく，その組織の臨機応変能力が露わになる．

第6章　国民の利益追求

第3モデル（政府内政治モデル，官僚政治モデル）は，最高意思決定に参加した当事者どうしのやりとり・駆け引きの「合力」として決定を捉える．この見方では組織とは，階層的な役割の配置（権力関係）にもとづいて，上司の指令に基づいて部下が実行するとともに，上司の支持の獲得や同僚との協力・牽制関係などが絡み合っている政治舞台である．したがって政府の決定とは，意思決定の舞台に登場した政治家・官僚が自分自身や出身母体の利害関心にもとづいて行う駆け引きの結果である．政治家は政敵や次の選挙のことを考え，官僚は所属機関の利害や自身の昇進のことを考えながら，政府は何をすべきかを主張する．また，各参加者は，役職に付随した権限と問題意識，知り得た情報の質と量，部下の掌握，個人的資質などの点で，さまざまであり，その結果として駆け引きもさまざまになる．

　もっとも最近の研究では，参加当事者の駆け引きの結果としての「合力」を求める上で，当事者の役職とか立場が示唆するほど個人の主張は固定的ではなく，駆け引きの中で各人の考え方（したがって主張）は流動的であることが分かってきた．他人の主張から影響を受けやすい日和見主義者とか逆に自説を曲げようとしない頑固者とかが参加しているか否かといった個性に関わる要素も最終的決定に影響を及ぼすことが示唆されている．

第 7 章　国民共同体の相対化

　　　　国民という基本単位は主権国家の中身であり，70億の人々を代表する200程
　　　度の国民に分かれている．国際関係（国家間関係）に限定すれば，200の固
　　　まりどうしの関係に集約できるが，国民のひとりひとりが国民国家の枠から
　　　さまざまな意味ではずれる．地球社会の中で，国際交流がさかんになること
　　　によって生じた国家への所属（国籍）と活動の場とのずれは主権国家システ
　　　ムではどのように扱われてきたのか，国民というまとまりの中に集団的・組
　　　織的亀裂が生じてしまう問題をどのように位置づけたらよいのか，国民を超
　　　える共同体形成の可能性をどのように見るのか，といった国民共同体を相対
　　　化するいくつかのテーマを扱う．

1　国際化と政治化

　ある主権国家で生まれ，結婚相手は同国人で，自分の子供も全て同国人と結
婚し，外国籍の子供を養子にするようなこともせず，外国に行ったことがない
のはもちろん，輸入品を飲食したことも使ったこともないうちに死ぬ——かつ
ては当たり前の一生だったかもしれないが，今日ではおそらく例外的な人生だ
ろう．少なくとも，今日の日本にはひとりもいないのではないか．最近の統計
から抜粋すれば，国際結婚率約5％，年間出国者数約1600万人，食料自給率
（カロリーベース）約40％，大豆自給率約6％，鉄鉱石輸入量約1.3億トン，
原油輸入量年間約2億トン．国民の生活が国内で閉じているという想定は非現
実的であり，国境を跨いでヒト・モノ・カネ・情報が行き来している状態を前
提にした国民国家のあり方を国際関係の理解の仕方の中に埋め込む必要があ
る．

　このように国内社会のあり方が国際化している状態を国民の立場から見れ
ば，国外との関係（水際管理）を主権者として裁量的にコントロールすること
によっても自分たちにとって望ましい状態を必ずしも実現できない状況に置か

れていると言える．言い換えれば，国際交流によって他国民との調整が必要な領域が拡大するという意味で，国際交流の「政治化」が進行する結果になっている（つまり，国際交流をめぐって社会的意思決定が必要な問題が増大しているのである）．このような状況が生じるようになったのは第二次世界大戦後の自由貿易体制の成立の結果でもあり，とくに経済取引において 1970 年代に国際相互依存が注目されるようになった背景を形成した．そして，国家間において通商摩擦・経済摩擦が激化したことは第 4 章 3 で概観した．

　本節では，このような多種多様な広義の国際交流の結果，国民をひとまとめにできなくなった状況（国際化）に対して国家はどのように関与しているのかを概観することにしよう．まずは，主権国家の権能を整理しておこう．国家主権を構成する権利として主権の及ぶ範囲に対する管轄権がある．（国家の三権に対応して立法管轄権・執行管轄権・裁判管轄権と分けることがあるが，誤解の生じない限り国家管轄権として一本化して論じる．）管轄権をおよぼす原理には大別して（1）属地主義，（2）属人主義，（3）保護主義，（4）普遍主義の4 種類がある（「主義（principle）」とは政治的主張ではなく，原理とか効力とかいう意味である）．まず，（1）属地主義は自国領域内に対する排他的権限であり，最も基本的な原理である．自国領域内の外国人にも管轄権が及ぶ．領域の排他性ゆえに，複数国が管轄権を行使しても互いに抵触することはない．（2）属人主義は，領域外での行為について自国籍が関係すること（連結点，連結素）から管轄権が及ぶ原理である．とくに犯罪行為（刑法の適用）で一般的で，加害者が自国籍保有者の場合（能動的属人主義）と被害者が自国籍保有者の場合（受動的属人主義）に分けられる．（3）保護主義とは領域外でなされた自国の主権を侵害するような重大な行為（内乱とか通貨偽造）に対する管轄権である．これに類似した考え方に，とくにアメリカが主張した「効果主義」というものがある．これは国家の利益を害する行為ではなく，自国籍人（法人も含む）の利益を自国領域外で侵害された場合にも自国法を適用できるというものである．（4）普遍主義とは，人類（国際社会）全体の敵に対する処罰の権利であり義務でもある．この普遍的管轄権は，たとえば国際刑事裁判所（ICC）に，補完性原則（第一義的管轄権は国家にあり，国家が十分な役割を果たせない状況のときに ICC が乗り出す）とともに認められている．

属地主義以外の管轄権原理は，自国法の域外適用（extra-territorial application）という側面を持つ．治外法権（extra-territoriality）という場合もある．ちなみに19世紀の不平等条約体制下の領事裁判権（第2章2を参照）は，文明国人の犯罪に対する文明国の法の属人主義による域外適用と発生国の法の不適用（属地主義の拒絶という意味での主権の制限）とからなる治外法権構造である．他方で，今日一般的に見られる在外公館や外交官の職務上の行為に対する治外法権（特権・免除）は相互主義（互恵主義）の考え方にしたがっている．

　国際交流が低水準の場合には，各国法の交錯ということはあまり大問題にはなりにくい．しかし国際交流が盛んになると，自国法の域外適用以外に，自国領域内における外国人・外資・外国免許資格などを特別に扱う規則（外人法）も重要になってくる．外国人に対しては公職に制限が設けられていたり（たとえば国会議員），一部産業の役員や株主になれなかったりする（たとえばNTT株主）．また，外資による企業の設立が制限されている事業種（たとえば放送）もあり，外国免許資格が日本でそのまま通用するわけではない（たとえば医師免許）．

　他方で，国際交流の当事者にとっては，複数国家にまたがる活動をしているために，各国でどのような規制を受けるのかが問題になる（図表7-1）．つまり関係各国の属地主地・属人主義さらに場合によっては効果主義によって互いに矛盾する規制の下に置かれたり，逆にどの国の規制も及ばなかったりするので，「準拠法」の決定・適用問題が発生する．企業間の契約では，トラブルが生じた場合に適用すべき準拠法を予め明記しておく場合もある．このような各国法の錯綜は決して新しい問題ではなく，日本では明治期にすでにこの問題を処理する「法例」が整備され，今日の「法適用通則法」にいたっている．たとえば，日本企業がB国企業と協力してA国で事業展開したときの各種トラブルを解決するために，トラブルの種類に応じてどの国の法律に準拠して判断すべきか，といった類の問題である．このような問題は，「国際私法」（この日本語名称よりconflict of lawsという英語の方が内容を彷彿とさせるだろう）という学問が扱っている．さらに，準拠法の決め方が国によって異なれば，新しい問題が発生する．そこで，ハーグ国際私法会議（1893年設立）が各国の法適

図表 7-1 国際化の交錯

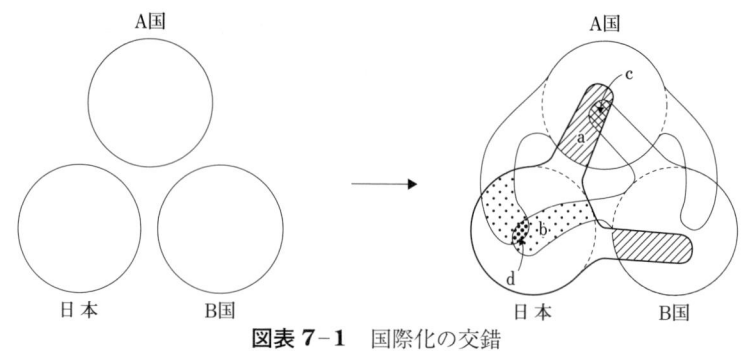

用制度の調和をめざして多国間条約をいくつも策定してきた．このような条約のうち，近年日本が締結を迫られて社会的に話題になったものが，「国際的な子の奪取の民事面に関する条約」（1980年採択）である．

国際交流がきわめて盛んになった今日，地球社会の構成員は，国民というひとつのまとまりではなく，ある国籍を持った私人・法人・あるいは国家の認定する免許や資格が交錯するようになった．域外適用，外人法，準拠法の決定などはそうした実態から生じるさまざまな問題を円滑に処理することをめざして，日々見直されている．

2 国民統合・分裂の遷移

20世紀の後半，武力紛争のほとんどが国内紛争（内戦・内乱）であったことは，国民国家の中で実は国民が統合されていなかったことを意味している．第3章4で触れたように，従属地域が次々に主権国家になったことから生じる国民統合という目標は達成困難な課題であった．そして第5章4でも触れたように，近代化は国民統合ではなく分裂を引き起こす場合も多かった．しかし，国内における武力紛争は，アジアやアフリカの新しい国家のみに見られた現象ではなく，ラテンアメリカでも，そして冷戦後のヨーロッパでも起こった現象である．このような極限状況は，それらの国民共同体が崩壊していることに他ならない．ひとつの国家（政治体制）の下に，同じ国籍を有している人々が平和裏に生活することはそんなに難しいことなのだろうか．

平和な共存を引き裂く要因はさまざまである．内戦のような極限状況にいたらなくても，政府が一部の住民に対する差別政策をとっていたり，逆に一部住民がその国からの独立をめざす分離主義運動を展開していたりする事例は世界各地に見られる．多様な国内対立の様相を整理するために，非常に簡単な2主体からなる類型モデルをここで示そう（図表7-2）．ひとつの主体は政府であり，もうひとつの主体は国内に居住する住民集団である．政府は次の3つのタイプの政策のどれかを選択する．(1) 住民集団を統治客体として扱おうとしているのはもちろん，国民としての待遇を与えようとする（1行め），(2) 住民集団を，国民の待遇は与えずに，統治対象として扱う（2行め），(3) 住民集団（とその主たる居住地）を統治対象と見なさず，自国から切り離そうとする（ここで民族浄化は想定しない）（3行め）．他方，住民集団は次の3つのタイプの対応のどれかをとる．(1) 自分たちの国と考え，既存体制の下で政治参加しようとする（1列め），(2) 自分たちの国と考えるが，現体制を認めずに自分たちが新しい政府を作ろうとする（2列め），(3) 自分たちの国とは考えず，主たる居住地を新しい自分たちの国として統治しようとする（3列め）．以上のような選択肢を組み合わせると，政府・住民集団間関係として9つの類型ができる．

　モデルとしては，政府・住民集団間関係であるが，政府は特権的主権者としての国民が支配していると想定し，住民集団を特権的国民以外の集団と想定することも可能である．このように特権的国民と国民以外の集団との関係と捉えれば，異なるエスニック・コミュニティどうしの関係と見ることもできる．また，住民集団が (3) の選択肢を選択した場合，自治を要求していれば少数民族の地位を要求しているとみなせるし，分離独立を要求していれば，既存国民とは異なる「民族」を名乗り，「民族解放」をめざす組織的要求を掲げているとみなせる．

　9つの類型のうち，国民統合が順調に進行するのは，2類型のみである．すなわち，ひとつ（図の左上）は，政府が住民集団を取り込んで国民として統合しようとし，住民集団も国民としての待遇を求めるという求心的要求をしている場合であり，広範な国民が形成されるであろう．もうひとつ（図の右下）は，政府が住民集団を自国から切り離そうとし，住民集団も自分たちだけで独

図表 7-2　国民統合をめぐる政治：政府・住民集団間関係

統治対象	国民待遇	住民／政府	Y／Y	Y／N	N／(Y/N)
		国土前提	Y	Y	N
		体制前提	Y	N	Y／N
		住民	求心的要求	革命的要求	遠心的要求
		政府	統合主義	反体制	分離主義
Y	Y	取込み政策／国民形成	拡大的国民統合過程	革命運動／治安対策	自治要求／妥協？／連邦提案？
Y	N	差別的政策／アパルトヘイト	平等身分要求／差別政策	革命運動／内戦／叛徒弾圧	独立運動／内戦／叛徒弾圧
N	N	切捨て政策／面倒忌避	併合要求／脱植民地化	祖国回復進攻（戦争）／独立賦与	国家分割的国民統合

（注）表の上と左の Y，N はそれぞれ，肯定的認識，否定的認識を表す．

立しようとしている場合で，既存の国家は以前よりも小さくまとまる一方で，新しい国家が生まれることになる．この場合，新しい国家の中で再び政府・住民集団間関係が発生することになるので，新しい国家で国民統合（図の左上）が成立するとは限らないことに注意しよう．

　一つの国家に一つの国民を達成すべき状態（国際規範）と考えると，現実には国家と国民（を支える政治共同体）とのずれがある場合に，それを規範に合わせて整合的にする必要がある．ここでまた，非常に単純なモデルを考える．一つの国家・二つの国民状態と二つの国家・一つの国民状態という2種類の不整合状態を想定すれば，国家に合わせて国民を再編する方式と国民に合わせて国家を再編する方式とがあり得る．国民の統合と分裂も多くの人とさまざまな要因が絡み合う過程であり，国家の統一と分割も，複雑な制度変更を伴う過程である．そのどちらか一方（特に国家のあり方）を固定して，他方の問題（特に国民のあり方）を調整しようとすることのみに囚われるべきではなく，どちらも可変的であり，どちらの方が平和裏に共存できるのか，という視点に立つことが大事であろう．

3 国民国家を超える制度と共同体

 近年の事例では国民の分裂や国家の分割が目立つが，逆の動き，すなわち，複数の国民国家からそれらをまとめる新しい制度・共同体の形成の動きはないのであろうか．第二次世界大戦後，複数国家どうしの地域統合の動きがヨーロッパから始まり，その後，各地で試みられ，その多くは失敗した．冷戦後，経済地域の形成に特化する地域統合が世界各地で激増した．このような動きには，何らかの政府間組織あるいは超国家的機関が介在する場合も多いし，そうでない場合でも政府間の合意という意味で緩やかな制度形成が介在している．地域統合は，何らかの意味での国民国家の自律性を自発的に低下させることによって，全体的なまとまりを増大させて，その過程に合意した国民にかつてより望ましい状態をもたらすことをめざしている．そこには，新たに形成される全体（国際地域）とそれに参加する部分（国民国家）との間で，さまざまな意思決定の配分が見られる．

 集団的意思決定には一般的に（1）課題に対する共通認識の形成，（2）共同決定，（3）共同行動の3段階からなる階層性があり，地域統合の場合には，意思決定の場が参加国間関係から地域制度へと収斂する度合いにおける階層性が加わる．ここで単純な収斂モデルを考えよう．

 出発点（レベル0）として，地域統合の必要性についての認識を共有しておらず，各国は通常の国際関係の行為体である状態を設定しよう．次に，レベル1として，課題についての協議・意見交換など共通認識形成のプロセスのみ共有されている状態を想定でき，そのような緩やかな制度はフォーラムと呼べるであろう．つづくレベル2として，協議の結果として共同の意思決定（共同声明，宣言）を行うが，その実行は参加国による自主的な行動に委ねられている制度が考えられる．いわゆる協議体である．さらにレベル3として，意思決定はあくまで参加国どうしによってなされるが，制度の名の下に共同行動する段階が考えられる．ここで地域制度は，参加国の代理（エージェント）として行動する能力を獲得する．

 地域制度が，参加国の単なる集合ではなくなり，それ自体として主体性を獲

図表7-3　地域制度の階層的類型

レベル	参加国からの観点	制度からの観点	(名称)
6	新しい集団に対するアイデンティティ	内部統一的で外部より承認された政治組織	事実上の国家
5	独立とひきかえに新しい集団性を獲得	参加国に対する制御能力獲得	連　邦
4	組織に対する統制力喪失	自治能力の獲得	自　治　体
3	共通課題で共同行動	統一行動のまとめ役	代　理
2	共通課題に関する集団的意思決定	参加国意思統一の場	協　議　体
1	共通課題協議	参加国のコミュニケーションの場	フォーラム
0	完全自由裁量	—	—

得していく段階に入る．集団的意思決定における制度と参加国との関係が登場する段階であり，参加国からの自由を制度が獲得する段階である．まずレベル4として，制度が制度に関わる自治能力を獲得する一方，参加国は制度に対する統制力を失う段階がある．このような地域制度は，主権国家との関係においては超国家機関であり，それ自体に注目すれば自治体となったことになる．ここで，制度は参加国をまとめる単なる器を超えるものになる．次のレベル5では，地域制度が参加国に対するコントロールを獲得する段階であり，参加国にしてみれば，独立とひきかえに広域の集団性を獲得する．統合した分野に関する限り，国家連合あるいは連邦に近い状態になる．最後に，レベル6として，地域制度がその地域を代表する行為体となり，参加国は主体性を失う．このレベルでは地域制度が新しい主権国家の立場に立つと言えよう．

　上のような，国民国家を相対化していく地域制度の階層性をまとめた（図表7-3）．以上の地域制度と参加国との関係は，さまざまな統合分野において出現する．経済統合分野においては，自由貿易地域は，域内の貿易は自由化しても域外関税は各国の裁量に任されているので，レベル3と言えよう．関税同盟は，その1段階上のレベル4である．通貨同盟はレベル5に相当するであろう．

　複数国家が形成する地域制度は多数ある．多角的制度より参加国（加盟国）が少ない分，地域制度は地域独特の規範や慣行を確立しやすいであろう．しかしそのような制度において，国民共同体どうしが新しいアイデンティティを形成すると考えられるのはかなり高いレベルである（レベル4から5にかけて）．制度の共有と意識の共有にはギャップがあるといえよう．

アイデンティティに注目するという点では，地域制度ではなく直接に地域共同体の形成に注目したモデルもある．それは平和的関係の確立に焦点を当てた国民統合・分裂の地域版とみなしてもよい．すなわち，国民国家は平和で国際社会は戦争という二項対立的思考（ホッブズ的見方）を批判して，ひとつの国家にまとまっているか複数の国家に分かれているのかは，平和と戦争に対応するのではなく，それとは独立に，共同体が統合している場合（平和）と分裂している場合（戦争）とがあるという K. ドイッチュが提唱したモデルである．なお，ここでの平和と戦争とは，主権国家システムの中の2つの状態ではなく，平和とは現状の平和的変更（紛争の平和的解決）の期待が確立している場合であり，戦争とはそうでない場合である．そして，平和的変更（紛争の平和的解決）の期待を共有している人々の集合を「安全共同体」（安全保障共同体）と呼ぶ．したがって，安全共同体は，国民として成立している場合もあれば，複数の国民を包含する形で成立している場合もある．この類型論的モデルの独自性・重要性は，主権国家システムの特性として複数国民国家の間では戦争が生じる必然性がある（だから世界平和を実現するには世界政府が必要である）という主張に対し，複数国民国家の間でも平和的関係が確立する場合がある点を指摘した点にある．そして，安全共同体を構築するには，ひとつの国民としてまとまるよりは，複数の国民の間で試みる方が，成立要件が少なくて済む（実現が容易である）ことを経験的に示した．具体的事例としては，19世紀半ば以来のアメリカ国民とカナダ国民の間，20世紀半ば以降の西ヨーロッパそして北大西洋などが挙げられる．

　安全共同体は不戦共同体ではあるが，不戦条約レジームを必ずしも意味しない．後者が国家（政府）間の合意であるのに対し，前者は国民の間に期待が浸透している状態であり，そのような国民意識が国家間の紛争の平和的解決につながるという意味で，関係する国民国家が民主化されていることが前提となっている．もっとも，民主化した国家どうしでは戦争をしにくいという主張があるが，安全共同体形成のモデルでは，民主国家どうしが果たして平和的変更（紛争の平和的解決）の期待を共有するようになるかどうかは別問題として扱っている．

*4 ヨーロッパ統合の経験と平和の希求

　ヨーロッパは，今日「アキ・コミュノテール」と呼ばれる「ヨーロッパ法規範の蓄積」の上に政治，安全保障，治安，経済，社会，司法などの市民生活の基盤が構築されており，きわめて複雑な構成になっている．とくに，冷戦後のドイツ統一を認める一方で通貨統合（ドイツの通貨主権喪失）をめざすようになったマーストリヒト条約を受けて「欧州連合（EU）」と呼ばれるようになった組織体は，その後今日にいたるまで紆余曲折を経ながら，拡大と深化を続けてきた．そしてさまざまな課題を抱え込むようにもなった．EUと加盟各国との関係も統合分野によりさまざまな様相を見せている（図表7-3の複数のレベルにまたがっている）．「多様性の中の統一」をスローガンにして，加盟国の国語は平等の扱いを受けてきた．それを反映して，EUを象徴する音曲（国歌に相当）は歌詞なき賛歌（日本語に訳すと語義矛盾にみえる）となっている．他方で，各国の国境はヒトの移動も含めてほとんどの障壁を取り除いて，完全共同市場になっている．さらに，EUの多数の国家は通貨主権さえ手放し，統一通貨ユーロを採用している．そして，巨大な通貨金融システムになったヨーロッパは通貨危機・財政危機に対する脆弱性も明らかになった．

　ヨーロッパ統合はかつての統一ヨーロッパの歴史を踏まえていると言われるが，実際にはヨーロッパの歴史は戦争の歴史でもあった．その大転換を実現したのが第二次世界大戦後の営為であり，ヨーロッパをひとつにまとめるには今でも不断の努力が必要である．近年のヨーロッパ統合の深化（特に冷戦後の急速な変化）は，他の地域にとって参考になる点は多々あるにしても，他地域でそのような地域統合をめざす動きは見られず，また，多くの地域にとって近年のヨーロッパ統合は適切なモデルになりにくいであろう．むしろ参考になるのは，平和の希求の手段としての地域統合という観点ではないだろうか．

　20世紀初めの大戦はヨーロッパ半島全土を荒廃させたが，それから四半世紀のうちに再度全土を大規模に荒廃させる戦争を経験した．その経験と教訓を踏まえて，ヨーロッパ統合が始まった．今日の地球社会では国家間戦争の確率は減ったとはいえ，また戦争の違法化が進んだとはいえ，紛争の平和的解決の

期待が各国国民に浸透している状態からはほど遠い．ヨーロッパ統合から学ぶとすれば，統合初期の経験であろう．ここでは 1950 年代と 60 年代を中心に，平和の確立の観点からヨーロッパ統合を見直したい．ヨーロッパの事例は，地域制度の発達（制度としての「共同体」化）と共通アイデンティティと平和的変更への期待共有（機能としての「共同体」化）が複雑に絡んでいる．前者は観察しやすい．観察困難な後者については，共同体規範に注目する．

　甚大な戦争被害とドイツの敗北・被占領は，不戦共同体構築への道を開いた．低地地方からフランス・ドイツ国境地帯にかけて産出する石炭・鉄という戦略物資の争奪戦が領土紛争につながるので，戦略物資生産（鉱工業）を国際管理下に置くというアイデアが浮上した．それを受けて，フランス外相シューマンが提案したフランスとドイツ（ドイツ連邦共和国）の石炭・鉄鋼産業の生産統合と流通・消費管理は，欧州石炭鉄鉱共同体（ECSC）として 1950 年代初めに実現し，低地地方（ベルギー・オランダ・ルクセンブルクによるベネルクス関税同盟），フランス，ドイツ，イタリアの石炭・鉄鋼産業と市場は超国家機関の管理下に置かれた．経済復興という目的と同時に，再び戦争が起こらないようにするという目的を明示的に取り込んでいたことが画期的であった．当時のヨーロッパは東西対立が固定化し（冷戦構造），アメリカが西側ヨーロッパの復興と安全に関与し続けるという環境にあったが，その中で，ヨーロッパ統合を一挙に防衛共同体・政治共同体に進める構想は頓挫し，その代わりに北大西洋条約機構（NATO）が対東側防衛を担うことになった．

　西側ヨーロッパでは戦後復興とともに経済的相互依存も急上昇し，国際交流ネットワークも密になっていった．そのような環境の中で，全面的な経済統合をめざす合意が成立し，1950 年代後半，欧州経済共同体（EEC）と欧州原子力共同体（EAEC，ユーラトム）が設立された．1960 年代後半になると，EEC がめざしていた関税同盟が成立し，また，ECSC・EEC・EAEC の 3 共同体の機関（今日の欧州委員会，欧州司法裁判所，欧州議会）を統合して，欧州共同体（EC）となった（当時の EC とその後の EU の中に組み込まれた EC とを区別する必要がある）．

　このように不戦をめざし経済の一体化を進めた西側ヨーロッパ諸国は，その後もヒトの移動や通貨統合など広範な分野で統合を進めていくことになるが，

当初から統合の仲間は自由主義・民主主義が確立した国に限定されていた．自由と平和を愛好する民主国家の国民からなる共同体構築という地域規範面での大前提があったわけである．このような現実世界の動きと上述の「安全共同体」概念の精緻化とは密接に結びついている．EC を構成する国々の国民は安全共同体になっていったし，それにアメリカやカナダも参入する北大西洋共同体も安全共同体となったと認識できることになる（ただし NATO 構成国全てが北大西洋共同体に含まれるわけではない）．また，EC（そして今日の EU）の加盟国拡大は，民主主義が確立した国のみに適用されてきた．

　平和をめざす初期のヨーロッパ統合の事例からは，一挙に主権の統一をめざす連邦主義が提唱されたが，現実のヨーロッパではそれに向けての動きは頓挫した．一方，経済の一体化（それをもたらす国境を跨ぐさまざまな協力の蓄積）が平和をもたらすと主張する機能主義は，そのような経済の一体化が政治解決を必要とする相互依存を深め，やがて政治的統一へと進むと主張する新機能主義にとってかわられた．もっとも，現実のヨーロッパ統合の動きははるかに複雑であり，とくに法的側面での統合深化が進む中で，平和の確立という当初の目標は後景に退いていった．

　翻って，今日の地域統合の事例は，自由貿易協定に基づく経済地域の形成がほとんどである．平和の確立という政治・安全保障上の目的ではなく，グローバル化する市場経済の中で，規模の経済の利益を企業にもたらして自国の経済成長・経済発展を近隣諸国とともに追求する経済的目的が主眼となっている．しかしながら，ヨーロッパ統合の事例から，経済の一体化が参加各国の協調を進める（経済統合が順調に深化する）という楽観的シナリオを導くのは危険である．EC は 1970 年代から域内格差の是正をめざす再配分政策を実施しており（欧州開発基金の設置），今日ではさまざまな分野に及んでいる．また，企業レベルや産業レベルの利害対立を，政府間対立（政治問題）に転嫁せずに，司法的に解決するメカニズムも発達している．少なくとも，経済統合・経済的相互依存が平和に繋がってきたヨーロッパ統合は，さまざまな要因が支えてきたのであって，相互依存と平和とを直結すべきではない．平和の希求という課題を視野に含めるならば，安全共同体の視点を忘れてはならない．

第8章　国民に括りきれない人々

　　　　第5章や第6章で見てきたように，地球社会の中で国民というまとまりは主
　　　　権国家システムにおいてきわめて重要な位置を占めている．その国民という
　　　　あり方をめぐって，第7章で扱ったように，国民を中心にして下位レベルに
　　　　おける相対化（国際化，国民の分裂）や上位レベルにおける相対化（地域統
　　　　合）も起こっている．しかし，国民という概念では括りきれない多様な共同
　　　　体が存在し，さまざまな集団間関係が生じている．この章では，とくに摩擦
　　　　や対立をもたらす関係に注目して，地球社会の中の人々のあり方・生き方
　　　　が，国民という共同体をめぐる問題への関心だけでは視野から抜け落ちてし
　　　　まう事象を取り上げる．

1　共同体における自他認識

　人間集団が共同体としてまとまる性質を持っていることに基礎づけられて，
国民という政治共同体が形成され，主権国家と結びついて，今日の国際関係の
基本となってきた（第5章を参照）．共同体にはわれわれ意識（仲間意識）が不
可欠であり，ひとつの国民として主権国家における主権者としてのまとまりへ
の帰属意識を支えてきた．個人のアイデンティティに自分と他者との関係づけ
が埋め込まれているように，集合的アイデンティティにも自分たち（仲間）と
余所者（仲間はずれ）との関係が埋め込まれている．つまり，共同体としてま
とまっている自分たち（共同体 A）から見て，それに属していないばらばら
の個々人ではなく，(1) その個々人は共同体 A の構成員から B, C, D, …と
カテゴリー的にまとめられており，場合によっては (2) その個々人は自分た
ちが実際に B, C, D, …という共同体としてまとまっているという意識を間
主観的に共有している．つまり仲間対余所者という関係は，共同体と個々人と
の関係だけではなく，共同体と共同体との関係にも投影されている．
　共同体による余所者認識を，社会的カテゴリー化と社会的距離化の2段階に

分けて説明しよう．（自分たちを「内集団」，余所者を「外集団」と呼ぶことがあるが，ここではこの用語対は用いない．）第一段階は社会的カテゴリー化である．人間の情報処理能力は限られている．小さな顔見知り共同体の仲間内ならば個体識別に基づいた個人間関係を確立できるが，大きな共同体（想像の共同体）になれば，初対面の仲間に対しては，出身地が同じ，母校が同じ，宗派が同じ，共通の知り合いがいるなどという自分との共通性の多寡に基づいて応対する態度を決める．このように，個人に与えられる集団的属性がカテゴリーであり，自分と他者（見ず知らずであっても）とをひとつの同じ仲間としてまとめる機能を果たすこともあるので，大きな共同体をひとつにまとめる上でのきわめて重要な役割を果たす．余所者は，否定的定義ゆえに一般的に自分が属す共同体の構成員数よりも，はるかに不特定かつ不定形であり，とうてい個人識別の対象とならず，カテゴリーによる認識にたよる傾向が強い．つまり，カテゴリーは自分と他者とはひとつの仲間としてまとまっていないとする区別の根拠にもなる．

　カテゴリーにはステレオタイプ（紋切り型の認識・意味づけ）がついてまわる．ステレオタイプとは，カテゴリーEに属す人間は皆 x, y, z, …という特徴を持っている（持っていない）と決めつけてしまう態度である．すなわち，個々人レベルで可変的なはずの特徴を，十分な検証を経ないで，一律に特定の個人あるいは集団に帰するという，対人関係をめぐる情報処理コストの節約方法である．ステレオタイプは，個人が自分自身の経験から構築する態度というよりは，むしろ通常は，予めイメージとして定型的に構成されており，仲間内で共有され再確認されていくものである．

　したがって，ステレオタイプは実際と異なる危険性を孕んでおり，しかも異なっていても実際に近づける修正が行われにくい傾向にある．第一に，それはイメージであり，実際の調査・観察の客観的結果を反映しているわけではない．第二に，個人的経験・観察は，その個人内で（場合によっては近親者の間で）ステレオタイプを強化する類のものを選択的に意識化し，そうでないものを無視する傾向がある．第三に，特定の人間との個人的関係によって，ステレオタイプが不適当であると認識しても，その特定の人間は例外であるとして，ステレオタイプ自体を修正する必要性を軽視する傾向にある．第四に，ステ

```
異なるカテゴリー（典型的には，異人種，異民族）に属す人について
受容　　(1) 親族になってもよい
　↑　　(2) 日常付き合う親友になってもよい
　｜　　(3) 近所に住んでもよい
　｜　　(4) 職場の同僚になってもよい
　｜　　(5) 我が国の市民になってもよい
　↓　　(6) 我が国を旅行者として訪問してもよい
排除　　(7) できたら我が国から追放したい
```

図表 8-1　ボガーダスの社会的距離

オタイプに合致しない個人的経験・観察があっても，それを仲間内で共有しようとする修正志向よりは，個人の見方を修正するのを回避する傾向にある．要するに，ステレオタイプには現実との乖離（偏見）が生じやすいのである．

　第二段階は社会的距離化である．本来個人間関係に成立する社会的距離が，カテゴリーに対しても成立するのである．そのために，自分たちから見て，異なる共同体に対して異なる接し方（退け方）が生じる．社会的距離として，仲間同様（受容）から排除（拒絶）までを並べたE. ボガーダスによる一次元の7段階尺度が有名である（図表8-1）．この尺度は，人種差別・民族差別が公然と行われた1930年代にアメリカの社会学的調査に使われたものであり，今日ではその妥当性が疑問視されることもある．また社会的距離化に際して，通婚圏（エスニック・コミュニティ），日常の付き合い（地域社会），国民（政治共同体）など異なるタイプの共同体カテゴリーが混在したまま一次元化されているという問題もある．しかし，在住外国人に対する偏見・差別意識の度合いを測るのにひとつの参考材料になるであろう．

　なお，ボガーダスの尺度は〈仲間同様〉と〈排除〉とを両極端とするものであったが，生活圏を共有している状況についての社会的距離なので，これで良いのかもしれない．しかしそうした状況に限定しなければ，自分たちによる余所者に対するイメージのスペクトルはさらに広がる．すなわち，排外意識をひとつの極とすると，その対極には拝外意識がありうる．余所者（否定的なニュアンスが含まれているが，中立的な概念とする）に対しては，〈差別・排外〉極に対する〈憧憬・拝外〉という極がありうる．

　カテゴリーと社会的距離とが結びついた余所者に対する態度は，現実と近似するようなものになっている場合もあり得る．しかし，人間の持っている豊か

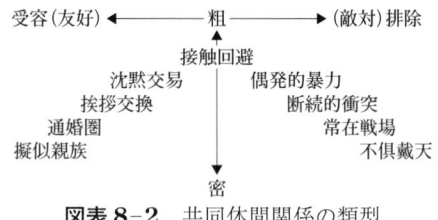

```
       受容(友好) ◄─────── 粗 ───────► (敵対)排除
                        接触回避
                沈黙交易   │   偶発的暴力
                挨拶交換   │   断続的衝突
                通婚圏    │   常在戦場
                擬似親族   │   不倶戴天
                         密
```

図表 8-2 共同体間関係の類型

な想像力（イメージの想起能力）に支えられて，現実には存在しないがいかにもありそうな名称のカテゴリー（◯◯人，△△人）に対しても，「知らない」「分からない」という回答ではなく，きちんと距離化できてしまうのである．人間の一人ひとりに，他人と一緒に仲間を作るのと並んで，他人を余所者（現実の人々であろうと架空のカテゴリーであろうと）として区別する（多くの場合，差別する）「能力」を備えていることを軽視してはならない．つまり，無知であっても評価してしまうことができるのである．

　以上，ある共同体に注目して，その共同体構成員の多数が共有している余所者についてのイメージ（とくにステレオタイプと社会的距離）に基づいて，ある個々人（ないし集団）に対する態度について論じてきた．ここで，カテゴリー的に余所者とされている側でも共同体として，主体的・間主観的なまとまりを有していることもある．そうすると，共同体Aから見たカテゴリーBに含まれる人々が，共同体Bとして共同体Aをやはりカテゴリーとして認識していれば，結果的にAとBという2つの共同体の間の関係が互いのカテゴリー的認識を媒介として成立することになる．共同体間関係は，互いに対称的なイメージを持つ場合（相互友好的とか相互敵対的，相互憧憬とか相互蔑視）もあれば，非対称的なイメージを持つ場合もあり，多種多様である．多様な関係の中のいくつかについて，関係の粗密と〈友好〉・〈敵対〉軸という2軸から類型的に並べると図表8-2のようになるであろう．

2　差別と異議申し立て

「人種，皮膚の色，性，言語，宗教，政治上その他の意見，国民的若しくは社会的出身，財産，門地その他の地位又はこれに類するいかなる事由による差

別をも受けること」がないようにすると世界人権宣言（第2条）に謳われている．これは，「人間は，理性と良心とを授けられており，互いに同胞の精神をもって行動しなければならない」（同第1条）としつつも，現実には，人種，皮膚の色，性，言語，宗教，政治信条，出身，財産，門地などが差別の理由になってきたことを認めていることに他ならない．

現象としての差別は新しい現象ではない．地域社会（ローカル・コミュニティ）の中での一部住民に対する差別のように共同体内部でもあったし，余所者に対する差別は枚挙にいとまがない．しかし，「国民」によって共同体と主権国家とが結びつけられたことによって，差別は政治に組み込まれ，一国内で深刻な問題になったのはもちろん，国境を越えるさまざまな問題も引き起こすようになった．つまり，特定の共同体の構成員が中心になって国民となり主権者として国家を支配することにより，そこから排除（疎外）される人々に対する差別は正当化され深刻化することになった．

たとえば，人種（肌の色）は一見生物学的な客観的指標のように見えて，社会による恣意的な（客観的な肌の色とずれる）カテゴリー化・社会的距離化という操作の典型である．それは，「白人」と「黒人」，「白人」と「非白人」，「カラード」と「アフリカ人」などの二項対立の切断面に，本来は連続的なものを両極分解してしまう単純化が現れている．アンソニー・ホプキンスが主人公を演じる『白いカラス』（the Human Stain：ひとの色汚れ）は，アメリカにおける人種差別が抱えるさまざまな根深い問題を描いている．若きデンゼル・ワシントンが殺された活動家ビコを演じる『遠い夜明け』は，南アフリカにおける人種隔離（アパルトヘイト）政策の実態（過去）を暴露した．宗教でも差別が生じる．宗教は人間の内面の問題であるにも拘わらず，一見して分かる特定の外見的特徴（たとえば服装）を指標として，異教徒・他宗派信徒に対する差別が可能になる．

被差別に対してそこから逃れるために自分たちも主権国家を持とうとすれば，論理的には民族解放（民族自決・人民の自決）に向かうことになる．あるいは，「祖国」にとどまって差別撤廃運動に向かうこともあるだろう．差別に対して独立を求めれば，あるいは平等要求を求めれば，第7章2で概観したような国民統合・分裂の状況につながっていく．既存国家の中で真っ当な国民と

して扱われていないという意味で，国民に括りきれない人々の政治運動である．しかしながら，それは既存の国民国家に対する異議申し立てかもしれないが，国民国家というあり方に対する異議申し立てではなく，むしろ国民国家というあり方に依拠している運動と言えよう．

　主権国家が領域団体であり，排他的領域支配を相互承認している以上，国民というあり方を否定しつつ，領域によって定義される政治共同体を構築することも非現実的であるかもしれないが，非領域的な共同体への差別に反対して，国家に対する非領域的な異議申し立てを行うことは十分に考えられる．その意味で，「種族的，宗教的又は言語的少数民族が存在する国において，当該少数民族に属する者は，その集団の他の構成員とともに自己の文化を享有し，自己の宗教を信仰しかつ実践し又は自己の言語を使用する権利を否定されない」（自由権規約第 27 条）とされ，国家の内部に「非政治的」共同体としての存在は認められるべきものとされている．なお，ここで少数民族と訳されている言葉は「マイノリティ（minorities）」である．これは決して，ある国内に存在する「少数の」民族という意味ではない（もし民族なら，自決権を行使して主権国家を創設できるかもしれない）．あくまで「少数民族」というカテゴリーであり，相対的に人口が少ないかどうかの問題ではなく，政治（社会的意思決定）の場において，たとえば国語の制定や公務員資格などで種族的（エスニック）・宗教的・言語的な理由から差別される状況を変えようとしても，常に少数派（マイノリティ）として自分たちの主張を構造的に実現できない人々をさす．そして，マイノリティ＝少数民族というカテゴリーは，通常は同時に，共同体でもある．エスニシティ・宗教・言語などの指標が意味を持っているという観点から，この種のマイノリティを「文化的マイノリティ」というカテゴリーでまとめることにしよう．

　文化的マイノリティに対して，ある種の文化的自由を与えるべきであるというのが，上述の自由権規約の主旨である．また，特定の文化的マイノリティが集住している地方を，特定の領域として限定し，その範囲内においては主権に関わらない政治的共同体としての存在を認める方便（「少数民族自治区」の設定）も多くの国で広く採られている．自治区における部分的な政治的自由の享受で妥協が成立すれば，国内政治的に安定して，国家間の問題になる可能性は

限りなく小さくなる．しかしながら，ある国における文化的マイノリティの集団が，近隣の国における国民共同体と同一のカテゴリーとみなすことができるような場合（たとえば東欧諸国のドイツ系住民とドイツ国民，トルコのアルメニア系住民とアルメニア国民），あるいは複数国にまたがって文化的マイノリティ集団が居住している「祖国」がある場合（たとえばクルド人のクルディスタン），文化的マイノリティをめぐる問題は一国内に収まり切らなくなることが起こり得る．

　今日，国民による国民文化の規定（規範化）に対する文化的マイノリティの異議申し立てが広範に見られるようになった．最も一般的に捉えると，国民国家における人権とは，主権者の意思からの自由ということであり，多数決によっても強制・制約できない権利に他ならない．主権者＝国民からの差別を不当として，それからの自由を求める人々は，国民の規範的文化を受け入れかねるという意味で，国民に括りきれない人々と言えよう．つまり今日では，主権的権利とは別な文脈で，平準的な国民文化を受け入れない権利が主張されるようになっている．この場合は，主権者としての国民を構成する一員であることは否定せず，それを前提としながら，文化的マイノリティの権利を人権とするものである．エスニック・マイノリティに対する差別について言えば，自治区という形態ではなく，全国どこでも自治区を設定する場合と同等の権利を要求する場合もある．性差別では，女性成人も国民の一員となることを求める婦人参政権運動ではなく，同性愛，インターセックス，トランスジェンダーに対する寛容が大きく取り上げられるようになった．

　カテゴリー（共同体）と社会的距離（差別）の深刻な問題が，『独裁者』の中の1シーンで意味のずれをとおして滑稽に描かれている．チャップリン演じるユダヤ人が危害を受けているところに，第一次世界大戦中に彼に救ってもらったドイツ軍将校が出くわして，チャップリンを助ける．将校曰く「君のことをアーリアンだとばかり思っていたよ」．チャップリン曰く「いや，ぼくはベジタリアンなんだ」．解説の必要はないであろう．

3　グローバル化と新しい主体

　国際的な活動をするが，国家ではない非営利団体を非政府組織（NGO; INGO）という．似た言葉に，非営利団体（NPO）がある．基本的には国内で活動する NPO であるが，グローバル化の進展に伴って，複数（通常は多数）の国内 NPO が連携してグローバルなネットワークを形成し，そのネットワークがひとつの主体として国際的活動をする例が急増しつつある．NGO とグローバルな NPO ネットワークとは概念上重複している．もっとも，その起源は決して最近ではない．たとえば，1863 年に設立された赤十字国際委員会（ICRC）はスイスの NPO であり，同時に NGO である．赤十字活動をする各国 NPO（日本なら日本赤十字社）からなるグローバルなネットワーク（というよりネットワーク型組織）は，1919 年に設立された国際赤十字赤新月社連盟で，NGO である．ちなみに，ICRC 設立 100 周年にあたる 1963 年には両組織がノーベル平和賞を受賞した（ICRC は 1917 年と 1944 年にもノーベル平和賞を受賞しているが理由は明らかであろう）．

　営利を目的としないという定義上 NGO や NPO ネットワークは純粋な慈善活動を目的にするものから特定の主義主張の国際規範化を目的にするものまで，多種多様のタイプがあるが，個人（市民）を基本的構成員とし，共通の目的のために公式・非公式の継続的なつながりを自発的に形成し，基本的には脱国家的に（国家を跨いで・国家に頼らず・国家から自律的に・国家に影響を及ぼすべく）活動する．もちろん，脱国家的な組織として，その特徴を活かしつつ国家や国際組織と協力・連携する場合もある．このような脱国家的主体の多くは，国民のように世代交代をしながら集合的アイデンティティを維持（中身は変化するかもしれないが）する機能を備えているわけではないので，構成員の参加・退出は頻繁で，それ自身の寿命（設立から解散まで）も国民共同体と比較すると通常は短い．

　個々人は，国民の一員として国家の政治に関与するのと同時に，国家から基本的には自律的な（国家と緊張関係になる場合もある）市民社会の一員でもある．NPO は市民社会に属す結社の一類型であり，近年では NPO の総体が埋め

込まれている空間を市民社会と呼ぶこともある．このような捉え方の延長線上に，NGO やグローバルな NPO ネットワークが活動する空間をグローバル市民社会と呼ぶことがある．市民社会が多義的であるのと同様，グローバル市民社会も多義的であるが，市民社会が国家から自律的な（緊張関係を含む）存在であることのアナロジーからは，グローバル市民社会は個々の主権国家からはもちろん主権国家システムからも自律的な（緊張関係を含む）存在であるといえよう．

　グローバル市民社会の出現は，20世紀末における3つの変化を背景にしている．第一に 1970 年代初めに当時流行した「成長の限界」や「宇宙船地球号」といった用語が象徴しているように，地球の有限性について警鐘が鳴らされるようになり，やがて「地球規模問題群」として括られるグローバルな課題についての認識が広く共有されるようになった．第二に 1970 年代半ば以降，全欧州安全保障協力会議（CSCE）とそれを受けたヘルシンキ・プロセスの進行により，民主主義的価値がソ連・東欧圏に浸透し，やがて 1980 年代末の冷戦の終結およびソ連・東欧諸国の民主化を経て，いわゆるグローバル化が経済面でも価値面でも進んだ．第三に，インターネット・ウェブサイト・検索エンジン・電子メール・携帯端末など情報通信技術（ICT）の発達によって，地球上のどこにいようとも瞬時につながり，情報を共有し，意見交換し，行動を共にできるような人々が急増し，特権的な社会階層にいる人々だけでなく，一般人にとっても，組織やネットワークの形成・発達が容易になった．

　グローバル市民社会の出現は，個々人（市民）の視点からは，公民（国民の一員）としての政治参加だけでなく，国民という枠からはずれた経路から政治参加できるようになったことを意味している．かつては，公民（国民の一員）として国民的利益に自分の意見を反映させることを通じてしか，つまり主権国家を通じてしか，地球社会の政治に参加する方法はなかった．このような政治参加の経路はもちろんきわめて間接的であり，国際的利害対立が生じた個々の争点について国民的利益を集約するわけでもない．それに対してグローバル市民社会においては，市民は，国民の一員という立場から離れて，国家を経由せずに，自分と同じような利害関心を持っている他の（多くの）国の市民と協同しながら，自分が属する国家（政府）はもちろん，他国や国際組織にも影響を及

ぼすことが可能になる（いつでもそうだとは限らないが）．この種の協同は，人権とか環境とか大きな課題についても，あるいは個別的・具体的問題についても，いくらでも形成することが可能である．そして，ひとりの市民はいくつもの協同に参画できる．このようなグローバル市民社会における市民の協同は，NGO やネットワークとして，主権国家システムとは別に存在し，主権国家システムを構成する主体と並んで（階層的上下関係になく），グローバル・ガバナンスの主体を構成している．

　グローバル市民社会における市民からなる新しい行為主体について，市民社会の多義性を踏まえながら，主権国家の政治，さらには主権国家システムにおける政治に影響を及ぼそうとする活動主体に焦点を絞った M. カルドーによる類型を紹介しておこう（図表8-3）．すなわち，「旧い」社会運動，「新しい」社会運動，NGO とその類，脱国家的市民ネットワーク，「新しい」民族主義・原理主義運動，そして「新しい」反資本主義運動の 6 類型である．それぞれ活発化する時代，問題関心，参加階層，組織形態などで異なる特徴を持っている．これら 6 類型のうち，グローバル化の進展とともにとくに顕著になるのが，組織形態で NGO やネットワーク型をとる 4 類型であることに注目しよう．

　このようなグローバル市民社会における主体の類型化を提起したカルドーによれば，市民社会（societas civilis）が理念型として備えている公共の安全＝市民性＝文明性＝非暴力性を，グローバル市民社会もめざすべきであるとされる．それはいうまでもなく，「新しい」民族主義・原理主義運動と「新しい」反資本主義運動とに分類される脱国家的主体の中には暴力を是認するものが存在し，そのような主体の構成員がテロや暴力的デモを辞さないという現実を踏まえてのことである．実際，グローバル市民社会の存在を可能にした環境は，脱国家的に（国家に対抗して・国家を無視して・国家を敵視して）活動することをめざす主体の形成も可能にする．差別・迫害・疎外されていた人々が連携して既存の国家や国際組織に異議申し立て行動を起こすことも可能にし，その行動は「反社会的」，「暴力的」になる場合もある．さらに，国際犯罪組織や国際テロリスト・ネットワークは，そのように呼ばれることから明らかなように，既存秩序の下では許されない行為をしている主体である．正統的ではないとしても，影響力は無視できない．

図表 8-3 多様なグローバル市民社会

	「古い」社会運動 1970年代以前	「新しい」社会運動 1970年代から80年代	NGO、シンクタンク、委員会 1980年代後半から90年代	トランスナショナル市民ネットワーク 1980年代後半から90年代	「新しい」民族主義運動および原理主義運動 1990年代	「新しい」反資本主義運動 1990年代後半から2000年代
問題群	再配分 雇用および福祉 自決および反植民地主義	人権 平和 女性 環境 第三世界の連帯	人権 開発および貧困削減 人道主義 紛争解決	女性 ダム 地雷 国際刑事裁判所 地球気候変動	アイデンティティ・ポリティクス	グローバリゼーションの犠牲者との連帯 グローバルな制度の廃止もしくは改革
社会的構成	労働者と知識人	学生 新しい情報科学階級 社会福祉の職業関係者	プロフェッショナル、および専門家	プロフェッショナル、専門家、および活動家	労働者 小規模起業家 農民 非公式部門	学生、労働者、および農場労働者
組織形態	垂直的 階層的	緩慢 水平的提携	官僚的、団体的なものから小規模でインフォーマルなものまで	NGOネットワーク、社会運動、および草の根集団	垂直的および水平的、カリスマ的リーダーシップ	NGO、社会運動、および草の根集団のネットワーク
行動形態	請願 示威行動 ストライキ ロビイング	メディアの利用 直接行動	サービスの提供 唱導 専門的知識 メディアの利用	並行サミット メディアの利用 地方と専門知識の利用 唱導	メディア 大衆示威 暴力	並行サミット 直接行動 メディアの利用 インターネットによる動員
資金	会費	個人の支援者 コンサートのようなイベント	政府 国際制度 民間財団	個人の支援者 民間財団 国際NGO	離散民 犯罪行為	個人の支援者 教会 民間財団
権力との関係	国家権力の奪取	国家/社会関係の変更		市民社会、国家、国際制度に影響を及ぼす	国家権力の奪取	国家、国際制度、脱国家的企業との対決
例	第1インターナショナル	連帯 (ポーランド)	アムネスティ・インターナショナル 国境なき医師団 グリーンピース	対人地雷キャンペーン AIDS/HIVネットワーク 女性フォーラム	アルカーイダ ニューエイジ運動	サパティスタ ジュビリー 2000

第8章 国民に括りきれない人々

グローバル市民社会の中の構成員は，自分の国籍に基づく国民の一員としてのアイデンティティを持っているにせよ持っていないにせよ，脱国家的なアイデンティティによってまとまっている．パスポートを持って国際移動していても，パスポート発給国への忠誠心は薄いのであろう．しかしながら，脱国家的アイデンティティとグローバルなアイデンティティとは同じではない．少なくとも現状では，「ひとつのグローバル市民社会」に対する共通のアイデンティティや共通のイメージが，グローバル市民社会の中で活動する多くの成員によって共有されているわけではない．つまり，個々の市民が，国民の一員という立場を離れて，脱国家的に活動する空間としてのグローバル市民社会はたしかに形成されつつあるが，グローバル・コミュニティとしてまとまるには至っていないと結論づけられる．「われわれの地球」という意識は共有されつつあるが，「地球のわれわれ」という意識はようやく萌芽的に確認されるにとどまっている．

　いずれにせよ，個々の市民が直接・間接に政治的行動・運動を行うグローバル市民社会が形成途上であるのはたしかである．とくにNGO構成員という立場ではなく，特定のキャンペーン（動員）に個人の立場で参加するケースが21世紀に入って，顕著になっている．その多くは，非暴力的デモであり，一過性かもしれないが，個人が国際政治に影響力を現実に行使するようになったということは，主権国家システムを包み込む地球政治という捉え方が現実的になりつつあるのかもしれない．

4　無告の民

　「無告の民」とは，中国古典に登場する語句で，「苦悩・悲嘆を訴えるすべをもたない庶民」のこととされる．かつては，市井の民の多くは無告の民であったろう．しかし今日では，政治参加が拡大する中で，国民の一員として，あるいはグローバル市民社会の一員として，自己の立場を主張し，不正を糾弾し，望ましい社会の実現に参画することは多くの人々にとって可能になった．また様々な問題が政治化し，社会的意思決定の舞台で取り上げられるようになった．それにも拘わらず，現実には，このような政治化から疎外された人々が存

在する．ここでは，不条理な状況や虐げられた立場に置かれながら，国際政治の場において声を上げるすべを持たない人々について指摘しておこう．

　無告の民とは，たとえば，極貧で，AIDS（後天性免疫不全症候群）に罹患し，飢餓に苦しめられるような人々であり，人身売買の対象となった女性や子たちである．グローバル化した地球社会といわれているが，無告の民は，地球上のあちこちに存在しているだけでなく社会から疎外されている．

　無告の民が生じる極限状況は，ジェノサイドである．ジェノサイドは「集団殺害」と訳されるが，文字通りの「殺害」や故意に死に至らせる行為のみならず，文化的な抹殺も含む．すなわち，ジェノサイド条約によれば，ジェノサイドとは，国民的，人種的，民族的又は宗教的集団を全部又は一部破壊する意図をもって行われた次の行為のいずれかを意味する（第2条）．

　(a)　集団構成員を殺すこと
　(b)　集団構成員に対して重大な肉体的又は精神的な危害を加えること
　(c)　全部又は一部に肉体の破壊をもたらすために意図された生活条件を集団に対して故意に課すこと
　(d)　集団内における出生を防止することを意図する措置を課すること
　(e)　集団の児童を他の集団に強制的に移すこと

　ジェノサイドは，ホロコースト（ショア）と呼ばれるドイツ（ナチスドイツと限定されるのが普通である）によるユダヤ人の体系的な集団殺害がとくに知られている．1930年代末からドイツの降伏まで続いたこの大規模な虐殺政策を受けて，1948年にジェノサイド条約が国際連合で採択された．ジェノサイドは，ある人が特定のカテゴリーに属すという理由だけで身体的・文化的に殺されるという点に特徴があり，ホロコーストのように，国家による一方的な認定に基づいて，特定のカテゴリーに属す人々が次々に被害者となる．また，1994年に発生したルワンダの集団殺害事件が，後にジェノサイドと認定されたように，内戦状況あるいは戦時下においてもジェノサイドは起こりうる．

　類似した概念に「民族浄化」がある．冷戦終結からまもなくして生じたユーゴスラビア解体に伴う内戦状態において，セルビアの政策を非難する用語として急速に用いられるようになった．民族浄化も，特定のカテゴリーに属す人々が集団として対象になる点で，ジェノサイドと共通している．集団殺害や集団

強姦の他，資産没収・強制立ち退きも含まれ，一定領域から特定のエスニック・コミュニティを排除し，政府側に立つエスニック・コミュニティの独占的状況を生み出そうとするものである．なお，民族浄化が広く知られるにあたっては，被害者側が国際社会に対して発信し，セルビア政府に批判の矛先を向けさせようとした側面もあり，被害者たち自身が叫んだわけではないにしても，無告の民の側に立って訴える勢力が影響力を持つ場合もあることが窺われる．

　第二次世界大戦時のヨーロッパでは，ホロコーストによる犠牲者の他に，大量の難民（亡命者）を生み出した．戦後，彼らの地位を明確化する必要上から，国際連合のイニシアティブで難民の地位に関する条約（難民条約）が1951年に採択された．なお，条約の規定は1951年以前の難民のみを対象にしていた一方，その後も難民の発生が絶えなかったので，1967年に時期も地域も限定しない旨を定めた議定書が採択され，今日に至っている．難民とは，「人種，宗教，国籍もしくは特定の社会的集団の構成員であること又は政治的意見を理由に迫害を受けるおそれがあるという十分に理由のある恐怖を有するために，国籍国の外にいる者であって，その国籍国の保護を受けることができない者，またはそのような恐怖を有するためにその国籍国の保護を受けることを望まない者」とされる（第1条）．人種，宗教，国籍あるいは政治的信条を理由とする迫害とは，殺害や身体的・文化的な自由の剝奪など多岐にわたりうるが，自分の国籍国に残っていればジェノサイドの対象となるかもしれない人々を念頭に置いていることは容易に理解できるであろう．こうした難民の保護を任務とする国連難民高等弁務官（UNHCR）職と補佐組織であるUNHCR事務所が1951年に設立された．もともと，第一次世界大戦後に，難民問題を国際社会として解決する義務があるという考え方が登場し，国際連盟で議論され，第二次大戦中のヨーロッパにおける大量難民を受けて国際難民機関が1946年に設立されたが，このような流れが条約の採択とUNHCRの設置につながったのである．

　難民（亡命者）に対しては，ノン・ルフールマン原則が適用される（第33条）．ノン・ルフールマン原則とは，難民が到着した国は，いかなる方法によっても，本人の意思に反して国外に追放したり国籍国に送還したりしてはならないという強い規定である．他方で，具体的な状況に置かれた個々人を難民と

認定することに関しては，受け入れ国の判断に依存するところが大きい．さらには，陸路で逃れようとする人々に対して国境を閉鎖して入国できないようにしたり，海から逃れる人々を公海上で自国領海内に入らせないようにしたりするなど，難民となりうる人々が置かれた状況は厳しい．

　難民に対する国際的関心は，冷戦が終わった1990年代に高まった．実際，1980年代に難民がかつてないほど大量に発生していた．そこでは，意図的な政治的迫害のみならず，自然災害（たとえば旱魃が引き起こした飢饉）や戦災に巻き込まれて難民化せざるを得ない人々も含まれている．さらには，難民と同じような境遇に置かれながら，国境を越えていないという点で難民の定義には当てはまらない「国内避難民」も無視し得ない存在となった．具体的には，湾岸戦争（1991年）に際して，イラク北部に居住するクルド人たちが居住地から逃れたものの国境を越えられずにイラク領内に留まらざるを得ないという事態が生じた．難民条約が規定する難民ではないが，似たような境遇に置かれた人々（国内避難民）に対して，国際社会が救援することについて合意が成立した．国内避難民は，難民よりも多いと言われている（図表14-5）．

　ジェノサイドの被害者・対象者や難民は，みずからの声を反映させる国家を持つことを拒否されている．その意味で，そうした境遇に置かれた人々は無告の民なのである．20世紀の国際社会は，無告の民を国際社会として保護する義務があると考えるようになった．ジェノサイド条約や難民条約は，そのような規範を反映するものであるが，実効性に乏しかった．21世紀の国際社会も，そうした規範の徹底を相変わらず必要としている．しかしながら，幸運にも無告の民にならないで済んだ人たち（私たち）は無告の民を保護の対象として扱えば，それで責任を果たしたのであろうか．無告の民を生み出したのは彼らではなく私たちである，という発想が必要とされるのではないだろうか．グローバル市民社会があるというのなら，なおさらのことである．私見では，人間はなぜこのように非人間的になれるのか，を問うてみる必要がある．同胞に対する共感は，いかにして余所者に対しては正反対に作用するのかと．

＊5　個と全体の間の多様性

　戦争も差別もジェノサイドも，そこには互いに排除し合うアイデンティティでまとまった人間集団が関与している．このような，集団（共同体）間に生じる敵対関係を乗り越えるためには，人々は多重な（重層的な）アイデンティティを持つ必要があると言われる．おそらくそうであろう．対立する集団をひとつにまとめるようなアイデンティティが形成されれば，それにより対立の平和的解決の道が開けるかもしれない．しかしながら，アイデンティティというのは一筋縄では扱いきれない，やっかいな代物である．

　個々人は，自分というアイデンティティの他に，いくつか異なるアイデンティティを持っている．たとえば，〈自分自身→家族の一員→地域社会の一員→市町村民→県民→国民〉というような包含関係にある（同心円的）複数のアイデンティティを同時に持つことは可能であろう．さらに，想像力（イメージ）をたくましくすれば〈国民→国際地域の一員→グローバル市民社会の成員〉という広大な地理空間を占める集合的アイデンティティも形成可能だろう．このように包含関係にあるアイデンティティは両立しうる．仮にそうでなくても，〈女〉というアイデンティティは今日〈国民〉というアイデンティティと両立している．他方で，本人が両方にアイデンティティを持っていても，両立困難なものもある．たとえば1940年代の，〈日本人〉と〈アメリカ人〉のような場合である（山崎豊子『二つの祖国』―NHK大河ドラマ『山河燃ゆ』）．さらには，異なるエスニック・コミュニティに属す男女が結婚するときにどのような結婚式をするのか，子育てはどうするのか，などで，エスニックなアイデンティティの強固な文化性に否応もなく気づかされる．

　ある人間集団をグループ分けしようとする場合，大別して，「分割」と「包含」の2種類がある．例示のために4個人について，「分割」と「包含」とで，どのようなグループができるのかを見てみよう（図表8-4）．どちらも4人がばらばらの状態（階層1）からひとつにまとまった状態（階層4）にいたる4階層からなっており，似ているように見える．しかしながら，「分割」では，階層1は4分割の全場合（1種類のみ可），階層2では3分割の全場合，

(a) 分割　　　　　　abcd　　　　　　　　　　階層4

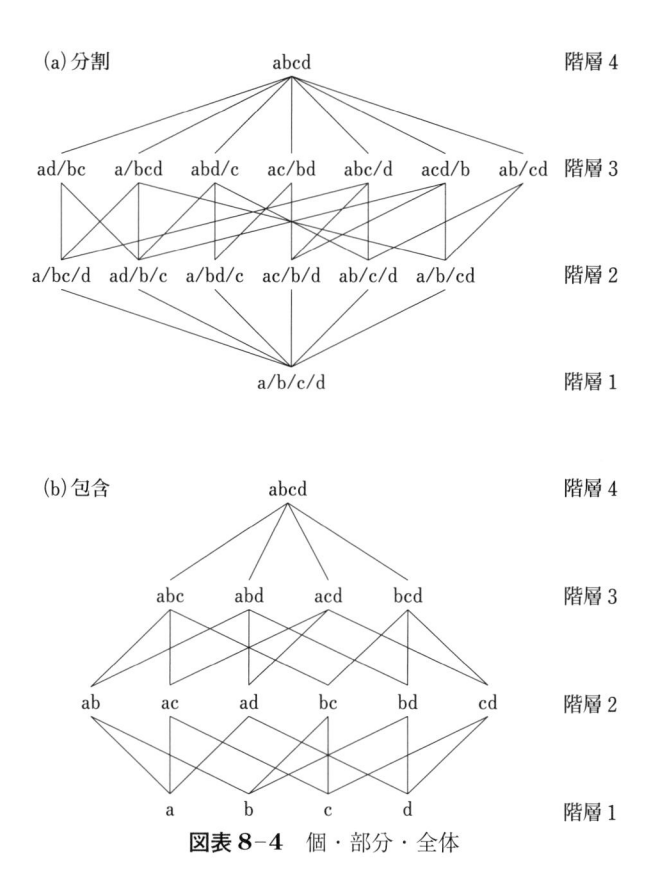

ad/bc　a/bcd　abd/c　ac/bd　abc/d　acd/b　ab/cd　階層3

a/bc/d　ad/b/c　a/bd/c　ac/b/d　ab/c/d　a/b/cd　階層2

a/b/c/d　　　　　　　　階層1

(b) 包含　　　　　　abcd　　　　　　　　　　階層4

abc　abd　acd　bcd　　　　　　　　　　階層3

ab　ac　ad　bc　bd　cd　　　　　　　階層2

a　b　c　d　　　　　　　　　　　　階層1

図表 8-4　個・部分・全体

階層3では2分割の全場合，階層4では全体（1種類のみ可）となっており，各階層で可能な分割の仕方は個人数が増えるにしたがって急激に増えていくが，各階層でどれかひとつのまとまり（分割）が実現すれば，他のまとまり（分割）は実現不可能になるという意味で，階層2でも階層3でも，ひとつしか実現し得ない（図表8-4(a)）。他方，「包含」では，階層1では個人のみ（4種類），階層2では2人からなるグループの全場合，階層3では3人からなるグループの全場合，階層4では4人からなるグループ（1種類のみ可）となっており，各階層で全てのまとまりが実現可能である（図表8-4(b)）。

多重アイデンティティのあり方に同心円構造を仮定すると，「入れ子」構造しかあり得なくなるので，実は「分割」によるグループ分けになる。図表8-4

第8章　国民に括りきれない人々　　151

(a)で，aに注目すると階層1の孤独状態から，階層2ではab, ac, ad の3つのグループのうちどれか形成可能であり，階層3では階層2でどれが実現しているかにも依存するが，たとえばabが形成された場合（ab/c/d）には，排除した2人のうちのどちらかを仲間に入れることになるのか（abc/d か abd/c），その2人が仲間を形成して2極化するか（ab/cd）のどれかになる．他方，多重アイデンティティにどのような重複でも許すと，図表8-4(b)でaに注目すると，階層2ではab, ac, ad, 階層3ではabc, abd, acd のどれでも実現可能になる．アイデンティティの多重性は，第5章1でみたように，グループ形成に制約の多い同心円構造ではなく，一般的な重複を許すものとして考えるべきであろう．

　一般的な重複を許すと，4個体からなる世界の可能なグループ数は，孤独状態を容れると15，除くと11になる．10個体の場合には，各々1023と1013になる．途中を省略して，200個体の場合を計算すると，孤独状態を容れるか容れないかの差は無意味になり，1那由多（10の60乗）ほどになる．1恒河沙（10の52乗）の1億倍という大きな数であり，1不可思議（10の64乗）の一歩手前である（数えられることが驚異である——インド哲学の恐ろしさ）．200というのは主権国家の概数である．200国家が自由勝手にさまざまなグループを形成すると仮定すると，その上限になる数である．今日の世界人口は，70億人に達すると言われている．そのうち，約50億人が何らかの生活空間で活動していると仮定すると，可能なグループ数は，一挙に飛躍して，約10の15億乗という想像を絶する数になる．もちろんこれは上限であり，意味のあるグループ数はこれよりはるかに（文字通り桁違いに）小さいだろう．このような計算は単なる「遊び」にみえるかもしれないが，多元主義論は実はこのように普通の人間には識別不可能なほどの可能性に依拠した理論なのである．地球上で暮らす70億人が200ほどの国民に「分割」されて暮らしていることの意味を考えたい．「分割」における上から200番目の階層（50億-200）より下の階層はすべて国内社会が包含しており，それより上の階層は国家間の制度に対応している．大は10億人以上（中国やインド）から小は1万人以下（ニウエやバチカン）までと，10万倍ほどの開きはあるが，主権国家システムの中では行為主体が200程度であるということは，アイデンティティ・ポリティクス

の多様性（扱いにくさ）を大幅に減らしていることになる．またそれゆえに，それに掬い上げられなかった共同体や，それから落ちこぼれてしまった共同体が多数存在しているのである．そして，国家を中心にした同心円よりは，はるかに（桁違いに）多様で重複するアイデンティティの世界が広がっているのである．

人間はすぐれた個体識別能力を持っているが，日常的な顔見知り社会の大きさは100人規模（10の2乗の桁，$10^{2\pm0.5}$ すなわち30人から300人程度の範囲）だと言われている．伝統的な社会では，それが地域社会の大きさだったろうし，今日では，たとえば年賀状の枚数や携帯電話に登録されている友人・知り合いの件数が規模の指標になるだろう．それは，ローカルな場を越えて，グローバル市民社会に埋め込まれたネットワークの一部分を構成している人たちも含まれるかもしれない．他方で，日常的に接する人々は，近代的社会ではいうまでもなく，顔見知り範囲では済まない．伝統社会のように，一括して余所者とするわけにはいかないのである．どうしても，単なる余所者よりは意味のある（しかし単純化した）カテゴリーで個々人を分類・評価する（決めつける）ことになる．しかしながら，こうしたカテゴリーは，ステレオタイプと結びつき，自己イメージと他者イメージが覆い被さって，場合によっては，本章冒頭で論じたように，区別から差別へと容易に移行しうる．人間の分別（ぶんべつ）能力は必ずしも分別（ふんべつ）を伴っていないのである．

他方で，多種多様な人々を，「同じ」人間として一括りするには，理性の力が必要である．人類史におけるほとんどの期間，地域社会の外には，自分たちの生活を脅かしかねない「余所者」が棲む「外界」が広がっていた（四海の闇）．地域社会が，市民社会となり，領域で囲われた国民となっても，ソトに余所者がおり，ウチに余所者が入り込んでくるというイメージは強い訴求力を持っている．19世紀に流行した人種主義や社会的ダーウィニズムは，科学的に否定されたにも拘わらず，繰り返しゾンビのようによみがえっている．差別・拒絶・排除の論理はいろいろあるが，その対象となる自分たちとは違う人たちを人間は五官によって「知覚」してしまうのである．

ホロコーストの生き残りと自己規定するG.スタイナーは，日本でも広く知られているが，人間の多様性を多方面かつ根源から問題にしている文芸・文明

評論家である．英独仏の3カ国語を自由に操るスタイナーはアイデンティティ問題にも敏感である．その彼にして（あるいは彼だからこそ），多重アイデンティティ（アイデンティティの共生）には楽観的ではない．スタイナーの捉え方に依拠すれば分節化と総合化の間に，翻訳問題が横たわっており，個と全体との間には稠密な多様性が満ちているのである．体系的・自動的・機械的なホロコーストには工業化した近代の疎外を見る．言い換えれば，スタイナーの教養あふれる評論の大衆版・映像版はチャップリンの『モダン・タイムズ』なのである．スタイナーにとってホロコーストは，単なる排除ではなく敬遠することのできない目障りな存在の抹殺を企図したものであり，ユダヤ人が迫害されるのは，神を殺したからではなく，神を生んだからだとする．彼によれば，「理解できず，見えず，到達できもしなければ言葉の根本的な意味で非人間的である」存在としての神は，それゆえに耐え難いほど身近な存在にもなり得る．そして，ユダヤ人が絶滅したらキリスト教徒とイスラム教徒はパレスティナの地で和解できるのだろうかと自問する．しかしながら，世界宗教の世界のソトでも，ジェノサイドは生じてきた．人間の業は遍在しているのかもしれない．

第3部　地球社会の中の政治

　人々が好き勝手に暮らしていければ政治は必要ない．政治とは主体間の利害関心の調整の技術である．関係が密になればなるほど，利害関心の調整，すなわち政治過程に乗せること（政治化）が必要になる．グローバル化が進行する地球社会の中ではさまざまな領域・分野で「政治化」が進行せざるを得ない．他方で地球社会の政治は制度化が未発達であり，政治化は必然的に関係する主体間の利害対立を顕在化させ，激化させる．主権国家システムにおいては，伝統的に軍事力が対立の決着に大きな影響を及ぼしてきたが，他方で政治的決着には外交の果たす役割が大きく，軍事力を用いた強制的手段の行使は政治（外交）の失敗を意味することが多かった．また，今日では人類共通の利害関心として国家間の協調・協力が必要な課題も増えている．国家をコントロールする主体がない中で，地球社会は政治の制度化をますます必要としている．

　第9章では，主体間に作用する政治の一般的な基礎概念を導入して，とくに「パワー」の多面的な捉え方を紹介しながら，国家間関係を念頭において政治（国際政治）を分析する上での前提を示す．第10章では，外交を自己利益を追求する主体間のゲームという観点から捉えて，それを分析する上での分析道具を紹介しながら，さまざまな利害関係のあり方を示す．第11章では，主権国家システムにおける構造や制度と関連する政治について国家の持つパワーを中心に議論する．第12章では，これからの国際関係分析にますます重要になるであろう「自他認識」をめぐる政治について議論する．

第 9 章　政治分析の基礎概念

　　政治には，社会（共同体）の運営という側面と支配従属（権力）関係という側面がある．前者は社会制度に注目しているし，後者は非対称的な相互作用に注目している．政治をめぐる理論は，おもに国家を対象として発達してきた．国内の政治過程と政治制度についての知見が，国際政治における「政治」についての議論に援用できるかどうかについては，議論の分かれるところである．言い換えれば，主権の内側の世界と主権と主権との間の世界との比較可能性の問題である．しかし政治というものを考える上で，抽象的・基礎的な概念のレベルでは，ある程度は通用すると考えるのが妥当だろう．

1　政治の領域

　伝統的には，統治（支配従属関係の制度）こそが政治だったが，現代の社会における政治は，特定の支配者による大多数の被支配者の搾取（人類史上は一般的だったかもしれないが）にのみ限定されるものではない．民主主義の興隆とともに，社会的意思決定が政治の重要部分を占めるようになった．国家を大海に浮かぶ船にたとえるならば，船の操舵術の問題と船の針路を決める問題の両方が政治なのである．すなわち，社会的意思決定は狭義の政治であり，それと統治とを併せたものを広義の政治ということができる．国際関係分析でとくに重要な政治は，国家を互いに仲間として捉える政治社会（政治共同体）全体の運営という意味における政治（外交関係，国際制度）と，そのような社会の中で個々の国家をどのような針路に向けて操舵するのか（対外政策決定・実施）である．近年では，国際社会における「統治主体＝世界政府なき統治（グローバル・ガバナンス）」も，国際政治を包摂する政治としてますます重要になっている．

　社会的意思決定（狭義の政治）は，利害関心の異なる複数の主体が各々自分にとっての望ましい社会状態を実現しようとすることを前提にして，社会とし

てどの状態を実現するかを決めることである．独裁と全会一致（全員拒否権）とを両極端に，さまざまな決定方法がある．各主体の自由意志を前提にした上で，さまざまな投票制度やそれと関連するさまざまな多数決制度といった決着方法が提案され，実践されている．決定に至る前の協議や交渉といったコミュニケーションには，説得・脅迫・約束・勧誘などと類型化されうるさまざまな様態がみられる．社会選択理論，ゲーム理論，投票理論など互いに重複し，関連し合う理論が狭義の政治を分析する道具である．他方で，協議と合意のプロセスを経てのコンセンサスを重視する立場も根強い．

統治（すなわち社会的決定の実施・実現）は，正統的支配者の意思を実現する制度・過程をさす．近代では官僚制が発達して，統治の効率が高まった．今日，広義の政治を扱う機関を政府（広義の政府）と称することになっている．しかし実際には，国家として統治する機関である行政府のことを政府（狭義の政府）と呼ぶことが普通であり，この場合は狭義の政治を扱う「議会」に対する「政府」という概念になる．一般的に，行政機関を役所，官僚を役人と呼ぶこともある．このような意味において，統治は公権力の行使と言われることもある．

政治は，粗野な暴力の行使や交換（殴り合い）ではない．敵・味方に分かれた相互排他的集団組織が，互いに相手の存在を否定し，殲滅しようとすることを政治の本質とする考えもあり得るが，きわめて極端かつ狭隘な政治の捉え方である．このような「問答無用」の関係は「ウチ＝仲間」と「ソト＝余所者（よそもの）」との関係の一類型（しかも極端な場合）である．むしろ政治とは，「ウチ＝仲間」である政治社会（政治共同体）の内部の現象であり制度である．社会（共同体）の政治的特徴は，政治制度として取り出すことができる．政治制度は，政治の領域を規定するが，政治の領域は「政治化」あるいは「脱政治化」のプロセスにより伸縮する．と同時に政治制度は，政治に正統性（社会的承認）を与える．狭義の政治における正統性は，正当な決定方法による決定は受諾されなければならない点に端的に現れる．正統性がある統治では，具体的統治について構成員の合意を必要としない（典型的には，代表による票決）．国家間の政治（国際政治）も，国家どうしの仲間内の関係であり，戦争という暴力の応酬でさえ，互いに相手国家の消滅，相手国家の構成員の消

滅をめざすことは稀である．

「政治参加」の問題は，狭義の政治に参加しうる「主体性」をめぐる問題である．典型的には「ウチ＝仲間」の境界設定である．しかし，狭義の政治には参加できないという意味で主体ではないが，統治の対象になるという意味では客体である当事者を構成員とみなすかどうかについては，微妙な問題がある．これは，国民の構成員に，公民（市民）と国籍保有者という異なる意味があることにも反映している．原理的に，政治主体と政治客体が完全に重なることはない（乳幼児が政治の主体になることは想定されていない）．

政治主体の生活空間が重なり合うようになったり，あるいは政治主体の行動が相互依存するようになったりすると，その領域に狭義の政治が持ち込まれる（政治化）．今日の世界では，さまざまな分野・領域で，まさに政治化が進行している．政治の正統性・制度・過程の全般にわたって，あえて単純化した比較対照をすれば，国家をめぐる政治については，伝統的には東洋でも西洋でも統治が問題だった（例外は古代ギリシャの都市国家論か）ものが，18世紀後半から急速に西ヨーロッパと北アメリカで狭義の政治に関心が移っていったのに対し，国際政治ではつい最近まで狭義の政治にしか関心がなかったと言えよう．しかし近年，グローバル・ガバナンスという言葉が使われるようになったことに現れているように，統治についても正面から論じられるようになりつつある．

2 パワー

政治の世界のパワーは，力学におけるパワーほど厳密かつ一義的に定義されていないが，政治を分析する上での必須概念である．権力と呼ばれることが通常だが，二者間（主体・客体）関係に及ぼす作用を指す場合もあれば，制度的にそのような作用を及ぼすことが認められている主体を指す場合もある．国家においては，主権者＝統治者と被統治者との関係を意味することもあれば，主権者そのものやそれを代表する国家機関を意味することもある．実際，国権とか公権力という言葉が使われている．

地球社会ないし国際社会は，制度化があまり進んでいない．したがって国際

システムでは，国家は，程度の差こそあれ，権力関係において主体と客体の両方の立場におかれている．とくに主権国家システムでは，国家は主権の存在により本質的に他の主体から自立しており，自律的行為をすることができる．ある国家（主体）による別の国家（客体）への作用は，客体の側の「主体性」（客体側の意思決定）に依存している．また，勢力均衡（バランス・オブ・パワー）という用語があるように，権力を生み出す資源としてもパワーという言葉は用いられ，国家の属性として捉えられる勢力とか力量とか呼ばれることもある．さらにパワーは，強大な権力あるいは勢力を有する特定の国家を指す場合もある．つまり大国であり，列強である．また近年では，非主体的なパワーの存在も注目されている．パワー行使の主体が見えないのに，ある主体には有利に，別の主体には不利になるような状態が作り出されるような状況はどのように作られたのかという問題である．

　この節では，主体・客体関係のモデルを用いて，パワーの作用を概説する．パワーを行使する主体側の立場に立てば，自分にとって望ましい状態を実現できる確率のようなものである．金持ちは財力を持っており，勉強すれば学力が身につく．しかし，このような能力は権力とはいわない．権力とは相手を従わせる能力である．もう少し詳しく表現すると，相手がやりそうもないことを，コミュニケーションを通じて，相手に行わせる能力である．さらに言い換えると，コミュニケーションの結果，実現した相手の協力的行動を通じて，自分にとって望ましい状態を実現する能力である．つまり，権力（政治におけるパワー）とは，自分自身で望ましい状態を実現するのではなく，他者（つまり客体）の行為（作為・不作為）をつうじて実現するところに特徴がある．腕力と魅力の要素を兼ね備えている．他者をして自発的に働くようにさせる魔力を備えている主体はカリスマと呼ばれる．他方，パワーを行使される客体側からみれば，「泣く子と地頭には勝てぬ」ことになる．つまり，行動の自由に制限が課せられる．やりたくなかったことをさせられたり（権力の強制的性格），やる気のなかったことをするはめになる（権力の動員的性格）．いうことを聞かなければ（いうことを聞いても），何をされるかわからない（権力の恣意性）．

　典型的には，次のような関係が観察されるときに，パワーが作用しているとみなされる．

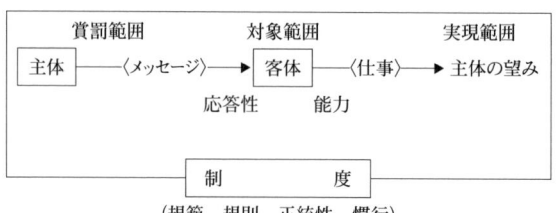

```
        賞罰範囲      対象範囲       実現範囲
     ┌─────────────────────────────────────────┐
     │  主体 ──〈メッセージ〉→ 客体 ─〈仕事〉→ 主体の望み │
     │                  応答性   能力              │
     │                                         │
     │            制      度                    │
     └─────────────────────────────────────────┘
              （規範，規則，正統性，慣行）
```

図表 9-1 政治的権力（パワー）の諸側面

(1) 主体から客体にメッセージが伝わる（命令・指示・要求・脅迫・要請・願望など）．
(2) 客体は，メッセージに従って，主体が望んでいることを実現する（仕事・行動・作為・不作為など）．
(3) メッセージがなければ実行しない／することを客体が行う／行わないのは，実行の有無により主体から賞罰が下される可能性を客体が信じているからである．

上の3特徴のうち，(1)と(2)に注目すると，パワーは「コミュニケーションとコントロール」「通信と制御」に通用する．ここで前提になっているのは，主体が自分で仕事をするよりは，メッセージを伝える方がたやすいこと，メッセージを伝えなければ客体は主体にとって望ましいことをしないだろうことである．(1)の比重が小さくなる（明示的メッセージの欠如にいたる）と，客体の自発性がますます重要となり，主体に備わっているものは権力（パワー）から権威（オーソリティ）へと移動する．(2)について，客体側のメッセージの受け止め方は，たとえば脅迫されれば強要されたとなり，見返り（賞）を約束されれば取引に応じたとなり，説得されれば誘導された（納得した）というふうに異なってくる．(3)について，「賞」より「罰」が用いられるときは，パワーが効率的に作用することが前提になっている場合が多い．つまり，主体の思い通りになる確率が高い場合である（主体にとって望ましいことが実現すればするほど，賞を与えるコストが増えるのに対し，「罰」を与えるコストは増えないままである）．

以上をまとめたものが図表9-1である．主体・客体関係において，主体のパワーの大きさは，主体が客体に与え得る「賞罰範囲」，客体となり得る「対

象範囲」，客体が主体の希望に応え得る「実現範囲」など多次元的である．主体にとって「実現範囲」が大きいためには，実際に仕事をする客体の「能力」が高くなければならない．また，パワーの効率性には，主体のメッセージに対する客体側の「応答性」も重要な要素である．

権力関係の特徴が非対称性（主体の客体へのパワー）にあるのに，客体の能力が高いほど主体のパワーが大きく，また応答性が良いほど主体のパワーが効率良いというのは意外（直感に反する）かもしれない．たとえば，「能力」の高い客体は，主体が与えようとする「罰」に対する非脆弱性が高い可能性もあるので，主体の「賞罰範囲」を小さくするかもしれないし，自分の「応答性」を意図的に低めるかもしれない．また，能力の高い客体は，主客交替する状況下では，強大なパワーを持つ主体を演じることになるのかもしれない．

いずれにせよ，客体が非常に嫌っていることを無理矢理実行させることは，いかに主体のパワーが大きくても難しい．反対に，客体が協力的であればあるほど，パワーの効率は高まる．協力的な客体は，主体から具体的なメッセージが発出されなくても，主体が望んでいることを推し量って仕事をするかもしれない．客体にそのような自発性を引き起こさせるような主体には「権威」があると言う．

このような政治権力作動モデルの主体・客体は，機能的区別であり，政治主体のカテゴリーではない．国民は政治的主体であり統治の客体なので，自己統治（自治）というあり方が生じる．国家間関係（外交）においても，各国家は主体であると同時に客体でもある．

3　対立の類型

何が望ましいかは人それぞれである．各人が勝手にそれを実現でき，互いに干渉しなければ，政治は不要である．政治の場では（権力が行使されうる状況は），ある人の願望が実現されれば他の人は自分の願望を実現できない状態を前提としている．当事者の目標に焦点を当てて，相反的価値の追求状況とも呼ばれる状態である．完全に相反するような価値もあるだろうし，ある程度は共有可能な価値もあるだろう．いずれにせよ，当事者の間で利害関心が一致して

いない場合が生じていることを想定し，社会的意思決定の結果を踏まえた価値の権威的配分を必要とする状況である．このような状況を対立状況と呼ぶ．

　対立状況における当事者の間の関係は競争と紛争とに大別できる．当事者間で相互作用がない場合（競争）とある場合（紛争）に注目した分類である．スポーツ（勝敗・順位という対立・争点がある）でいえば，陸上競技は競争であり，球技は紛争である．弓道は競争で，柔道や剣道は紛争である．ここでは，もっぱら紛争タイプに属する対立状況を扱う．

　競争と呼ばれているが，実際には紛争の特徴を持っている対立もある．スポーツでいえば，自転車トラックレースの個人スプリントやケイリンが典型的だろう．国際関係で扱う重要な対立に，軍備拡張競争（軍拡競争）と呼ばれている紛争がある．たしかに，戦争＝武力紛争ではない．かといって，競争相手（仮想敵国）の軍備とは無関係に，軍備増強するわけではなく，相手の軍備（ないし軍備計画）に応じて自国の軍備水準を決める．そこには，相手の出方に対して反応するという意味での相互作用が存在している．競争と区別される意味での紛争の本質は相互作用であると言える．

　紛争における相互作用の性質に注目した類型論がある．すなわち，A. ラパポートによって提唱された闘技（Fights）・遊戯（Games）・討議（Debates）の3種類の区別である（図表9-2）．語呂合わせ的な名称の類型であるが，語呂合わせにこだわらなければ，格闘（ボクシング）・試合（ゲーム）・討論（熟議）などと言い換えても良いだろう．

　まず闘技とは，互いに相手の能力を減じさせようとし，あるいは相手より高い能力を獲得することにより，希少な価値（勝ち）を自分のものにしようとする相互作用である．相手の出方を妨害したり，相手を傷つけたりして，最終的には紛争当事者から排除する（降参させる，無害化する）ことをめざす．「息の根を止める」のが単なる比喩ではなく，文字通りの帰結になる場合もある．当事者間の物理的相互作用を伴うので，闘技を認める条件や闘技における規則が整備されていることも多い．「仁義なき戦い」にもそれなりのルールがある．また，「なぐったらなぐりかえす」といった反射的相互作用（刺激・反応の連鎖）としてモデル化されることも多い．戦闘における戦力消耗をモデル化したランチェスターの法則が有名である．なお，軍拡競争も，その根底には

	闘技	遊戯	討議
関係の相手	邪魔な存在	本質的な存在	二次的な存在
関係の基本	行動と反応	意思決定	認識と柔軟性
関係の特徴	機械的	合理的	心理的

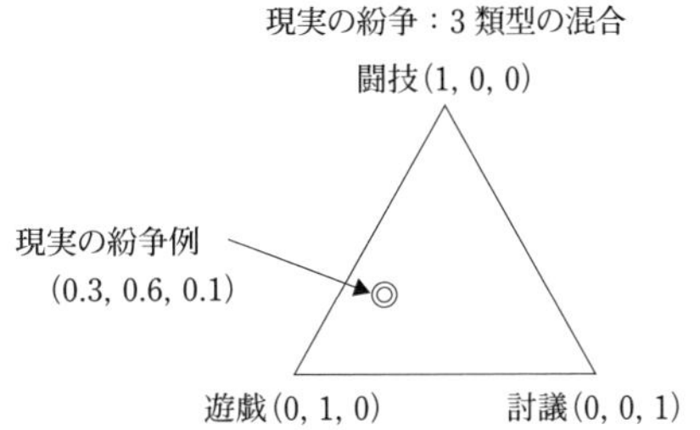

現実の紛争：3類型の混合
闘技(1, 0, 0)

現実の紛争例
(0.3, 0.6, 0.1)

遊戯(0, 1, 0)　　討議(0, 0, 1)

図表 9-2 紛争の3類型

「両雄並び立たず」という認識が共有されているとして，闘技の例に含まれることがある．L. リチャードソンのモデルが有名である（第11章2を参照）．

次に，遊戯である．遊戯では，当事者は互いに相手の自由な意思決定・行動を認め合いながら，自分の追求すべき価値を追求する．室内遊戯はだいたいこのタイプである．一対一の勝負が典型的であるが，それに限定されるわけではない．麻雀やカードゲームを思い起こせばよい．コントラクト・ブリッジのようにペアどうしのゲームもある．いずれも標準的なゼロサム・ゲーム（誰かが勝てば，必ず他の人が負ける）である．そのような狭い捉え方を批判したのが，T. シェリングである．彼は，完全な利害一致状況（全員勝ちか全員負け）でさえもゲームになり得るとして，非ゼロサム・ゲームについてのさまざまな見方と分析方法を提案した．今日のゲーム理論は一般的な非ゼロサム・ゲームを対象としている（その一部にゼロサム・ゲームを含む）．

最後に，討議である．これは，当事者の間のコミュニケーションを通じて，紛争の前提になっている対立状況を相対化することにより，紛争の決着をめざす相互作用である．互いに，自分の追求している価値を見直したり，想定して

いなかった選択肢に気づいたりすることで，紛争に対する見方が変わっていく．新しいルールや規範を共有するようになるかもしれない．大げさにいえば，互いに自分の世界観を変え得る相互作用である．そこでは，説得に対する納得，提案に対する受容，内省に対する包容などきわめて柔軟性の高いコミュニケーションが想定されている．必ずしも相手を論破したり説伏したりすることではない．なお，いわゆるディベートは，予め対立軸に沿って立場が対立するチームが自分たちの正しさや相手の間違いを指摘したり，互いに相手を論駁したりし，最終的に第三者に勝敗を判定してもらうものだが，ここでの類型でいえば，遊戯に分類されるべきものである．

　闘技・遊戯・討議の3類型は各々理念型であって，現実の紛争には程度の差こそあれ複数の理念型の特徴が混在している．図表9-2の下図は闘技3割，遊戯6割，討議1割からなる紛争を表している．

　人間（個々人から集団，組織にいたるまで）の相互作用は千差万別である．たとえばK. ボールディングの類型論によれば，相互作用には威嚇システム・交換システム・統合システムという3つの理念型があり，現実の相互作用はこれらの何らかの混合形態として理解できる．威嚇システムには強制の要素が，交換システムには互恵の要素が，統合システムには一体化の要素が特徴的である．政治は威嚇システムに顕著であるが，交換システムにもバーゲニング（売値と買値の駆け引き）があり，統合システムにも諍いや「村八分」がある．

4　国際システムの無政府性（アナーキー）

　国際社会は果たして社会と呼びうるのかといった問題提起の根拠として，あるいは国際社会は社会であるが他の社会と決定的に異なる顕著な特徴として，無政府性（アナーキー）があげられてきた．たしかに政治を運営する機関としての政府は欠如しているかもしれない．世界政府とか世界連邦と呼べるような制度・機関は見あたらない．とくに行政府（正統的統治機関）の欠如は明白である．しかし狭義の政治が行われないわけではない．むしろ，狭義の政治を集中して行う機関がないからこそ，狭義の政治は国際社会の中に遍在（偏在ではなく）している．

国家に埋め込まれた社会ならば，社会構成員どうしで生じた紛争の解決は，最終的に司法による判断と行政による実現によって保証されている．裁判外紛争解決手続（ADR）が近年，高く評価されるようになったが，国内社会では司法的解決の担保が存在している．国家間の紛争は，もちろん裁判によって解決されることもある．しかし当事者間の交渉・協議が一般的である．交渉・協議を通じての合意（コンセンサス）は，狭義の政治（社会的意思決定）の方法のひとつである．このことも国際社会で狭義の政治の占める重要性が大きいことに反映している．

　国際システムにおいて，紛争解決の基本は当事者主義である．主権国家どうしの相互作用による決着が基本である．主権国家の数はたかだか200程度である．日本の国会と比べると，衆議院の半分以下で，参議院よりも小規模である．それほど複雑な制度は必要ない．国家間の紛争において政治的解決が重要だということは，とりもなおさず，外交が重要だということである．外交交渉の結果，当事国の合意（紛争の決着）が条約という形（名称はさまざまだが）で明確になる．国際システムでは，合意＝条約が国際システムの法（国際法）の一部を構成している．まさに，「pacta sunt servanda（合意は拘束する）」である．この制度はヨーロッパを中心とした長年の伝統があるが，近年ウィーン外交関係条約やウィーン条約法条約のような形で明文化された．

　もっとも，国際社会における狭義の政治がすべて二国間で行われているわけではない．とくに，個々の具体的な紛争処理ではなく，国際社会の法典作りは，国際連合を舞台にして行われている．具体的には国連国際法委員会が起草し，各国が締結することによって，国際社会を律する法となる．上記の外交関係条約や条約法条約もその類である．締約国になっていなくても（合意の明示的な意思表明がなくても），法の効果が及ぶという点では，統治の側面が萌芽的に現れているのかもしれない．

　国際社会に政府が存在しないことは，役割としての権力の座が少ないことを意味している．政治をめぐる制度が未発達なために，役職の名称ではなく，国家の固有名詞が重要な意味を持つことが多い．たとえば，「国際の平和と安全」を維持するのは国連の主要任務であるが，その責任を果たすべき安全保障理事会のメンバー（理事国）のポストはきわめて重要である．しかし，その常

任理事国は，メンバーシップ（就任資格）によって決まっているのではなく，固有名詞による名指しである．いうまでもなく，五大国（P5）がそれである．国際システムにおいて，一方では主権平等が原則として確立しているが，他方では「大国」は単に事実としての大国という存在ではなく，未発達とはいえ，政治制度の中で特権的な地位を得ている．国際システムにおいて，個別具体的な国家が注目され，国家属性概念としてのパワー（勢力，力量）が注目される．すなわち，一般的な実現範囲の実現確率（パワーの効率）の高さ，一般的な賞罰範囲の大きさ，一般的な対象範囲の大きさなどが取り沙汰されるゆえんである．

　要するに，主権国家システムにおける紛争は，大別して（1）武力（戦争），(2) 司法，(3) 政治（外交）のどれかによって決着する．まず，武力による解決は，国家間で平和的な解決が不可能な場合の伝統的な方法であった．正当な手続きを経て戦争状態に入ると，互いに相手に損害を与える戦闘が行われ，やがて疲弊して，休戦や降伏によって戦闘が終結し，やがて講和にいたる．講和に際して戦前の紛争が解決されるのである．したがって，戦争で勝利するために，あるいは他国による武力行使を抑止して戦争に陥らないために，国家は軍事力の強化と国力の増進を重要な課題として位置づけてきた．第二次世界大戦以降は，国連憲章によって武力の行使や武力による威嚇は禁止されている．もちろん現実問題としては，武力紛争は今日でも発生しているが，第二次大戦前と比較すると戦後は国家間の戦争はかなり減っており，講和による紛争解決の例はさらに少ない．国家間の紛争を武力によって解決することが試みられにくくなっているのはたしかである．

　次に，司法的解決については，その徹底こそが主権国家間関係を平和にするという主張は時代を超えてしばしば唱えられたが，19世紀末の常設仲裁裁判所（今日まで存続），第一次大戦後の常設国際司法裁判所，そして第二次大戦後に引き継いだ国際司法裁判所（ICJ）と徐々に制度化が進んできた．ICJの管轄権は一般的でも強制的でもないので，処理される紛争は限られているが，かつては戦争によって解決されるのが普通だった領土紛争（領有権紛争）もICJの判断を仰ぐ例が増えている．

　武力による解決や司法による解決と比較して圧倒的に重要なのが外交による

解決である．今日の国際システムが無政府的であるという特徴は，従来，戦争の不可避性と結びつけて論じられてきた．しかし同時に，無政府性は外交という政治過程の重要性と強く結びつけて考察されるべきであろう．特に，国家が，相手国（あるいは国民）の消滅を目的にするのではなく，自国の利害関心を相手国との関係において追求することを目的としているのであれば，武力という最終手段に訴える結果になるのは，外交の失敗というべきであろう（国民の利益追求という観点からの外交については，第6章を参照）．

*5　戦争論

　主権国家システムにおいて戦争は不可避と考えられてきた．しばしば引用されるクラウゼヴィッツの『戦争論』の中の有名な語句を意訳すれば，「戦争は，平時における政治の延長として位置づけられる，暴力的手段をともなう選択肢である」となる．同書の出版から200年近くたった今日，平和愛好国から構成される国際連合の下の集団的安全保障制度があるものの，それが現状のように不十分・不完全かつ非効率である限り，最終的には各国家は自助・自救に頼らざるを得ないという点では，紛争解決手段としての武力・軍事力の有用性は減ったかもしれないが，相変わらず国家が武力を保持することには一定の合理性が存在している．そして今日でも，戦争の危険性や戦争に陥る危機は世界各地に存在しているし，集団安全保障が一層制度化したとしても，侵略などを抑止できなければ自衛や制裁としての武力行使が想定されることになる．

　戦争をめぐる議論は，大別して（1）戦略家の見方（どうしたら戦争に勝てるのか），（2）外交家の見方（どうしたら戦争を防げるのか），（3）分析家の見方（なぜ戦争は起こるのか）に分けられる．たとえば戦略家の見方として，クラウゼヴィッツ自身は，国家目的の手段としての戦争に勝利し，目的を達成し得るかどうかを左右する要因として，国民の感情（敵対国・国民に対する憎悪，自国に対する忠誠），政府の意図（国益を追求し，必要に応じて戦争をも選択しうる），軍隊の能力（戦闘遂行力，敵軍破壊力）を挙げている．『孫子』には，「彼を知り己を知れば百戦して殆うからず」という有名な格言があるが，本質的には「百戦百勝は善の善なるものに非ざるなり，戦わずして人の兵

を屈するが善の善なるものなり」とする．

　本節では，最後の観察家の見方について概観しよう．戦争が起こる理由をさぐる営為として，(1) 人間（人間性・国家指導者）に注目する立場，(2) 国家（国民・社会）に注目する立場，そして (3) 国家間関係のあり方・主権国家システムに注目する立場の3つに大別できるだろう．戦争に関心を持ってきたのは国際関係論だけではない．戦争は，集団的・組織的な殺し合いという非日常現象として，さまざまな学問領域で問題とされてきた．以下では，どのように扱われてきたのか簡単に紹介しよう．

　まず，人間（人間性・国家指導者）に注目するものとして，生物学と心理学を取り上げよう．生物学からは，生物としてのヒトに注目する立場からの戦争原因論がある．まず，個体識別と不可分の攻撃性（愛憎・好悪）を抑制するメカニズムが種としてのヒトに欠如していることに根本原因を見ようとする主張がある．次に，個体あるいは集団としてなわばりを保持しようとすることから対立が生じるという説がある．なわばりはテリトリーであり，領土と意味的に等価なのである．さらには，ヒトも階層をもつ社会的動物であり，社会的順位（ニワトリで最初観察されたのでペッキング・オーダーという）が富や名誉といった希少価値の配分と結びついて争いが生じるという説もある．また，心理学からは，もっぱら政治指導者の人格の問題と結びつけて論じられてきた．権威主義的性格の持ち主は下位に見下す人たちには妥協を拒み攻撃的になりやすく，上位と見なす人たちには服従的になるという説明から，とくに全体主義の政治体制による好戦性を説明しようとした．他方で，人格形成期に生じた心理複合（とくに劣等感）や社会生活で生じるさまざまな葛藤（一人の中で生じる紛争状態）が重大な岐路で戦争という手段を選択させるという説も出された．このような，生物種としてのヒトの特性や個人の心理や性格に戦争原因を求める立場に対しては，発達した組織が文明の一形態として行う戦争の説明にはならないという批判・反論がなされてきた．

　次に，国家（国民・社会）に注目する立場を見てみよう．人類学は，非国家社会（未開社会）でも戦争（集団間の組織的殺し合い）が広く観察されることに注目し，狩猟の延長としての戦争や異なる共同体の間の儀式的戦争について論じてきた．そして社会の秩序化（首長の権威付けと内部の平和）に他者との

図表 9-3　相互作用としての戦争観

○正邪（善悪）二元論
　理屈：衛正斥邪，聖戦，正戦，エスノセントリズム，ショービニズム
　現象：十字軍，懲罰・制裁，ジェノサイド，民族浄化
○相互作用（因果連鎖）
　作用・反作用：軍拡競争，エスカレーション，動員の連鎖
　刺激・反応：敵意の増幅，脅威の増幅，安全保障のジレンマ
○相互依存（ゲーム）
　ゼロサム：国運，勝負，領土不可侵，相対利得
　非協力：抑止，交渉，計算ミス，不確実性
○必然（トレンドと契機）
　経済発展：海外依存，資源確保圧力，緊張累積，突発事件
　地位向上：跛行性，拡張主義，既得権への挑戦，不均衡解消
　不平等構造：搾取，不満蓄積，不満爆発
○諸行無常（長期的変動）
　栄枯盛衰：覇権安定，覇権交代，盛者必衰，台頭・挑戦，防衛的先制
　文明の生命：勃興，爛熟，衰退，文明間の衝突

戦争が必要であるという説明もされた．さらには，非日常的なエネルギーの発散機能として祭と戦争を捉える見方もある．このような戦争観が，主権国家間の戦争にまで延長できるのか，特に20世紀の2つの戦争をも説明できるのかどうかについて異論が出されているが，破綻国家で生じる内戦やジェノサイド・民族浄化に通じるところがあるという議論もある．社会学からは，人口構成が戦争の原因になるという説が出された．とくに若年人口の増加（乳幼児死亡率の低下）が社会を戦争に駆り立てる傾向にあるという．一国の経済的要因から戦争を説明する一群の研究もある．資本主義の発展と戦争との相互関係は，レーニンの『帝国主義論』以外にも，さまざまな角度から（マルクス主義を批判する立場からも）指摘されてきた．

　最後に，国家間関係のあり方・主権国家システムに注目する議論は，当然だが，国際関係論で多く見られる．たとえば，K. ウォルツは，戦争の起こる本質的原因について，無政府システム（ホッブズのいうところの自然状態）が国家に戦争をさせると論じた．K. ドイッチュは，無政府システムでも安全共同体（不戦共同体）は成立しうると証拠（米加関係，北大西洋共同体）をあげる一方で，国家の自制（セルフ・コントロール）の失敗を含む対立制御の失敗に戦争原因を求めた．

図表 9-4　戦争のべき乗則

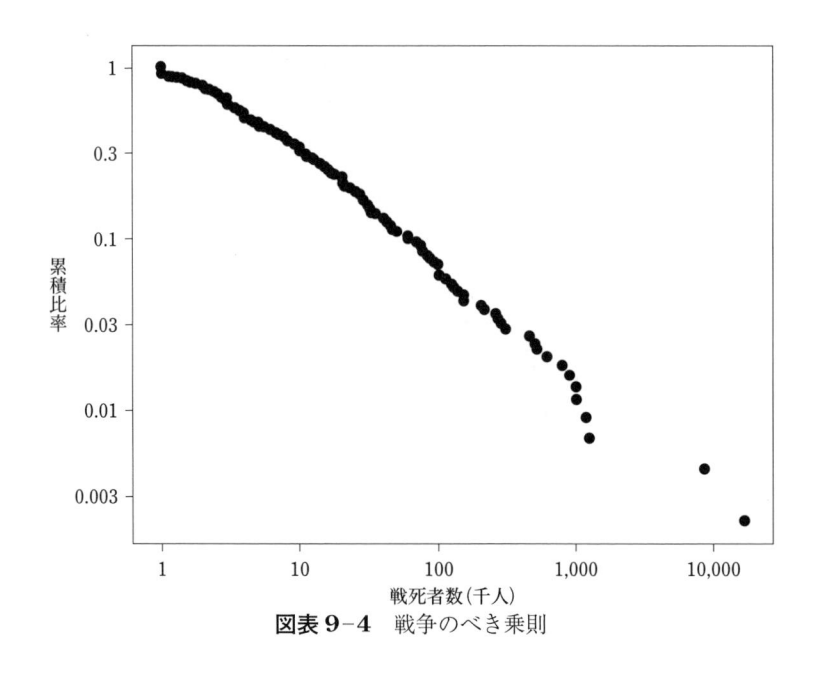

　国際関係論の基本的な見方は，一方の国家に「肩入れ」することなく，問題の本質を関係として捉えるところにある．関係性をどのように認識するかという点に注目して，図表9-3のようなキーワードのリストを作成した．ここでは詳述しないが，きわめて多様な側面から戦争を捉えてきたことが分かるだろう．なお，合理的選択理論（ゲーム理論）の浸透によって，戦争原因も，また互いに対立している国家の各々の損得勘定と思惑から説明しようとする試みが増えている．悲惨な戦争体験の蓄積にも拘わらず，クラウゼヴィッツにまで先祖返りした観がある．なお，戦争を始めるより戦争を終わらせる方がはるかに難しい，という観点から，講和をもたらす条件についての研究も少ないながら存在する．

　戦争には特別な原因などない，という極端な主張を支持するデータもある．リチャードソンの『死闘の統計』によれば，さまざまなタイプの死闘で「べき乗則」が観測されるという．べき乗則（事象のべき乗分布）は，両対数グラフにデータをプロットすると主要部分が直線になるという特徴をもつ．このような分布は，対象となっている事象に平均的な事例というものがなく（スケー

ル・フリー），直感的には起こり得ないような例外事象も現実には起こり得るということを表している．ここでは，リチャードソンの戦争データをさらに拡充して，ウィーン会議後の1816年以来の戦闘員の死者数1,000人超の戦争・内戦全446件がべき乗則に従っていることを図示した（図表9-4）．横軸で1000万人規模のあたりにある2つの点が第一次と第二次の世界大戦である．数万人以下の戦死者を出す戦争・内戦が全体の約9割を占めるが，100万人以上の戦死者を出す戦争・内戦も全体の1％程度あることを表している．

第10章　外交ゲーム

　　　　外交は国家間関係の基本である．国際会議における会議外交は近年その重要
　　　性を増しつつあるが，ここでは，二国間の外交を表現・分析するゲーム理論
　　　的なモデルを提示する．ゲーム理論はきわめて緻密で洗練された理論であり
　　　強力な分析道具になり得るが，それゆえに，現実の外交関係に適用しようと
　　　すると，果たして妥当かどうか曖昧な前提や仮定を置かざるを得ない場合も
　　　多い．そこで，分析力は弱いが適用に際して頑健な枠組（序数効用2×2ゲ
　　　ーム）を用いることにする．この章では「ゲーム」とか「ゲーム・モデル」
　　　とか言えば，この枠組を指す．必要に応じてもっと強力な分析ができる仮定
　　　を追加する場合もある．

1　外交からゲームへ：合理的意思決定と対外政策決定

　二国間外交の仕組みを単純化し，それをゲーム・モデルに翻訳する作業から始めよう．

　まず，実際の外交を可能な限り単純化（外交モデルの構築）しよう．モデル化の出発点は，外交関係では各国政府（行政府）は国民的利益（国益）を追求するという想定である（図表10-1）．言い換えると，自国にとってなるべく望ましい結果を実現しようと，手持ちの外交手段（政策代替案）からどれかひとつを選択する（対外政策決定）．以下では単純化のために，選択肢は2つあり，どちらかを選ぶものとしよう（二者択一）．両国ともこのような行動をとって，結果的に両国の政策から引き起こされる現実が外交関係の帰結になる．所与の国益にしたがって，政府は国益を追求すべく政策を決めるが，望ましい結果が生じるかどうかは相手国政府の出方（政策）に依存しているのである．自分の行動（政策）だけでは将来の結果が定まらない状況に，両国とも置かれている．

　このような状況に置かれた両国にとって，将来の帰結は4つの可能性があ

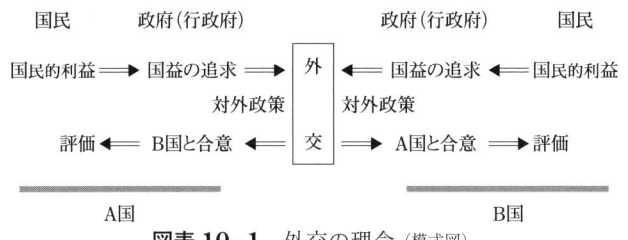

```
国民        政府(行政府)              政府(行政府)      国民
国民的利益 ⟹ 国益の追求 ⟶ ┌──┐ ⟵ 国益の追求 ⟸ 国民的利益
                         │外 │
             対外政策     │  │  対外政策
                         │交 │
   評価 ⟵ B国と合意 ⟵ └──┘ ⟹ A国と合意 ⟹ 評価
━━━━━━━━━━━━━━━━━━        ━━━━━━━━━━━━━━━━━━
       A国                        B国
```

図表 10-1 外交の理念（模式図）

る．A国の選択肢を＋と－，B国の選択肢を○と×とすると，（＋，○）（＋，×）（－，○）（－，×）という4つの組み合わせのどれかになる．この状況での国益とは，可能な4状態についての選好順序のことである．「選好順序」とは，この場合，最善，次善，次悪，最悪というふうに，4状態を（同順位を許さずに）順番に並べることができることを意味している（強い順序選好）．ここで，選好順序（つまり国益）は，最悪を1と表し，次悪を2，次善を3，最善を4という具合に序数（順序数）で表すことにしよう．国益追求とは，最悪（1）よりは次悪（2），次悪（2）よりは次善（3），次善（3）よりは最善（4）の状態が起こるように，Aならば＋か－を，Bならば○か×を選択することを意味している．Aの順序（国益）とBの順序（国益）は，一般には一致しない．つまり利害対立があり，紛争状態にある．

　さて，以上のような外交モデルは，ただちにゲームに翻訳することができる．以下では，耳慣れない用語が立て続けに登場するが，その意味と利用方法は次節で慣れていくことにしよう．ゲームの用語法では，A・B両国政府をプレーヤと呼ぶ．プレーヤが2のときは「2人ゲーム」というが，プレーヤは「人（ヒト）」とは限らない．両プレーヤとも二者択一の状況に置かれているので「2×2ゲーム」と呼ぶ．プレーヤの選好（効用，利得ともいう）は，順序だけがはっきりしているので，序数効用と言い換えられる．以上のような特徴を持っているゲームなので，「序数効用2×2ゲーム」ということになる．

　ゲームは，各プレーヤの選択肢（各2）の組み合わせ（計4）と，各組み合わせについての各プレーヤの選好順序で規定される．これを「ゲームの構造」と呼ぶ．ここでは，図表10-2のように表現する．つまり，プレーヤAの選択肢を縦に並べ，Bの選択肢を横に並べる．各マスの中の左側の数字がAの選

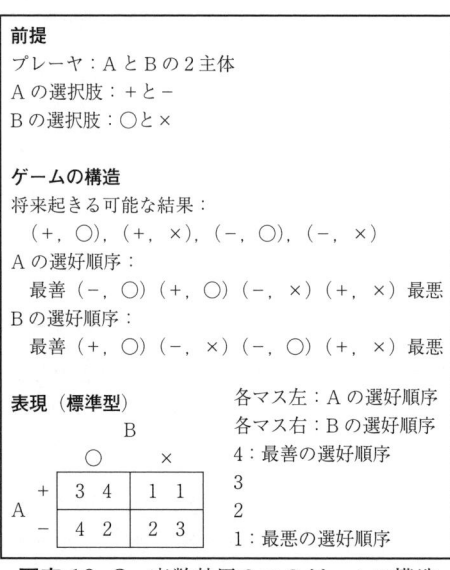

> **前提**
> プレーヤ：AとBの2主体
> Aの選択肢：＋と－
> Bの選択肢：○と×
>
> **ゲームの構造**
> 将来起きる可能な結果：
>   (＋, ○), (＋, ×), (－, ○), (－, ×)
> Aの選好順序：
>   最善 (－, ○) (＋, ○) (－, ×) (＋, ×) 最悪
> Bの選好順序：
>   最善 (＋, ○) (－, ×) (－, ○) (＋, ×) 最悪
>
> **表現（標準型）**
>
> | | B ○ | B × |
> |---|---|---|
> | A ＋ | 3　4 | 1　1 |
> | A － | 4　2 | 2　3 |
>
> 各マス左：Aの選好順序
> 各マス右：Bの選好順序
> 4：最善の選好順序
> 3
> 2
> 1：最悪の選好順序

図表10-2 序数効用2×2ゲームの構造

好順序を，右側の数字がBの選好順序を表している．このようなゲームの構造の表現方法を「標準型」とか「行列型」とか呼ぶ．

ゲームにおける意思決定（択一）の基本が合理的意思決定と呼ばれている決め方である．合理的かどうかという点は，自分の意思決定にのみ関わっている．つまり，選好順序がどうなっているかは，好みの問題であって，合理性とは無関係である．また，相手の選好順序や意思決定についても，とくに構わない．ここでは3つの互いに関係する合理的意思決定の考え方を紹介する．

(1) 支配戦略．相手がどちらを選択をしようとも，自分の選択肢がひとつに決まっている場合，その選択肢を支配選択肢と呼ぶ．常にあるとは限らないが，もし支配選択肢があれば，それを選択すべし，というのが支配戦略である．（図表10-2のゲームで，AにとってBの出方が分からないとき，Bが○を選べばAは－を選び（3より4が良い），Bが×を選んでもやはり－を選ぶ（1より2が良い）．したがって，Aにとり－が支配選択肢で，Bの出方に関係なくAは－を選べばよい．他方，Bにとってはそのような選択肢がない．）

(2) 最悪回避戦略．最悪の状態が決して生じない選択肢が必ずある．どのような場合でも必ずあるので，それを選択すべし，というのが最悪回避戦略である．(図表10-2では，Aにとっては−，Bにとっては○が最悪回避選択肢である．)

(3) 最適対応戦略．相手の選択に対応して，自分の選好順序を高める方の選択肢を選ぶべしという戦略である．(1) や (2) と異なり，どれかひとつの選択肢を選ぶべしという指針になっていない．その意味で，必ずしも具体的な択一指針になっておらず，最適対応選択肢と呼べるようなものがあるとは限らない．(図表10-2では，AにとってBが○なら−を，Bが×でもやはり−を選ぶことが最適対応戦略である．一方BにとってAが+なら○をAが−なら×を選ぶことが最適対応戦略である．)

なお「戦略」とは，合理的意思決定を意味する選択指針というような意味である．とりあえず図表10-2で3つの戦略を比較してみよう．まず (1) と (2) の関係である．もし支配選択肢があれば，それは必ず最悪回避選択肢である (Aにとっての−)．したがって，最悪回避戦略を採用していれば，もし支配選択肢があれば自動的に支配戦略を採っていることを意味している．つまり，(2) は必然的に (1) を含んでいるので，(2) さえ考えていれば良いということになる．次に (1) と (3) の関係である．もし支配選択肢があれば，最適対応戦略を採用した場合，相手の選択に応じて自分の選ぶべき選択肢が変わるという事態にならず，常に支配選択肢を選ぶことになる (Aにとっての−)．言い換えれば，(1) は (3) の特別な場合ということになる．自分に支配選択肢がなくても相手に支配選択肢があれば，相手はそれを選択する (支配戦略をとる) という仮定の下に，最適対応戦略は択一を可能にする (Bにとっての×)．最後に (2) と (3) の関係である．(2) は必ずしも (3) になっていない．(3) は必ず最悪の結果を回避するという意味では (2) と通じているが，最悪回避選択肢を選ぶべしという意味ではないので (2) と同等ではない (×はBの最悪回避選択肢ではない)．

さて，両プレーヤとも二者択一すると，4つの可能性のうちのどれかが実際の結果として決まる．その結果を「解」という (均衡解ということもある)．とくに，両プレーヤとも最悪回避戦略を採った場合の解を「自然な解」とい

う．他方，ある結果が両プレーヤにとって最適対応戦略を採った結果になっている場合，その解を「ナッシュの解」という．解が決まったとき，相手の選択を所与として，自分の選択を変える誘因がない場合（つまり変えても自分の効用が高まらない場合），その解は安定的であるという．ナッシュの解は必ず安定的であるが，自然な解は必ずしも安定的ではない．

　以上の説明は抽象的で分かりにくいかもしれないが，3つの戦略や解の概念について，次節以降で具体的に説明する．

　合理的意思決定の考え方は，煎じ詰めれば最適対応に落ち着きそうであるが，最悪回避も使い勝手の良い戦略である．なぜなら，最悪回避戦略にしたがって択一決定する上で，相手の効用（選好順序）についての知識が不要だからである．相手に2つの選択肢があり，それが自分の効用を左右することが分かっていれば十分である．自分の効用は分かっているという前提は，どのような状況であっても認めて良いだろう．他方で，相手の効用が分かり，相手が最適対応戦略を採ると分かっても，一般的には，自分の最適対応戦略は択一選択の指針になるとは限らない．政策決定に際しては，相手国政府がどのような出方をするのか知り得ない場合もあるだろうし，交渉のようにコミュニケーションを通じてさまざまな情報（偽情報を含む）が行き交う場合もある．最適対応と最悪回避というふたつの異なる考え方を使い分ければ国家間関係にゲーム・モデルを使う際に，基本的前提を変えることもできる．ゲームの前提については，次節以降で徐々に触れていく．

　果たして，対外政策決定過程に，この程度の合理的意思決定をモデルとして適用可能だろうか．まず，国益（選好順序）が想定でき，政府は国益を追求しようとしているのだろうか．この問題については，大前提として認めても良いであろう．このことは，国家を一枚岩として想定できるということを意味しない．むしろ，国家による意思決定が，大きな組織として行われていることから，政治家や官僚個々人の好みなどが恣意的に国益として設定されにくいだろうし，どの選択肢を選ぶかについては政策決定過程においてさまざまな角度から吟味されるだろう（第6章を参照）．そのような相互チェックが，国益の検討，選択肢の善し悪しの評価，相手国の出方の想定などについて慎重に行われ，その結果として意思決定にある程度の安定性と信頼性と論理性とをもたら

すと想定するところから分析を始めることは許されるであろう．

　外部から分析する立場に立つと，ゲーム・モデルは，分析対象となっている外交関係のマクロで定性的な性格を明らかにしてくれる．もちろん，ある国家の国益がどうなっているのかを見極めることは容易ではないし，ほんとうに政策決定が合理的に行われているのか確かめる術もない．しかし，4つの可能な状態を順序づける作業に必要な想定（仮説）をすることは不可能ではないだろう．仮に一部分（たとえば，どちらが次善でどちらが次悪か）不明な点があっても，両方について並行してモデル分析を進めれば良い．また，実際の選択とモデルにおける合理的選択とにずれがあれば，合理性を仮定して国益認識についての推測をする（たとえば降伏より玉砕の方を選好していたとか），国益を前提にして選択基準についての推測をする（たとえば最悪回避ではなく「いちかばちか」とか「清水の舞台から飛び降りる」とか）など，さまざまな角度からの使い道が残っている．

2　ゲームの構造と特徴：いくつかのタイプ

　国際関係でよく用いられるゲームには，ニックネームがついているものがある．この節では，合理的意思決定の考え方と解の求め方に慣れることを目的にしながら，有名なゲームを4つ取り上げて概観することにしよう．名前の由来の説明は省略するが，いずれも1950年代には紹介されている．

　まず，「囚人のジレンマ」を取り上げよう．国際政治では，軍拡競争の比喩に用いられる．A・B両国は，軍縮する（A：＋，B：○）か，軍拡する（A：－，B：×）という選択肢がある．両国にとって，最善は相手が軍縮・自国が軍拡，次善は双方軍縮，次悪は双方軍拡（軍拡競争），最悪は相手が軍拡・自国が軍縮である．囚人のジレンマは，図表10-3(a)のような構造をしている．

　このとき，両国とも支配選択肢がある（A：－，B：×）．したがって（－，×）は自然な解であると同時にナッシュの解である．要するに，両国にとって，双方軍拡（－，×）より双方軍縮（＋，○）の方が望ましいにも拘わらず，結果的に軍拡競争になってしまう．各国が合理的に意思決定していても，両者にとってあまり望ましくない結果を招来してしまう．ここがジレンマと呼

	B ○	B ×
A +	3　3	1　4
A −	4　1	2　2

(a) (囚人のジレンマ)

	B ○	B ×
A +	3　3	2　4
A −	4　2	1　1

(b) (弱虫，腰抜け)

	B ○	B ×
A +	4　4	1　3
A −	3　1	2　2

(c) (協調，鹿狩り)

	B ○	B ×
A +	4　3	2　2
A −	1　1	3　4

(d) (恋人同士の諍い)

図表10-3　2×2ゲームのタイプ

ばれているゆえんである．

　軍縮条約が守られにくかったり，温室効果ガス排出削減でなかなか合意できなかったりする背景として，この種のジレンマの存在が指摘されている．また，公共財が提供されにくいことや「ただ乗り」が生じやすいことの説明にも用いられる．国際関係に限らず，社会に埋め込まれた難題（個々の主体の合理性は社会にとっての善にならない）として，囚人のジレンマ的状況はいろいろな場面に登場し，また研究者の関心を集めてきた．

　次は，「弱虫（腰抜け）ゲーム」である．冷戦期のアメリカとソ連の対立構造の説明に使われた．A・B両国（Aをアメリカ，Bをソ連としよう）は，相手を核攻撃しない（A：+，B：○）か，核攻撃する（A：−，B：×）という選択肢がある．核戦争（−，×）は両国にとって最悪であり，一方的な核攻撃によって相手を降伏させる（Aにとり（−，○），Bにとり（+，×））が最善である．このゲームは図表10-3(b)のような構造をしている．

　この場合，どちらにも支配選択肢はない（AにとってBが○なら−，×なら+で，Bにとっても同様）．自然な解は（+，○）であるが，不安定である．相手が最悪回避戦略を採って核攻撃しないならば，それに対する最適対応戦略は核攻撃だからである．ナッシュの解は（−，○）と（+，×）である．

　現実の国際関係では，アメリカはソ連に対して核の先制不使用を約束する（+，○）とともに，ソ連の核攻撃に対しては核の報復をする（−，×）と宣言した．これは相互確証破壊（MAD）戦略と呼ばれるものである．アメリカ

は，自国は非合理的に行動する（（＋，○）か（−，×））が，ソ連はアメリカの非合理的意思決定を信じて合理的な対応をする（＋，○）ことを期待したことになる．それゆえ，MAD戦略は倒錯した理論であるとの指摘もなされた．この戦略が実効的であるためには，報復力（第二撃能力）を保持する必要があるが，それが戦略ミサイル原子力潜水艦の主要任務であった．他方で，相手の核攻撃を有効に防御できるようになると相手は核の先制不使用に関する自国の約束を信じなくなる危険性が高まるということから，互いに迎撃ミサイルを制限して（弾道弾迎撃ミサイル制限条約（ABM条約）の締結）意図的に相互に脆弱な状況を作り出した．一般的に，瀬戸際政策の効果いかんは，強気のメッセージ（目には目を）の信頼度に依存している．弱虫ゲームは，こうした状況を表現したものとも考えられてきた．

「協調（調整）ゲーム」に移ろう．「鹿狩りゲーム」とも呼ばれる．これは，両国が互いに協力すれば（＋，○）最善である（大きな獲物――鹿――を倒せる）が，自国が協力しないでも次善（目の前の兎をつかまえる）になる場合である．このゲームは図表10-3(c)のような構造をしている．

弱虫ゲームと同様に，どちらにも支配選択肢はない．自然な解は（−，×）で，両国にとり次悪であるが，安定的である．他方，ナッシュの解は（−，×）とともに（＋，○）もそうである．相手がどんな行動をとるか分からなければ仕方がないが，相手が協力すると分かっていれば，自国は協力した方が良い．また，自国が相手に協力すると約束すれば，相手も協力してくれることを疑う理由はない．コミュニケーションが実現できれば，安定的な協力関係（両者にとって最善）が実現できる．

最後に「恋人同士の諍い」を取り上げる．国際関係に「恋人同士」のような特別な関係はあまり見あたらないかもしれないが，世界標準をめぐる対立はこのタイプである．A・B両国とも世界標準が定まれば規模の経済の利益を被るが，どうせなら自国の標準に相手が合わせてくれる方が良い．自国標準に執着する選択肢はAにとり＋，Bにとり×とする．相手の標準に合わせることを各々−，○とする．Aの標準に合わせる結果は（＋，○），Bの標準に合わせる結果は（−，×）となる．Aにとっては（＋，○）が最善で（−，×）が次善である．Bにとっては最善と次善が入れ替わる．現状（＋，×）は両国に

とって次悪である．このゲームは図表10-3(d)のような構造をしている．

やはり，どちらも支配選択肢はない．自然な解は（＋，×）（現状）である．ナッシュの解は（＋，○）と（－，×）である．この2つあるナッシュの解は，どちらも自然な解より両国にとって望ましい．しかしナッシュの解だけに注目すれば，A・B両国の間で利害が相反している．諍いが生じるゆえんである．そこで，決裂すれば両国とも次悪の状態が続くことを念頭に置いて，ナッシュの解のどちらを実現するのかの交渉が生じる．合意が達成されれば，安定的である．

本節で紹介した4種類のゲームはいずれも非ゼロサム・ゲームである．非ゼロサム・ゲームは，この4種類に限らない．序数効用2×2ゲームは，ゲームの構造の質的な違いによって分類するのに適している（ここでのような前提をおくと78種類に限られる）．また，選好順序さえ分かれば（推測できれば）応用できるので，無理に精緻な（非現実的な）仮定を置く必要がないという長所もある．具体的な国際関係をゲーム論的に記述しようとする場合に，ここで紹介した有名な4種類のどれかに無理矢理当てはめることをしてはならない．

3　脅迫ゲーム：先手と後手を区別する

争点によっては国際紛争はゼロサム的になり，合意成立が困難な場合もあるだろう．非ゼロサム的でも，合意が安定的（一旦合意すれば，裏切る（約束違反する）誘因がない）かどうかは，ゲームの構造に依存するところが大きい．しかし，外交とは合意にいたる技術である．戦争を終わらせ平時に復帰する講和にも，戦勝国と敗戦国との外交がある．本節では，交渉を通じて合意にいたる過程（交渉ゲーム）の準備として，脅迫ゲームを取り上げる．

交渉は，双方向のコミュニケーションである．そこでやりとりされるメッセージには，応報的な要素が含まれていることが多い．すなわち，BがAに対して「Aが＋を選べば自分は○を出すが，－ならば×を出す」というメッセージを出すといった具合である．ここでは，まず一方向のみコミュニケーションが許されている場合のゲーム（脅迫ゲーム）を考察する．交渉は，脅迫ゲームの組み合わせである．

(a)
	B ○		B ×	
A +	3	?	1	?
A −	4	?	2	?

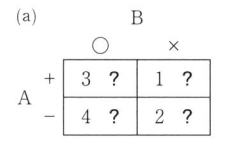

(b)
	B ○		B ×	
A +	3	4	1	2
A −	4	1	2	3

図表 10-4 脅迫ゲームの構造

　ここで，Aが脅される側で，Bを脅す側としよう．脅迫メッセージはBからAに対して一方的に出されるものとする．そして，脅迫されたAが先に意思決定をし，それを見てBが意思決定をする．つまり「先手・後手」の区別があるゲームという新しいタイプのゲームである（この場合はAが先手でBが後手になる）．選択については，両プレーヤとも二者択一を仮定しよう（序数効用2×2ゲーム）．AはBの脅迫に屈する（＋）か逆らう（−）．BはAの出した手に応じて，見逃す（○）か危害を加える（×）．Aにとり脅迫を受けるような状況は次のような場合だろう．

　(1) 逆らっても見逃してもらえる（−，○）が最善である．
　(2) 逆らって危害を加えられる（−，×）よりは言うことを聞いて見逃してもらえる（＋，○）方が良い．
　(3) 言うことを聞いたのに危害を加えられる（＋，×）のが最悪である．

　このような選好順序をゲームの標準型で表すと図表10-4(a)のようになる．Bの脅迫は，＋なら○，−なら×という内容なので，Aは（＋，○）と（−，×）を比較して，＋を選択することになる．

　しかし話はこれで終わらない．そもそも＋を選択することは最悪回避戦略ではない．（＋，×）の可能性を排除していないからである．さらに，Aにとって−が支配選択肢になっている．つまり相手の出方に拘わらず，逆らった方が良いというゲームの構造になっている．それでは，＋は最適対応戦略になっているのだろうか．実は，Bの選好順序が分からなければ，判断できない．BのメッセージをAが信じる根拠はどこにあるのだろうか．

第10章　外交ゲーム　181

ここで，脅迫する側（B）の選好順序とそれを脅迫される側（A）が知っているかどうかが問題になる．たとえば（＋，×）が最善な場合，Bのメッセージは自分は合理的意思決定をしないと言っているのに等しく，つまりは「嘘」かもしれない．これをAが知ったなら，－を選択するかもしれないので，Bは自分の選好順序をAに知られない方が良いことになる．しかしBにとって（＋，○）が最善な場合には，Bは自分の選好順序をAに知らせて，Aにメッセージを信じてもらうのが望ましい．そこで，脅迫に信憑性があるBの選好順序は，おそらく次のようになる．

(1) （＋，○）が最善である．
(2) （－，○）が最悪である．
(3) （＋，×）より（－，×）の方が良い（無抵抗のAに危害を加えるのはしのびない）．

　Bの選好順序がこのようなものだとすると，ゲームの構造は図表10-4(b)になる．このような状況になっていることを両プレーヤが知っているものとする．
　後手のBの最適対応戦略は，文字通りAの選択に対して自分の選好順序を高くするような選択肢を選べば良い．すなわち，＋に対しては○，－に対しては×である．言い換えれば，脅迫メッセージそのものである．これに対し，先手Aにも最適対応戦略がある．Aは，後手Bの対応を予測するので，（＋，○）と（－，×）を比較して，＋を選択することになる．ここで注意を要するのは，AはBのメッセージを信じたのではなく，後手Bの選好順序に基づいた推論（Bは最適対応戦略を採るに違いない）に従っていることである．結局，（＋，○）が解となる．先手・後手の区別があるゲームで，プレーヤが最適対応戦略を採った場合の解を「シュタッケルベルクの解」と呼ぶ．当然，後手は先手の選択を所与として自分の選好順序を高めるように最適対応戦略を採れば良いが，後手がそのように行動することを前提に，先手として何を選択すれば自分にとって最適対応戦略になるのか考察すればよい．つまり，合理的意思決定を前提とすれば，先手にとっても後手の選択を想定して最適対応戦略を探すことができるのである．（＋，○）はA先手・B後手のシュタッケルベルクの解である．この解は，同じゲームの構造において先手・後手の区別をしないナ

(a)
	B ○		B ×	
A +	3	4	1	3
A −	4	2	2	1

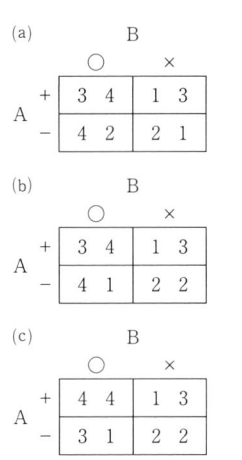

(b)
	B ○		B ×	
A +	3	4	1	3
A −	4	1	2	2

(c)
	B ○		B ×	
A +	4	4	1	3
A −	3	1	2	2

図表 10−5 市場開放ゲーム

ッシュの解と異なることに注意してほしい.

　脅迫ゲーム（先手・後手の区別とコミュニケーションのあるゲーム）の応用として市場開放ゲームを見てみよう．ここでは自由貿易体制を望む大国（B）が輸出志向（自国市場を閉鎖したまま他国の開放された市場に輸出する）の小国（A）に対して市場開放を迫るゲームである．先手のAは開放（＋）か閉鎖（−）を，後手のBは開放（○）か閉鎖（×）を選べるものとする．まず，大国B（たとえばアメリカ）にとって最善は自由化（相互開放）された市場（＋，○）であり，最悪は戦間期のような地域ブロックである（−，×）．小国A（たとえば日本）は，自国市場を閉鎖しつつ相手国市場の開放性を利用して，輸出戦略をとる（−，○）のが最善であり，逆に一方的市場開放（＋，×）が最悪である（図表10−5(a)）．このような状況で，大国は小国の市場開放を求めることになる．つまり（＋，○）か（−，×）か，どちらが望ましいのかという問題提起である．そのような脅しを小国はどう受け止めるべきだろうか．大国の国益を知らなければ，自国の国益を比較して（＋，○）を選ぶのが合理的である（A＝小国の選好順序は図表10−4(a)と同じ）．しかし，小国が市場開放を受諾しなければどうなるだろうか．小国がこの脅迫に従わなかった場合，大国は市場閉鎖を選択するだろうか．大国の立場では，（−，○）の方が（−，×）より望ましい．したがって，小国が市場開放を選択しない場合，

脅しで宣言したとおり制裁＝自国の市場閉鎖（×）を実現すると大国にとって望ましくない結果を招来する．このような状況になっていることを小国が理解していれば，小国は脅しに屈する必要はない．つまり，大国の脅迫メッセージは，小国にとっては「こけおどし」になっており，大国にとって自由貿易体制が最善で，経済ブロックの閉鎖体制が最悪である場合，小国は自国市場を開放しなくても大国の報復を受けないと推測できるはずである．ゲームの解を求めると，（－，○）が小国先手のシュタッケルベルクの解のみならず，大国先手のシュタッケルベルクの解にもナッシュの解にもなっていることから，上のような事態になる．

　それでは，小国の経済成長が続いて，大国の優位を脅かすようになると，状況はどのように変化するだろうか．大国にとっては，相変わらず自由貿易体制が最善であるものの，最悪がブロック経済ではなく一方的開放になってしまった状態である．小国の立場は不変であるとしよう．ゲームの構造は図表10-5(b)のようになる．こうなると同じ脅しのメッセージでも，その信憑性が高まる．大国の脅し（＋なら○，－なら×）を真に受ける理由がでてくる（Bにとって（－，○）より（－，×）が良い）．小国側が，大国にあまり影響を及ぼさない文字通りの小国ならば大国の脅しが「こけおどし」だったのに対し，大国に無視し得ない影響を及ぼすようになると，大国の脅しに対して脆弱になるという一見するとパラドックスのような変化に注目してほしい．ゲーム論的に説明すれば，後手である大国の脅し（＋なら○，－なら×）が先手の小国に対する後手の最適対応戦略になっているからである．そして小国先手の場合のシュタッケルベルクの解は（＋，○）になる．

　小国が成熟して，大国同様に自由貿易体制（相互市場開放）が最善になった場合を想定しよう．大国の国益は変わりないと仮定すると，ゲームの構造は図表10-5(c)のようになる．これは，図表10-3(c)と同等であり，つまり「協調ゲーム」になっている．協議さえすれば，大国にも小国にも最善となる（＋，○）を実現できるだろう．

4 交渉ゲームと二層ゲーム

　図表10-5(b)のような構造で，自然な解かつナッシュの解は（−，×）である．前節で見たように，互いに相手の選好順序も知っている脅迫ゲームにおいて，脅迫が成功した場合の解（シュタッケルベルクの解）は（＋，○）である．この2種類の解を比較すると，後者の方が両プレーヤにとって望ましいことが分かる．これは，交渉ゲームを考える際の出発点になる．すなわち，プレーヤは，最悪回避戦略を採ることによって保証される結果よりも悪い結果を脅迫によって押し付けられることはない．押し付けられそうな場合には，脅迫メッセージに耳を貸さず，勝手に最悪回避戦略を採れば良い．言い換えれば，交渉は，没交渉よりも両プレーヤにとって望ましい結果をもたらしうる（もちろん場合によっては，交渉しても良くできないこともある）．

　交渉ゲームでは，実際に先手・後手の区別があるのではなく，脅迫メッセージに込められた条件付き対応が示されるだけである．したがって，交渉が合意にいたったなら，その合意が履行されることが必要である．

(1) 各プレーヤにとっての最悪回避戦略が保証する選好順序（保証水準）よりも良い結果が存在する必要がある．それを交渉集合という．たとえば，囚人のジレンマ，弱虫ゲーム，協調ゲームなら（＋，○），恋人同士の諍いなら（＋，○）か（−，×）．両プレーヤの保証水準に対応する状態を「保証点」という．

(2) なお，保証点は自然な解（囚人のジレンマなど）の場合もあれば，そうでない場合もある．たとえば，弱虫ゲームでは，どちらにとっても最悪回避戦略をとれば次悪が保証されるので，保証点は各々次悪であるが，両プレーヤに次悪をもたらす結果は存在しない．つまり，保証点は4つの可能な結果のいずれでもない．

(3) 合意点（必ず交渉集合のどれかである）がナッシュの解になれば安定的である（協調ゲーム，恋人同士の諍い）．

(4) 交渉集合がひとつなら交渉は容易である（協調ゲーム）が，複数ならきびしい（恋人同士の諍い）．

(a)　　　　　　　　　(b)

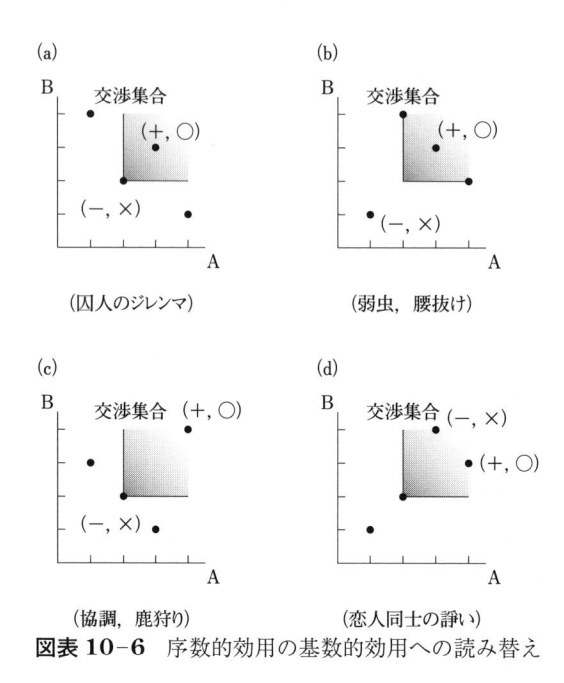

(c)　　　　　　　　　(d)

図表 10-6 序数的効用の基数的効用への読み替え

　序数効用 2 × 2 ゲームを前提にして言えることは以上くらいである．
　なお，拘束力がなければナッシュの解以外の合意はつねに不安定であるというわけでは必ずしもない．たとえば，再び図表 10-5(b) のような構造を調べると，自然な解かつナッシュの解は (−, ×) であるが，(+, ○) はプレーヤ A が自制さえすれば安定的である．すなわち B の ○ に対する A の最適対応戦略は − であるが，そうすると結局ナッシュの解に落ち着いてしまう．しかし A の + に対する B の最適対応戦略は ○ であるので，A が + を選ぶ限り B は × を選ぶことはない．プレーヤ A が自制し，B が A を信頼していれば，(+, ○) が実現する．
　さて，ここで仮定を少しゆるめる．選好順序を表す 1, 2, 3, 4 という数字を，序数ではなく基数とみなそう．つまり，効用を表す数字は好みの「順序」だけに意味があるのではなく，好みの「程度」も表しているとみなすことにする．そうすると，図表 10-3 のようなゲームの構造は，図表 10-6 のような図でも表現できる．横軸が A の選好，縦軸が B の選好である．また，二者択一

についても，条件をゆるめて，Aについては＋と－の間の中間的な選択肢が存在し，Bについても同様に○と×の間の中間的な選択肢が存在すると仮定しよう．

囚人のジレンマ（図表10-6(a)）では，保証点は(2, 2)で，それより右上方が両プレーヤにとって望ましい領域（妥結可能領域）になる．具体的結果に対応しているのは(3, 3)のみであるが，同点と(4, 1)や(1, 4)を結ぶ線上も交渉妥結可能な領域であり，妥結候補である．(3, 3)より右下方の部分はAにやや有利な合意で，左上方の部分はBにやや有利な合意と解釈すれば良い．ただし(4, 1)や(1, 4)に近すぎるところで合意が成立する可能性はない．保証水準より下がれば，交渉を決裂させて，2を実現できるからである．

協調ゲーム（図表10-6(c)）でも，囚人のジレンマと同じように，保証点は(2, 2)であり，それより右上方が両プレーヤにとって望ましい領域になる．しかし妥結可能領域の形は囚人のジレンマの場合とは大きく異なる．片方のプレーヤの選好を高めるためには他方のプレーヤの選好を下げざるを得ないような領域がない．そのために(4, 4)の1点のみが妥結候補になる．妥結候補が1点しかないので，実際上は交渉は不要ということになる．両プレーヤの間で利害対立が発生していないからである．

恋人同士の諍い（図表10-6(d)）の場合，保証点は(2, 2)で，妥結候補は(4, 3)と(3, 4)の両点と両点を結ぶ線上になる．妥結候補の領域のみに注目すれば，片方のプレーヤの選好を高めるためには他方のプレーヤの選好を下げざるを得ない．この意味で，ゼロサム的である．Aの交渉力が大きければ(4, 3)に，Bの交渉力が大きければ(3, 4)に近いところで妥結するだろう．

弱虫ゲーム（図表10-6(b)）でも，保証点は(2, 2)である．しかし，上の3タイプではすべて保証点が自然な解だったのに対し，弱虫ゲームでは自然な解（それは(3, 3)）は保証点ではない．（自然な解と保証点が異なるということが，自然な解が不安定であることを意味している．）妥結候補は，(3, 3)と(4, 2)並びに(2, 4)を結ぶ線上になる．

外交交渉は，政府が合意して完了するとは限らない．重要な案件については，妥結内容を国民が国益と照らし合わせて評価する（図表10-1を参照）．と

```
                    外交
          交渉者 ⇐====⇒ 交渉者
       ╱     ↕             ↕      ╲
  国内政治              国内政治
   ╱              ╲   ╱              ╲
  ( 国内政治  )    ( 国内政治  )
  ( 諸主体   )    ( 諸主体   )
```

図表 10-7　二層ゲーム

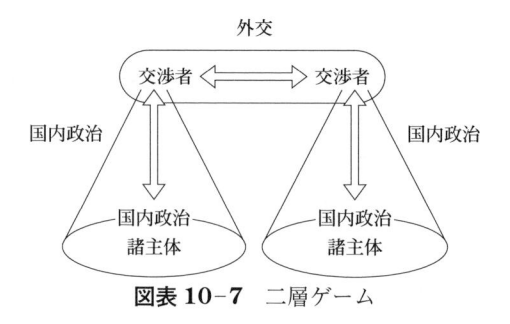

きには，受け入れ不可能であると判断するかもしれない．政府代表が署名した条約を議会が承認しないといった場合がこれにあたる．このように，政府という交渉主体と国民（議会）という評価主体を考慮して，2カ国間外交を単純な2人ゲームではなく，交渉主体間のゲームと両国における交渉主体と評価主体の間のゲームとを同時に表現する方法を二層ゲームと呼ぶ（図表10-7）．

両国の評価主体（国民）にとって受け入れ可能な領域（受諾可能領域）と交渉可能領域が重なっていなければ，外交交渉は決着しない．したがって，外交交渉においては，各国における受諾可能領域の大きさが重要である．また，交渉主体は，受諾可能領域を操作して（とくに小さくして），意図的に妥協の余地を小さくし，相手国政府から譲歩を引き出そうという戦略（「背水の陣」）をとることも可能になる．

*5　オーソドックスなゲーム理論への道

この節では，効用の基数的解釈に基づいて二層ゲームを定量的に分析することから始める．そして確率の考え方を導入して普通のゲーム理論の考え方に近づくことにしよう．

市場開放ゲーム（図表10-5(b)）を少し変えよう．前節のように，A・B両国の効用を，選好順序構造を保存したまま，最悪を0，最善を10という基数で表すことにする．そして，次善や次悪については，その中間の適当な値をとるものとする．たとえば，A・B両国にとって，最善・次善・次悪・最悪を10, 6, 2, 0とする．さらに，両国の市場開放政策も開放（A：＋，B：○）と閉

B 国民の満足水準(5 以上)

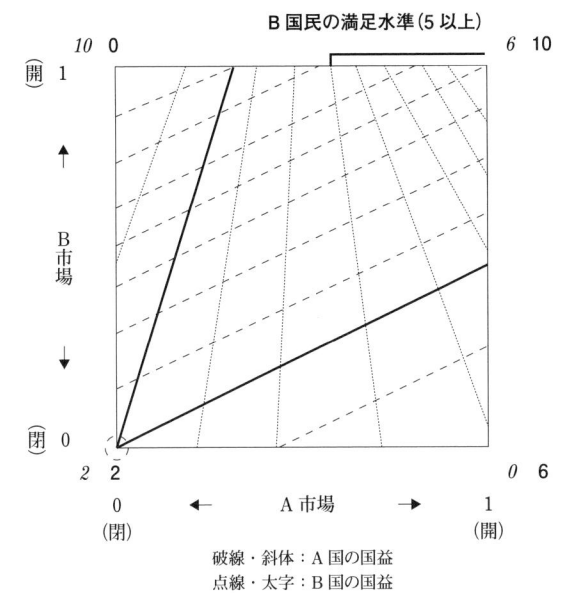

図表 10-8 ボックスダイアグラムによるゲームの表現

破線・斜体：A 国の国益
点線・太字：B 国の国益

鎖（A：−，B：×）の両極端を選択するのではなく，連続的な開放度を操作するものとしよう．さて，今までは，A・B両国の国益（効用）を各々X軸，Y軸にとってきたが，ここで新しい表現方法を導入しよう．すなわち，X軸はA国の市場開放度（0〜1），Y軸はB国の市場開放度（0〜1）を表すものとする（図表10-8）．つまり，両国市場閉鎖（A：−，B：×）は（0, 0）であるから左下，両国市場開放（A：+，B：○）は（1, 1）であるから右上になる．すると，A・B両国の国益を等高線のように書き込むことができる．自然な解（かつナッシュの解）は左下隅であり，左下隅から右上に向かう四辺形（ゆがんだ菱形）が交渉集合になる．このとき，たとえばB国民が5以下では妥協しない態度をとっていると仮定すると，交渉集合のうち右上方の一部分しか妥協の余地がないことになる．A国民にとっては，左上方にいけばいくほど国益が高まるので，おおよそA・B両国の国益（8, 5）に対応する中央上とA・B両国の国益（6, 10）に対応する右上とを結ぶ直線が二層ゲームの交渉集合になる．なお，この図のような表現をボックスダイアグラム（エッジワースの箱）と呼ぶことがある．

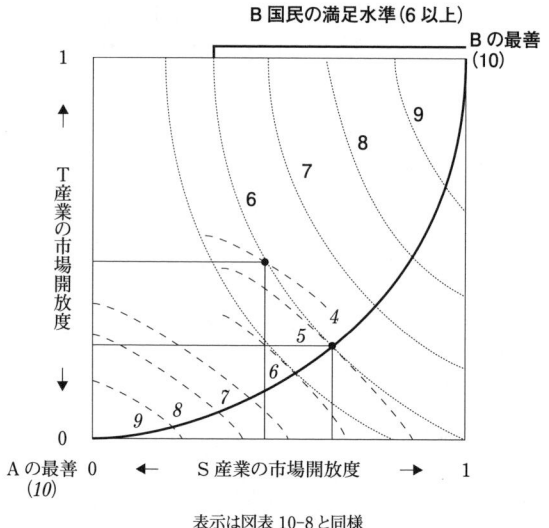

図表 10-9 A国内（S産業，T産業）対立

表示は図表10-8と同様

同様の分析方法は二層ゲームにおける一方（たとえばA国）の国内ゲームにも応用できる．たとえば，B国の国益をある程度満足させるA国の市場開放度は，実はA国内の2つの産業（S産業とT産業）の市場開放度の組み合わせであるとしよう．Aは自国市場閉鎖が最善であるのに対してBはA国市場開放が最善であると仮定した場合，たとえば図表10-9のようなボックスダイアグラムを描くことができる．A国のS・T両産業の市場開放度の組み合わせに応じてA・B両国の全体的な国益が変化するが，太線は互いに自国の国益を最大化する両産業の組み合わせになっている．（つまり，太線はパレート最適集合であり，経済学では契約曲線と呼ばれる．）相手国の国益の一定水準に対応する自国の2産業市場開放度の組み合わせはいくつもある．図ではS産業市場を相対的に自由化した方が全体として望ましい．しかし相対的にT産業市場を開放させS産業市場を閉鎖的にしてA国全体の国益は若干さがってしまっても（5から4へ）B国の国益を一定水準（6）に保つことができる．仮にA国内においてS産業の業界団体の政治力が大きい場合，T産業の利益（とA国の国益）を犠牲にして，B国とは，そのような市場開放度で合意するかもしれない．

ここまで本章では，基本的に，序数効用2×2ゲームの枠組で，国際関係を捉える方法を紹介してきた．しかし，分析範囲を広げるために効用を基数的に表現し，意思決定に際しては2つの選択肢の中間を選択できるように仮定をゆるめた．そもそも，オーソドックスなゲーム理論は，そのような前提から出発している．そこでは確率の考え方が導入されており，数学的にやや複雑になるので，本章では意図的に避けてきた．

　最後に，なぜ基数的な効用や2選択肢の中間を選択できること（「混合戦略」）が序数効用2×2ゲームの自然な拡張になっているのかを示しておこう．

　まず，基数的効用である．最悪の選好を効用 U(最悪)，最善の選好を効用 U(最善) として（ただし U(最悪) $<$ U(最善)），次悪の効用や次善の効用を U(最悪) と U(最善) の中間の値の効用に決められるのかを示す．たとえばくじ引きで，100万円もらえるか全然もらえないか（0円もらえる）としよう．この場合，100万円もらえるのが最善で，この効用を $U(100)$，0円が最悪で，この効用を $U(0)$ とする．すると，もし50万円もらえるとしたら，その効用は両者の中間で，それは確率変数 p を用いて，$U(50) = pU(100) + (1 - p)U(0)$（ただし $0 \leq p \leq 1$）と表せる．20万円や75万円についても同様である（p の値が異なるだけである）．数学的には50万円確実にもらえることは，100万円もらえるか0円もらえるか半々（$p = 0.5$）の場合と同等である．このように確率を導入すると，序数的効用を連続的な基数的な「期待効用」（効用の確率的期待値）に変換することが可能になる．ゲーム理論では，$U(50) = 0.5U(100) + 0.5U(0)$ という期待効用（これをゲーム理論では伝統的に「利得」と呼ぶ）を仮定する．（もっとも，現実には人間の効用はそうとは限らない．$U(50) > 0.5U(100) + 0.5U(0)$ のような効用を持っている人を「リスク回避的」傾向にあり，反対に $U(50) < 0.5U(100) + 0.5U(0)$ のような効用を持っている人を「リスク嗜好的」傾向にある，という．ゲーム理論が仮定する期待効用（利得）は「リスク中立的」であるという．）要するに，ちょうど U(次善) $= p_1 U$(最善) $+ (1 - p_1) U$(最悪)，U(次悪) $= p_2 U$(最善) $+ (1 - p_2) U$(最悪) となるような，適当な確率 p_1 と p_2（$0 < p_2 < p_1 < 1$）が存在するのである．U(最善) $= 10$，U(最悪) $= 0$ としても一般性を失わないので，この仮定の下では，U(次善) $= 10p_1$，U(次悪) $= 10p_2$ と簡単に表すことができる．

(a)

	B ○		B ×	
A +	3	4	1	3
A −	4	1	2	2

⟹

6	10	0	6	$p=1$
10	0	2	2	$p=0$
$q=1$		$q=0$	

最悪回避戦略　　　　　　　最適対応戦略

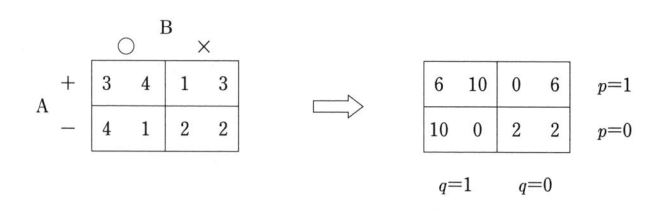

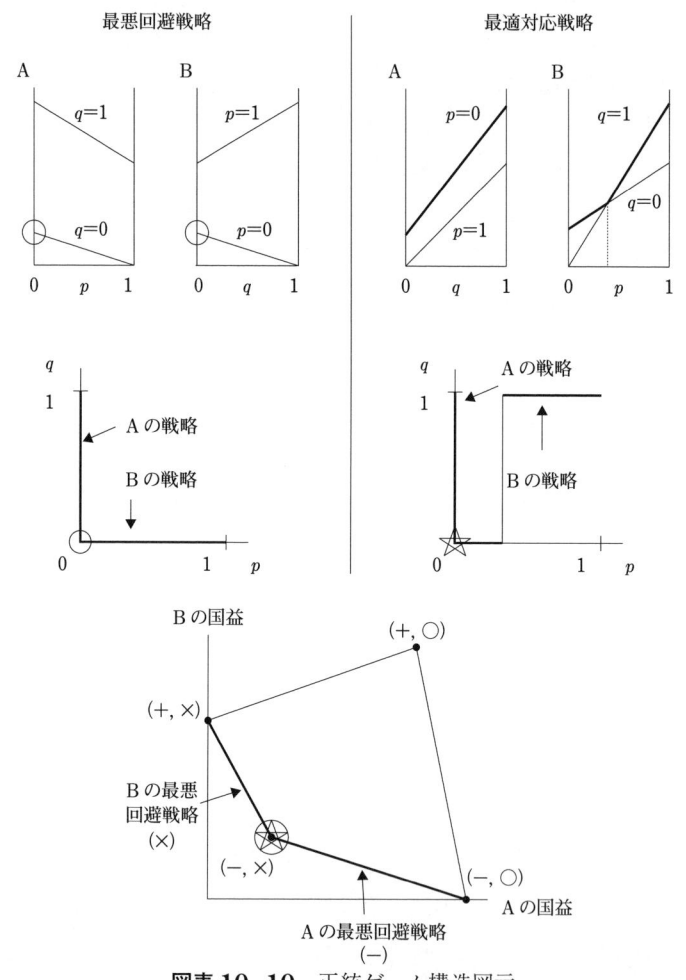

Aの戦略
Bの戦略

Bの国益
(+, ○)
(+, ×)
Bの最悪
回避戦略
(×)
(−, ×)
(−, ○)
Aの国益
Aの最悪回避戦略
(−)

図表 10-10　正統ゲーム構造図示

(b)

	B ○		B ×	
A +	4	3	2	2
A −	1	1	3	4

⇒

10	6	2	2	$p=1$
0	0	6	10	$p=0$

$q=1$　　$q=0$

最悪回避戦略　　　　　　　最適対応戦略

第 10 章　外交ゲーム

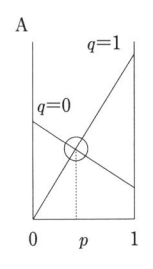

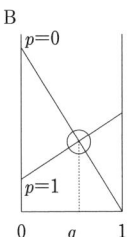

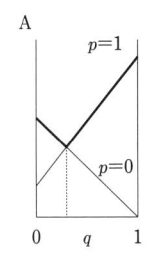

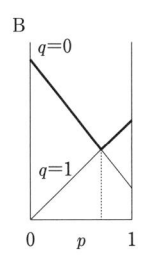

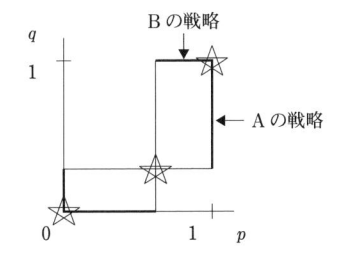

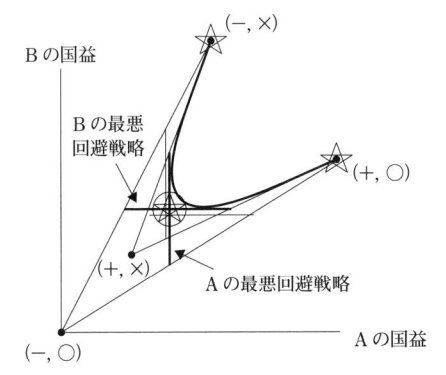

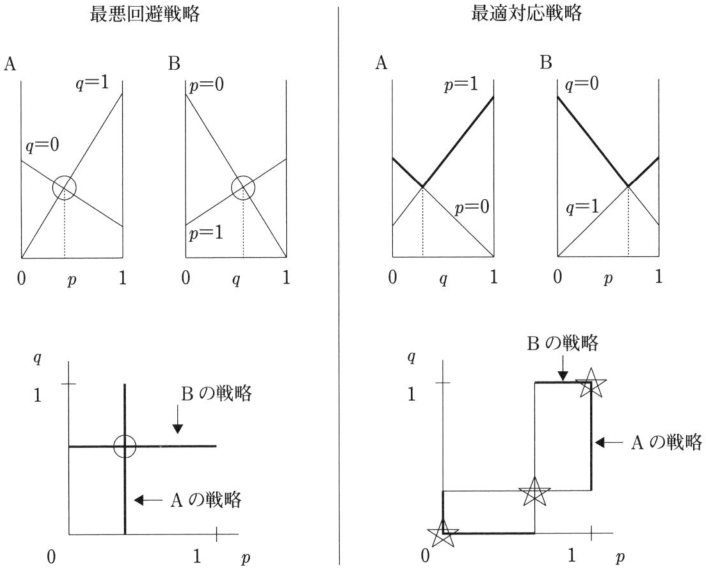

次に混合戦略である．まずここでは，＋と－（○と×）という2つの選択肢を「確率的」に選択できる場合と＋と－（○と×）を両極端としてその中間を「連続的」に選択できる場合の両方を指すものとする（次の p, q を確率変数とみなすか，配分比とみなすかの違いである）．正確には前者の考え方のみを混合戦略と呼ぶが，ここでは便宜上，この2つの考え方をまとめて扱う．いずれにせよ，Aは＋（$p=1$）と－（$p=0$）との間の適当な p を選び，Bは○（$q=1$）と×（$q=0$）との間の適当な q を選ぶことにより，混合戦略になる．

　Aの混合戦略における期待効用：$U(p)=pU(+)+(1-p)U(-)$

　Bの混合戦略における期待効用：$U(q)=qU(○)+(1-q)U(×)$

なお，p や q が0か1の値しかとらない場合，純粋戦略と呼ぶ．

　Aの最悪回避戦略は，Bが $q=0$ を選ぼうと $q=1$ を選ぼうとなるべく自分の効用を高くする p を選択する問題である．Aの最適対応戦略は，Bが混合戦略をとる（q を0と1の間で変化させる）とき，$p=0$ と $p=1$ の純粋戦略のうちどちらを採るべきかという問題である．最悪回避戦略は p の関数であり，最適対応戦略は q の関数であることが基本的な違いである．Bについても同様であるから，p を q に，q を p に読み替えれば良い．

　例示として，市場開放ゲームの一パターン（図表10-5(b)）と恋人同士の諍い（図表10-3(d)）の2つのゲームについて，序数効用の基数効用化（値は任意）と，最悪回避戦略（そして自然な解（○））と最適対応戦略（そしてナッシュの解（☆））について図表10-10に図示した．

第11章 構造・制度とパワー

　　　　主権国家の政治的能力（パワー）には大きなばらつきがある．しかし，それ
　　　を比較するための明確な尺度があるわけではない．個々の国家の属性という
　　　よりは，主権国家システムの中の大きな文脈によって，国家の役割と能力に
　　　違いが生じると捉える方が適切だろう．主権国家システムの未発達ながらも
　　　ゆるやかな制度化の中で，国家間の力関係が左右される．同盟，レジームと
　　　いった制度の中で国家はパワー行使するが，同時に国家は構造のもつパワー
　　　に拘束されている．

1　国力としてのパワー

　大国と小国との区別が制度的に登場したのは，19世紀初めのウィーン会議のときだという．ヨーロッパのほとんどの国が参加した国際会議ではあったが，全体会議は一回たりとも開かれなかった．「限られた利害関心のみ有する国」は協議の場から排除された．これが，いわゆる小国である．他方で，主要問題は，ヨーロッパ「全般について利害関心を有する国」とされたオーストリア，ロシア，プロイセン，イギリスそしてフランスの5カ国の代表によって処理された．その後の「ヨーロッパ協調」を演出した大国（列強）の登場である．

　大国と小国とを区別する客観的指標が存在するわけではない．中核となる基準は相互承認であり，大国は互いに大国同士と認め合い，小国は小国で自国の立場をわきまえた振る舞いをする．いわば間主観的な区別である．大国の仲間に入れてもらいたくても入れてもらえない不満を持つ国も存在する可能性は否定できないが，主権国家システムは比較的少数の大国とその他多数の小国とから構成されていることは疑いえない．かつて，外交関係で国家を代表する全権について，大使を交換する国と公使を交換する国とに分かれていたが，相互に

大使を交換する国が大国であった．（ちなみに日本が英米独などと大使を交換できるようになるのは日露戦争を契機にしてのことである．）今日では，国連安保理常任理事国＝P5（五大国），主要国サミット参加国（かつては7カ国，現在8カ国），主要先進国財務大臣中央銀行総裁会議の参加国（かつてG5の5カ国，現在G7の7カ国）といった制度と関連して大国の地位が認められている．

　大国と小国との区別は「国力」という概念と密接に関連している．国力（national power, State power）の大きい国が大国（列強；Powers, great powers）である．国力とは，政治的権力としてのパワーの諸次元（賞罰範囲，対象範囲など）を大きくする能力を反映していると言えるが，軍事「力」や経済「力」に還元できるわけでもないし，国土の広さ，人口の多さ，経済規模の大きさ，軍備（国防費）などはせいぜい近似的指標にしかならない．

　このように国力は客観的指標ではなく，その成分表示も曖昧ではあるが，小国と大国という理念型（モデル）を設定することは無意味ではない．小国は，権力の賞罰範囲も対象範囲も小さい．典型的には，他国を対象範囲として含まない国が小国である．国際関係において，小国は自国をコントロールすることが期待されている．効率良い動員，世論の巧みな誘導，国際的約束の履行など政府による自国に対する権力行使はもちろん，対外行動面では，決定された対外政策の実行，外交交渉における交渉力の発揮（有能な外交官の養成）などは，小国であっても可能だろう．要するに，小国にとって，セルフ・コントロール＝自制が基本であり，それに失敗すると国民的利益を大きく損なう結果が起こり得る．もっとも，破綻国家と呼ばれる国家にはこの種のコントロールを期待することができない．

　大国は，小国との対比を強調すれば，権力の対象範囲に他国を多く含んでいる点が大きな特徴である．主権国家に対して有効に権力行使するには，大きな賞罰範囲（とくに罰＝制裁）を必要とする．この賞罰範囲を維持するための自国資源が国力概念の近似になっている．つまり，大国は自国の国益増進のために他国（とくに小国）を操作できる．行動の自制を求めたり，自国の提案への支持を取り付けたり，作為・不作為の両面でさまざまな権力行使があり得る．小国ならば自国の問題として処理せざるを得ないような課題であっても，大国

パワー・インフルエンス行使の対象範囲

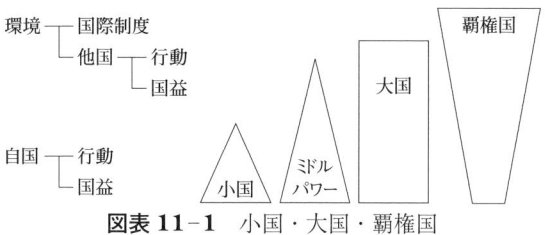

図表 11-1　小国・大国・覇権国

ならば小国の犠牲によって処理することも可能である．言い換えれば，大国は自国の問題を棚上げしておいて，小国に問題をしわ寄せできるのである．

　大国の中でも，国際制度さえも左右する力（権限）を持っており，それをつうじて他国に影響を及ぼすことのできる国家は覇権国と呼ばれることがある．覇権国は単なる強大な国力を備えているだけではない．覇者（ヘゲモン）・覇権（ヘゲモニー）の言葉を生み出した古代中国でも古代ギリシャでも，会盟（国際会議）のリーダーを意味していた．言い換えれば，単に突出した国力の保有を自他共に認めているだけでは不十分であり，「牛耳る」相手との制度的関係が形成されていることが前提になっている．そのような制度上の主導権を認めない立場からは，「反覇権主義」が唱えられる．

　このように，小国・大国・覇権国は一方では自国が影響を及ぼす対象には大きな違いがあるが，いずれも有効に対象に影響を及ぼしうるかも重要な点である．この3類型に，他国にパワー行使はできないが，インフルエンス（影響力）を及ぼしてその国の国益を変化させて自国にとって望ましい結果を導き出せる国を便宜上「ミドルパワー」として加えて，違いを図式化した（図表11-1）．

　制度化が発達していない国際社会を国際システムとして捉える際，その特徴づけに「国力の分布」という概念が用いられてきた．もっとも実際には，分布の全体的な形に注目するのではなく，システムのあり方に大きな影響を及ぼすと考えられる大きな国力の相対的な突出度を問題にしてきた．一国だけが突出した国力を持つ「単極システム」，突出した国力を持つ国が2カ国併存している「双極システム」，以下，「三極システム」，「多極システム」などと区別されている．このような区別をする理由は，国力の分布の形態が国際システムの秩

序(平和的対立処理や戦争の蓋然性)とどのような関係にあるかに主要な関心があったからである。覇権が存在していると国際システムが平和で安定するという見方(覇権安定論)は「単極システム」と国際の平和を結びつけ,少数の大国の共存が平和を維持するという見方(勢力均衡論)は「多極システム」と国際の平和を結びつけていることになる。

国力の分布が戦争と平和の問題に直接的に結びついているという想定は,国家間関係は「パワーをめぐる争い」(権力闘争と訳される場合もあるが,国力増強競争という特徴づけもされる)であるという前提に立っている。つまり,個別的具体的な利害対立ではなく,さまざまな利害対立の決着に影響を及ぼすパワーそのものが争点になるという考え方である。このような前提に立つと,国力の長期的変動はシステムに大きな影響を及ぼす。とくにシステムを特徴づける分布型の質的変化(たとえば,双極から単極へ)や国力順位の交代が生じる前後は,国際システムが不安定になるとされた。しかし,どのような分布形態が国際システムに秩序をもたらすかについては,論理整合性の面でも歴史事象による経験的整合性の面でも,信頼に足る結論はでていない。最重要な要因である国力があいまいな概念である上に,個別具体的な国家の意図についても不確定・不確実な前提があるため,粗雑な議論に陥りやすい。国力の比較・変化だけで,国家間関係や国際システムのあり方を説明することに無理があるのだろう。

2 勢力均衡と同盟

国際関係のあり方として平和を維持する制度が発達してきた。とくに,前節で紹介した国際システムの類型では,多極システムにおける勢力均衡と,多極システムのみならず双極でも三極でもあり得る同盟を取り上げる。

もともと勢力均衡の考え方は平和を樹立する規範として登場した。スペイン王位継承戦争を終わらせたユトレヒト条約の中で,「公正な勢力均衡」が永続的な平和の条件として明記された。もっとも,この用語自体は,15世紀イタリア半島情勢を分析した同時代人のグイッチャルディーニの発明だという。彼の死後のことになるが,半島にはローディの和約が成立し,五大国(ナポリ王

国,教皇国家,フィレンツェ,ヴェネツィア,ミラノ公国)のバランスによる平和が半世紀近く続く.

勢力均衡(balance of power)とは,大国どうしの意図的な協調により国際の平和を維持しようとする制度だった.ヨーロッパ協調は,神聖同盟や短命ながらも5カ国同盟を結んだイギリス,フランス,オーストリア,プロイセン,ロシアによって維持されたが,小国の利害関心を無視ないし軽視して,大国間の利害対立を会議外交で調整してきた.19世紀を通じて,光栄ある孤立政策をとったイギリスが沖合からヨーロッパ大陸における勢力均衡を図ろうとした.この限りにおいては,国力の突出を阻止して,均衡を維持しようとする目的が組み込まれた制度を意味してきた.いわば,主権国家システムの公共性として勢力均衡が捉えられていたのであり,主要国は啓かれた利害関心として均衡をめざそうとする政策を捉えていたのである.

しかし,今日では,勢力均衡はこの伝統的な意味より広義に用いられている.ひとつには,各国が国力増強競争をした結果として,たまたま均衡状態が成立した場合をさす.さらには,均衡に意味を限定することさえせずに,前節で紹介した「国力の分布」とほぼ同義に用いられることもある.いずれにせよ,パワー概念が曖昧である上に,「パワーのバランス=勢力均衡」はさらに曖昧に使われる傾向にある.

勢力均衡(パワーのバランス)の意味が変質したのと,同盟の意味の多義性とは関連している.同盟(ここでは,協商との区別は無視する)は,勢力均衡(伝統的,狭義の)を維持する制度の一種として形成されることがあった.制度に参加する国々の合議により平和を維持しようとする点では,集団安全保障制度と通じる面もある.しかし他方で,同盟はそのソトにある脅威に対して複数国家が協力して安全を高めようとする集団自衛制度(集団防衛制度)になることもある.どちらの意味にしても,同盟参加国が平和を求めている点では共通している.ただ後者においては,同盟はあくまで全体的な国際システムの部分であり,平和の確立・秩序の維持をめぐって「安全保障のジレンマ」を解消できるわけではない.また,同盟内部の不確実性に悩まされ続ける.

安全保障のジレンマとは,互いに敵視している2国に生じる「一方の安心は他方の不安」という非対称的認識を指す.国力(特に軍事力)Pを指標とする

と，Aが安心する自国の国力 P_A はBに不安を与えるので，Bは安心できるまで自国の国力 P_B を増強しようとするが，その P_B 増強がAを不安に陥らせて P_A 増強を招く，という悪循環に陥りやすいというのである．この単純な相互関係をモデル化すれば，たとえばAもBも自国の P レベルが相手のそれより2割大きいと安心できると仮定すれば，明らかに発散する（P_A も P_B も無限に向かう）．もう少し，現実的な仮定に基づくと，L. リチャードソンの軍拡競争モデルができる．安定均衡する場合と不安定な場合（発散する場合）とに分かれる．

リチャードソンのモデルの基本は，自国のパワー（軍事力）の変化量は，相手のパワーが大きいほど増える方向に，自国のパワーが大きいほど減る方向に作用すると同時に，それ自体の慣性を持っているという考え方である．相手国軍備への脅威認識を表す反応係数（a, β）と自国軍備の負担を表す疲弊係数（k, l）を用いて次のように定式化できる．

A国の軍備変化量 = $a ×$ B国の軍備 $- k ×$ A国の軍備 $+$ A国の慣性

B国の軍備変化量 = $\beta ×$ A国の軍備 $- l ×$ B国の軍備 $+$ B国の慣性

注目している期間，全ての係数や慣性が一定だと仮定できると，両国の軍備が変化しない水準（満足水準）を求めることができる．係数の値の組み合わせによって，安定均衡する場合と不安定な場合のどちらかになる（図表11-2）．もっとも安定均衡に向かう場合でも，均衡点が少なくとも一方の国にとって国力維持の負担が耐え難ければ，破局が訪れることになる．

このような状況は，19世紀末のイギリスとドイツの海軍どうしの建艦競争に見られたという．すなわち，海軍力世界第1位のイギリスは二国標準主義（ここでは単純化するためにドイツの海軍力の2倍を目標とする）を採用したのに対し，ドイツはイギリスの6割を保持するという目標を設定した．すると，イギリスの海軍力を1単位として競争を図式化すると次のようになる．

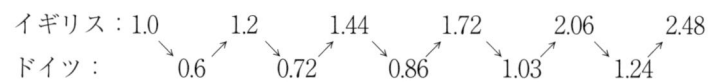

イギリス：1.0　　 1.2　　 1.44　　 1.72　　 2.06　　 2.48
ドイツ：　　　0.6　　 0.72　　 0.86　　 1.03　　 1.24

こうして国防予算の限界に近づけば，方針を見直すか，戦争に訴えることになる．（どちらがさきに我慢の限界を超えて，どちらの選択肢を選ぶことになるのだろうか．）

(a) 軍備の均衡へ

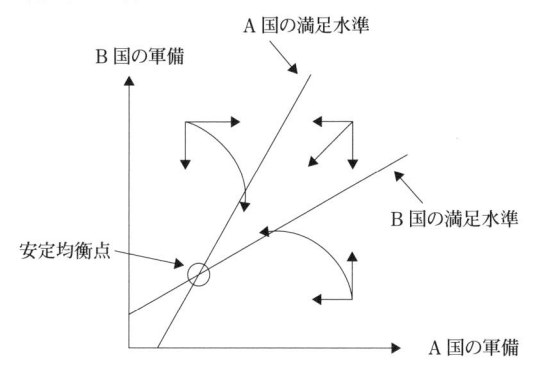

B国の軍備 / A国の満足水準 / B国の満足水準 / 安定均衡点 / A国の軍備

(b) 軍拡競争へ

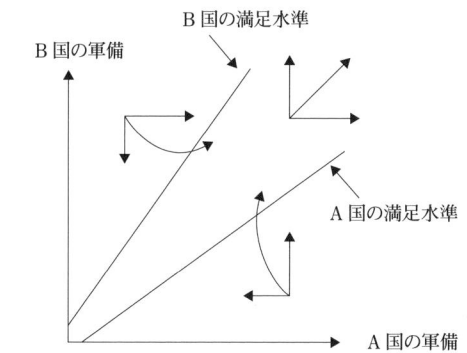

B国の軍備 / B国の満足水準 / A国の満足水準 / A国の軍備

図表 11-2 リチャードソン・モデル（模式図）

　つまり，安全保障のジレンマで結びついている2国は，勢力均衡が成立しにくいというのである．これは，両国が互いに自国の国力を増強するのではなく，仲間を募って（同盟を結成して）自国陣営の国力の合計を増強させる政策を採った場合にも，同様に生じる現象である．言い換えれば，対抗相手（一国の場合もあれば同盟の場合もあるだろう）の脅威（不安）に対する同盟政策（強国の取り込み）は，相手にも同様の同盟政策を採らせる可能性を生む．仮に，多極システムを構成する大国同士にこのようなダイナミクスが生じると，双極システムに変容し，その双極システムは平和を維持するかもしれない（勢力均衡の成立）が，そうならないかもしれないことになる．

第11章　構造・制度とパワー　201

図表 11-3 同盟の寿命

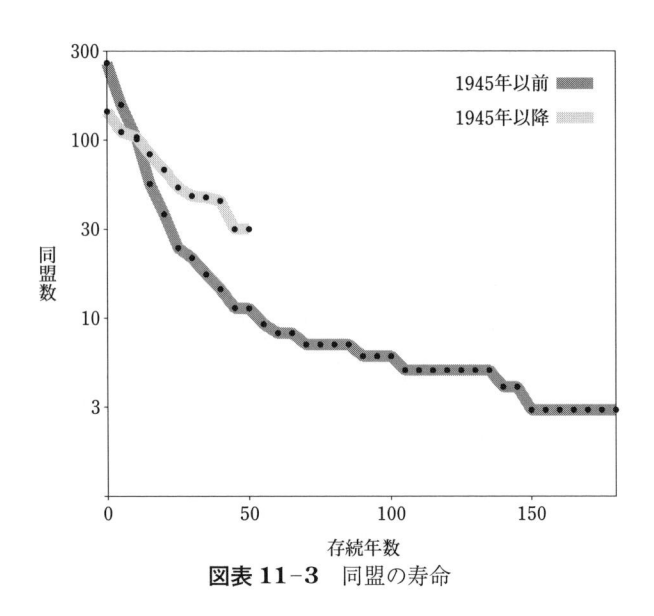

対抗的な同盟とは，典型的には，同盟の仲間であるいずれか 1 国に対する攻撃・侵略は全体に対する攻撃・侵略と見なす（したがって，団結して攻撃国・侵略国に対して自衛戦争をする）という合意に基づく制度である．このような同盟自体が抱える不確実性としては，次のふたつが指摘されている．ひとつは，巻き込まれる危険性である．もし同盟関係になければ国益上参戦しないような戦争にも巻き込まれてしまいかねない状況にあるということである．もうひとつは，見捨てられる危険性である．自国が攻撃・侵略された場合に，他の同盟国が巻き込まれるのを嫌って参戦の約束を反故にしてしまい，いざというときに見捨てられてしまう状況である．このふたつの危険性は裏腹の関係にあるように見えるが，質が異なる．前者は，想定される有事における自国の利害関心と約束履行（評判確保）とのジレンマから生じる．後者は，同盟国の約束履行（信頼度）の低さである．もちろん，巻き込まれる危険性が同盟国を裏切る可能性に直結しているならば，一方の裏切る可能性は他方の見捨てられる（裏切られる）危険性になっている．

同盟はどれほど安定的なのだろうか．19 世紀初めのウィーン会議以降第二次世界大戦終結までに 258，それ以降 20 世紀末の冷戦終結までに 138 の，合

計400近くの同盟が結成されている．しかし全体的傾向として，同盟は短命である（図表11-3）．第二次大戦前の同盟に関しては，結成後四半世紀で9割の同盟が消滅しており，「半減期」は約7年であるが，存続した1割についてみれば，「半減期」は約20年に伸びている．第二次大戦後は，半世紀たっても8割の同盟しか消滅しておらず，「半減期」は約20年であり，30年存続すると「半減期」はさらに伸びる傾向を見せているが，断言するには残念ながら観察期間が半世紀程度で短すぎる．

要するに，同盟は存続するほどさらに存続するという特徴を持っていることになる．このような特徴が見られる理由として，同盟が勢力均衡志向から共同体志向に変容していくという変化が考えられる．言い換えれば，損得勘定から協同感情へと指導者や国民の共通認識が変わっていくという仮説である．あるいは，勢力均衡志向の同盟は早晩崩壊し，共同体志向の同盟が生き残ったのかもしれない．

3　覇権とレジーム

覇権安定論という見方がある．覇権国が存在するという前提からは，国際構造が単極システムであることを意味するが，唯一の突出する強大国が覇権国とみなされるとは限らないという意味において，国力の分布のみに注目しているのではない．覇権国は，自他共に認める覇権を行使して国際制度を管理する．

安全保障においては，覇権国が国際システムの他のメンバーの安全を保障する制度であり，メンバー間の対立に関与し，場合によっては「弱きを助け，強きを挫く」責任を果たす（「猿山のボス」）．突出した国力を原資にして，覇権国は制度に参加する国々を牛耳り，制度の維持コストを負担する．コストに見合うメリットが覇権国にはあるからであろう．存続している制度が次席国にとっても望ましい制度である限り，次席は挑戦する必要がない．国力で次席を占める国もあえて覇権国に挑戦しないことで，このような秩序維持制度は安定する．もし挑戦するつもりがないなら次席国は，覇権国から挑戦国の疑惑をかけられないように，あえて国力を増大しないとか，恭順の姿勢を示し続ける必要がある．

もっとも，今日の国際システムにおいて安全保障に関する覇権が構築されるという議論はあまり聞かれない．突出した軍事大国であるアメリカ合衆国は世界各地に軍事基地を持ち，国外に自国軍隊を配備しているが，地球社会の警察官というよりは，自国の権益を守るためにそうしている．（北大西洋共同体の中のアメリカは例外かもしれないが，少なくとも今日，そこで覇者として存在しているわけではない．）おそらく，今日のアメリカ合衆国のように強大な軍事力を持っている国家においても，単独で自国の国益に直接影響しないような紛争に関与する意思はないし，自国にそのような責任が生じる制度を構築し，小国の参加を求めたりしないのであろう．

　覇権安定論は，もっぱら経済制度について主張されてきた．19 世紀のイギリスによる自由貿易帝国主義や第二次世界大戦後のアメリカ主導の国際経済制度（ブレトンウッズ体制，IMG-GATT 体制）などを念頭に置いている．もっとも覇権の定義と一定期間のシステムの安定とが分かちがたいので，同義反復的な主張である．すなわち，(1) 突出した強大国が，(2) 理念的に望ましい国際制度を構築・維持する意思を持ち（当然，能力はある），(3) 理念を共有して制度に参加する国には利益がもたらされる，という 3 要素で覇権のある国際システムは安定する，という．ここで「理念的に望ましい」制度という条件は，微妙な意味を有している．強大国が，単に自国の利害関心から制度を構築するわけではなく，システム全体の利害関心にも配慮がなされており，したがって他のメンバーも自発的に賛同・参加することになる．そして，この「理念的に望ましい」制度が，自由主義だったのである．

　裏返すと，覇権の衰退は制度に不安定をもたらす．覇権交代あるいは長期的国力変動をめぐる理論は，アメリカ合衆国の覇権が衰退しているのではないかと認識されるようになった時期（1980 年前後）に流行した．近世・近代ヨーロッパにおける強大国の交代，帝国の興亡を主要なモデルとして，国力の変動と国際システムについての理論（「盛者必衰」「おごれるものも久しからず」）が展開した．その理屈付けは多種多様であり，必ずしも歴史上で覇権の存在を確認する検証が十分なされたわけではなかった．

　覇権（単独コスト負担）の存在と制度の安定とが結びついている背景には，公共財の過小供給モデルがある．囚人のジレンマのモデルにおいて，A・B 両

国ではなく，A（自国）とB（他国）とを考えると，制度維持（＋，○）が全体にとって望ましいにも拘わらず，互いに「ただ乗り」を選択して，結局は制度崩壊（−，×）にいたってしまうというわけである．敢えてコスト負担を厭わない国＝覇権国が必要なのである．もっとも，覇権国は，その強大な国力を背景にして，「ただ乗り」を防ぐための罰という手段を行使できるので，参加国から参加料を徴収できるという説明（制度を公共財ではないようにする）も可能である．実際に罰するにもコストがかかるが，罰せられたくないと参加国が思えば（参加料がそれなりに安価），実際には覇権国には罰するコストが生じない．

　覇権国の存在なしに，国際システムにおいて制度は維持されないのか．現実には，国際社会にさまざまな経済制度が存在している．このような現実を説明しようとしたのが，国際レジーム論である．これは，制度について，国際システムの部分領域において，(1) メンバーの行動に関する規範，原則，規則，手続きなど制約要因のために，(2) 相互の行動の確実性を高め不確実性を低める（期待の収斂）状態が成立していることという規定をして，制度そのものを説明しようとするアプローチである．ある分野で制度が一旦構築されると（それ自体は覇権国の手によるものかもしれないが），期待の収斂が維持されることにメンバーの利害関心が共通していれば，その制度は維持されうるという主張がなされる．あえて国際レジーム論と呼ばず国際制度論と呼んで，経済学における新制度論との親和性を強調する理論もある．レジーム論と同様に，制度に注目するものの，メンバーの利害関心を反映した合理的な意思決定の結果，複数ある可能性から特定の制度が形成されるところに主要な関心がある．たしかに，協調ゲームのような構造が成立している状況に国際システムのメンバーが置かれている場合に，一旦協調が実現すれば，その関係を自発的に続けることが期待できる．

　権力あるいは国力として把握できるパワーは，主体の客体への行使が前提とされてきた．レジームによる国家行動の規制（限定的にせよ）には，規制する主体が想定されていない．この作用は，非主体的なレジームの持つパワーとみなせる．レジームの背後には覇権国が間接的な主体として存在している場合もあるが，そうでない場合もある．さらに，レジーム構築を主導した覇権国であ

っても，構築されたレジームの制約から免れない場合もある．いずれにせよ，国際システムのメンバーを客体とする非主体的なパワーの存在を想定することが可能である．関係的パワーと構造的パワーとを区別して，後者を非主体的なパワーととらえることができる．（覇権国の制度形成におけるパワーを構造的パワーと呼ぶ場合もあるが，ここではそのような意味ではない．）以下では，制度（国際合意＝国際法を含む）のパワーと統治主体なき統治（ガバナンス）をとりあげる．

　国際社会における広義の政治において，狭義の政治には高い関心が払われてきたが，もうひとつの側面である統治については，統治機関も一般的な統治制度も存在していないのでほとんど論じられてこなかった．しかし近年，国際関係のさまざまな問題領域に関わる普遍的な（圧倒的に多数国が参加する）制度や地域的な制度が形成されている．国際制度の中には，制度設計者のパワーを反映する形で参加国の間に不平等な力関係を埋め込んだ制度もあれば，そうではなく，参加国を区別しない制度もある．

　国際システムにおける制度をレジームと呼ぼう．レジームでは，レジームの参加メンバーが規範遵守的行動をとるのは，主として，条件反射的なものと合理的意思決定に基づくもののどちらかに起因すると考えられる．条件反射的行動は，規範なり規則なりが存在しているので，そのメンバーへの指示内容に従うという行動様式である．合理的意思決定に基づく行動は，従ったときの利益，違反したときの罰あるいは不利益を総合的に評価した結果（利害得失の計算），従う行動様式である．国家は合理的行為主体であり，合理的意思決定にしたがうというモデル化はある程度妥当性を持っている．しかし規範の意義との関連でいえば，条件反射的行動の方が，その国家において規範の内面化が成立していることを意味するので，決して合理的意思決定より「下等」とか「低級」というわけではない．合理的意思決定の場合は他のメンバーの行動が重要な要因となりうる．条件反射であっても，規範の内面化には他のメンバーの遵守的行動が影響を及ぼすであろう．そのような意味で，レジーム論が注目している「期待の収斂」は，制度のパワーを支える重要な要因といえよう．

　「人類共通の関心事」は国連気候変動枠組条約など国際環境法の枕詞である．「枠組条約」という合意形式は，制度の持つパワーの現実の国際社会にお

ける現れ方のひとつである．すなわち，「枠組」という大枠に国家は拘束される一方で，具体的に拘束される国家の行動（国内統治）は締約国会議での合意（コンセンサス）による（「総論賛成・各論反対」）．規範の受容を重視するのか，どうしても嫌なことは拒絶できる点を重視するのか（国際社会における新しい変化に注目するのか，保守的な性格を再確認するのか），見方が大きく分かれるところである．

*4 投票力と拒否権

国際レジームの存在は，必ずしも非協力ゲームにおける各国の利己的な目的（合理的な計算）の結果としてとらえる必要はない．レジーム形成までの過程は非協力ゲームの形式で行われるとしても，合意の下に形成されたレジームが協力ゲームの形式で分析可能な内実を有していることは決して稀ではない．レジーム（組織）の意思決定に票決制が導入されているような高度に制度化されたレジームについては，協力ゲームの一種である投票ゲームによる分析が可能になる．

国際社会における狭義の政治に関わる制度は未発達であり，当事国の合意（多国間の場合はコンセンサス）が基本である．しかし，一部では投票（多数決）が採用されている．よく知られているのは，国際連合の総会決議である．加盟国はすべて平等に1票を行使する権利を持っている．重要事項に指定されれば3分の2を越える多数で，その他は単純過半数で可決される．もっとも，このようにして決議が成立するので，それは拘束力を持たず，罰則が含まれることもない．

票決による社会的意思決定をゲーム理論的に定式化したものを投票ゲームと呼ぶ．ある投票制度の中で，参加プレーヤの投票行動に応じて，問題となっている案件が可決されたり（勝ち）否決されたりする（負け）．各プレーヤに注目して，そのプレーヤが賛成したら勝ちに，反対したら負けになる状況で，そのプレーヤは決定力（キャスティング・ボート）を持っているという．全プレーヤについて，さまざまな状況を設定した上での全体的な決定力をそのプレーヤの投票力指標と呼ぶ．投票力指標としては，何種類かある．ここで用いるシ

```
○順番に賛成投票
○自分が要：自分の投票で勝利（自分 /）
○全体の何割か？
例：○4人の株主と持株比率：A 40, B 30, C 20, D 10
    ○単純過半数で可決
─────────────────────────────────────────────
        ABCD           ABCD           ABCD           ABCD
AB/CD   -0--    AB/DC  -0--    ADB/C  -0--    DAB/C  -0--
AC/BD   --0-    AC/DB  --0-    ADC/B  --0-    DAC/B  --0-
CA/BD   0---    CA/DB  0---    CDA/B  0---    DCA/B  0---
BA/CD   0---    BA/DC  0---    BDA/C  0---    DBA/C  0---
BCA/D   0---    BCD/A  ---0    BDC/A  --0-    DBC/A  --0-
CBA/D   0---    CBD/A  ---0    CDB/A  -0--    DCB/A  -0--
─────────────────────────────────────────────
A: 10/24(42%)   B: 6/24(25%)   C: 6/24(25%)   D: 2/24(8%)
持株比率  4:3:2:1  ←→  SS 指標  5:3:3:1
```

図表 11-4 投票力の考え方（シャプレー・シュービック指標）

ャプレー・シュービック投票力指標（SS 指標）とは，投票によって決議を採択する（可決する）ための基準が所与のときに，ある決議案に対して全ての投票者が順次賛成投票する状況において，ある特定の投票者が投票する以前には必要得票数に達していないが，その投票者の投票によって可決が決まる場合，その投票者を可決の「要」と呼ぶ．そして全ての投票順を網羅し，そのうち何回「要」になったかの割合（パーセンテージ）を SS 指標という．

たとえば，4 人の投票者が異なる投票権を持っていて，単純過半数で可決される場合を想定しよう．すると図表 11-4 のようになって，各投票者の SS 指標が求まる．投票権のシェアと投票力とは一致しないことに注目する必要がある．

国際通貨基金（IMF）では，総務会・理事会の決定に加重投票制が採用されている．ちょうど株主総会の議決のように，理事国は出資額に応じた投票権を持っているので，そもそも平等ではない．図表 11-5 は，IMF 理事国の投票権（出資額に依拠）と投票シェア（全体に対する比率）を代表的な年（1946 年，1975 年，2011 年）についてまとめたものである．最大出資国であるアメリカ合衆国は，33.22%（1946 年）から 16.76%（2011 年）へと徐々に減ってきた．と

図表 11-5　IMF 理事会の投票権・投票シェア・SS 指標

(a) 1946 年

理事	代表国数	投票権	投票シェア	SS 指標
アメリカ	1	27750	33.22	25.25
イギリス	1	13250	15.86	25.25
中国	1	5750	6.88	7.58
フランス	1	5500	6.58	7.17
インド	1	4250	5.09	4.95
ブラジル	8	4575	5.48	5.56
メキシコ	9	4370	5.23	5.15
オランダ	2	4250	5.09	4.95
カナダ	2	4000	4.79	4.55
チェコスロバキア	3	3850	4.61	3.74
ベルギー	3	3110	3.72	3.13
エジプト	6	2890	3.46	2.73

(b) 1975 年

理事	代表国数	投票権	投票シェア	SS 指標
アメリカ	1	67250	21.4	20.67
イギリス	1	28250	8.99	10.11
ドイツ	1	16250	5.17	5.25
フランス	1	15250	4.85	4.97
日本	1	12250	3.9	3.91
イタリア	4	16280	5.18	5.25
カナダ	5	14320	4.56	4.63
オランダ	5	13780	4.39	4.38
エジプト	14	12610	4.01	4.00
インド	3	12380	3.94	3.94
ベルギー	4	11910	3.79	3.81
スウェーデン	5	11630	3.7	3.69
インドネシア	11	11574	3.68	3.66
オーストラリア	4	11240	3.58	3.56
ガンビア	17	10650	3.39	3.37
メキシコ	7	10300	3.28	3.23
ブラジル	7	10130	3.22	3.11
イラン	9	10060	3.2	3.1
アルゼンチン	6	9060	2.88	2.68
オートボルタ	18	9020	2.87	2.68

(c) 2011 年

理事	代表国数	投票権	投票シェア	SS 指標
アメリカ	1	421965	16.76	19.5
日本	1	157026	6.24	6.28
ドイツ	1	146396	5.81	5.83
フランス	1	108126	4.29	4.17
イギリス	1	108126	4.29	4.17
ベルギー	10	125231	4.97	4.95
メキシコ	8	117061	4.65	4.55
オランダ	13	113835	4.52	4.46
イタリア	7	107138	4.26	4.13
シンガポール	13	99075	3.94	3.79
中国	1	96000	3.81	3.66
オーストリア	15	91362	3.63	3.48
カナダ	12	90720	3.6	3.46
デンマーク	8	85360	3.39	3.27
レソト	21	81106	3.22	3.07
エジプト	13	80113	3.18	3.04
インド	4	70709	2.81	2.67
サウジアラビア	1	70596	2.8	2.67
ブラジル	9	70197	2.79	2.65
スイス	8	69850	2.77	2.63
ロシア	1	60195	2.39	2.25
イラン	7	57099	2.27	2.13
アルゼンチン	6	46341	1.84	1.73
トーゴ	22	39041	1.55	1.45

網かけになっている国は指名理事．

(a) 一国で理事を構成している国の投票シェア

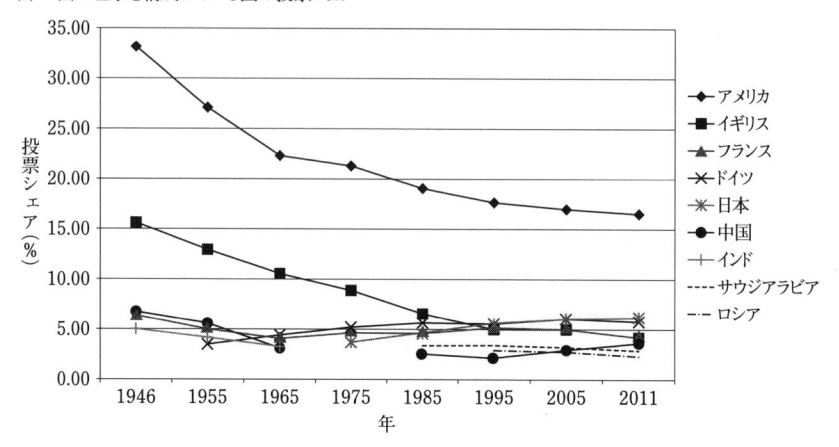

(b) 一国で理事を構成している国のSS指標

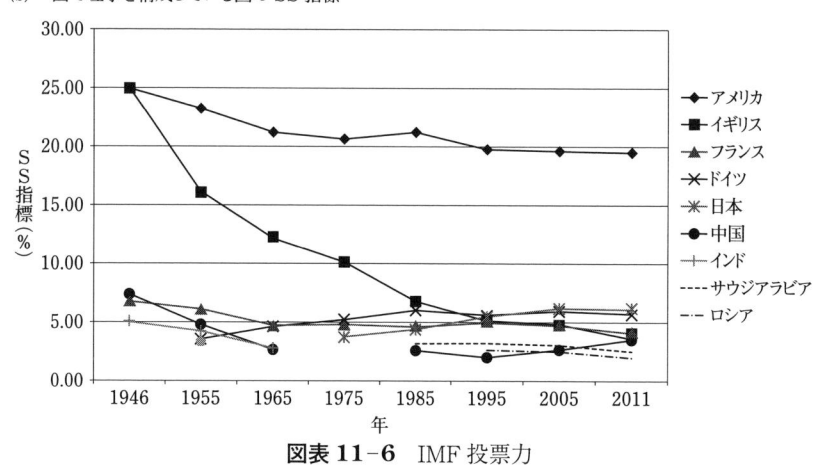

図表 11-6 IMF 投票力

ころで，IMF の重要な議決は 85％の賛成が必要とされている．アメリカの投票権は減ってきたものの，一貫して 15％を超えている．つまり，アメリカは実質的な拒否権を有しており，そのような拒否権を IMF の歴史上アメリカは一貫して保持しているのである．要するに，アメリカの負担（責任，義務）は減ったが，パワーは変化しておらず，反対したい案件は全て葬り去ることができる．（ただし，やりたいことなら何でもできる独裁状態ではない．）ちなみ

図表 11-7 国連安保理に
おける理事国の投票力(%)

	改革前	改革後
常任理事国	19.7	19.6
小計	98.7	98.1
非常任理事国	0.22	0.18
小計	1.3	1.8

に，イギリスは IMF 発足当時，15.86%のシェアを持っていた．これは，アメリカの半分以下であるが，アメリカ同様に拒否権を持っていたことになる．各表の右端には，シャプレー・シュービック投票力指標（SS 指標）を表している．SS 指標は，投票によって決定する際に，可決に持ち込める相対的な力（投票力）を表している．IMF には指名理事国（その国だけで理事を代表できる国）制度がある．指名理事国と一国だけを代表している理事国について，投票権のシェア（%）と SS 指標の値（%）の推移を見てみよう（図表 11-6）．アメリカの投票権の下がり方と投票力の維持との乖離に注目して欲しい．

　国連安全保障理事会の決議は，当初，理事国 11 カ国のうちの 7 カ国の賛成（うち常任理事国 5 カ国を含む）が必要であった．数の上では，単純過半数と 3 分の 2 多数との間の多数決であり，常任理事国の一致した賛成を必要としていたが，非常任理事国については 6 カ国のうちの 2 カ国の賛成が必要なだけであった．これを不公平であるとして，1965 年から非常任理事国が 10 カ国に増え，15 カ国体制となった．決議の可決には，9 カ国（全常任理事国と非常任理事国 10 カ国のうちの 4 カ国）が必要で，従来と同様に単純過半数と 3 分の 2 多数との間の多数決である．この体制が今日まで続いている．たやすく想像できるように，常任理事国と非常任理事国との間には決議案の可否を決める上できわめて大きな投票力の差がある．

　ここでもシャプレー・シュービック投票力指標（SS 指標）を使って，国連安保理の理事国の投票力をみてみよう（図表 11-7）．とくに次の 3 点が注目に値する．

(1) 常任理事国の投票力の圧倒的大きさである．
(2) 安保理改革は，投票力をほとんど変えなかったことである．

(3) 非常任理事国を6から10に増やした結果，個々の非常任理事国の投票力が減ってしまったことである．

　常任理事国の持っているいわゆる拒否権のパワーが良く分かるだろう．国連安保理においては，いかに常任理事国に拒否権を行使させないか（せめて棄権してもらえるか）が，決議案を可決させたい理事国（とくに非常任理事国）にとっての課題となる．

第12章　柔軟性の政治

　　　　人間が行動するとき，所与の環境の中で，利害得失の計算ばかりしているわ
　　　　けでもなければ，権力の掌握をめざしてばかりいるわけでもない．国家の行
　　　　動も，国家間関係も，しかるべき地位と役割についている人間集団による国
　　　　家の名において行われる相互作用であり，その結果である．国民的利益，政
　　　　策手段（選択肢），相手国についての想定などは，それほど明確ではないに
　　　　も拘わらず，はっきり分かっているものとして分析することが多い．また，
　　　　現実には変わりうるにも拘わらず，通常は所与として（変化しないと）前提
　　　　をおいたうえで，分析を行うことが多い．この章では，人間関係に埋め込ま
　　　　れている不確実性や可変性をめぐる政治を論じる．

1　情報と不確実性

　ゲームには，プレーヤが互いにどのような情報を共有してプレーしているのかさまざまなタイプがある．たとえば将棋や碁では対戦者は自分と相手が過去にどのような手を出して，現状がどうなっているのかを知っているのに対し，ポーカーでは自分のハンド（役）しか知らず，他の対戦者については知り得ない（インディアンポーカーはその逆）．知るはずのないことを知っていれば，いかさまゲームになるように，情報の共有如何はゲームにとって本質的問題である．

　ゲーム理論でも同様で，プレーヤが互いにどのような情報を共有しているのか（これを「情報構造」と呼ぶ）が分析方法・結果に大きな影響を与える．情報構造は，ゲームの構造についての情報を共有しているかどうか（完備か不備か），プレーヤの過去の手についての情報を共有しているかどうか（完全か不完全か）に大別される（両者を関連づけることは可能である）．この問題は，第10章で取り上げたゲームの中にすでに現れている．「囚人のジレンマ」ゲームは，情報完備で不完全だから各プレーヤはジレンマに置かれる．脅迫ゲ

ームでは，脅す側の選好順序を脅される側が知っているかどうか（情報完備か不完備か）が，脅される側の選択に影響を及ぼす．先手・後手の区別があるゲームのシュタッケルベルクの解は完全情報ゲームに適用できる．

　ゲーム理論では情報構造は分析の際の前提であるが，現実の国際関係では，情報構造が当事者にとって大問題であり，それ自体が国際関係論にとって分析の対象になる．つまり，国際システムの外交ゲームにおいて一般的には，情報不完備の状況に置かれており，プレーヤ（政府）は相手についての情報を得ようとする．しかしゲーム理論が想定するような情報不完備から完備へとゲームのタイプが移るか移らないか，という単純な問題ではない．

　たとえば危機状況に置かれた政府指導者が政策を決定する際，相手国について十分な情報を持っていない場合が多い．1962年10月のキューバ危機においてアメリカ政府は，ソ連の真の国益を十分に知らなかったし，ソ連側が自国の国益をどのように見積もっているかについても十分に知らなかった．そのような場合を仮想的に眺めると，(1) ソ連についての強気説と弱気説のどちらをとるかによってゲームの構造は変わり，それはアメリカの選択にも影響を及ぼすし，(2) ソ連の出方を推測する上では，ソ連がアメリカのことをどう見ているのか（強気評判か弱気評判のどちらを信じているか）も重要なポイントになる（図表12-1）．情報が不十分な状況では，次節で検討するイメージが大きな役割を果たす．すなわち，ソ連をどう見ているのか（アメリカが抱くソ連のイメージ），アメリカはどう見られているのか（ソ連のアメリカに対するイメージについてのアメリカ側のイメージ）が，政策の選択を左右するのである．

　相手国について不確実な状況に置かれた政府は，さまざまな手段を駆使して情報を入手しようとする．日本についていえば，外務省は在外公館を世界各国に設置しており，国際関係に大きな利害関心を持つ官庁も出向外交官を在外公館に派遣する他，財務省や経済産業省などは省自体の情報収集組織を国外に持っている．情報を得ることは必ずしも正しい知識の獲得とは限らない．入手した情報の評価（真偽・確実性の審査），情報の一元化（異なる入り口から集まった各種情報の総合評価），情報の分析（全体の中に占める意味の解明），情報の利用（政策決定における共有）なども重要である．集まってきた情報は，個々の情報の真偽も最終的には確信できず，たがいに整合的ではない（場合に

(1) ソ連の国益を推測する

	撤退	強行
非難	4 1	1 4
阻止	3 ?	2 ?

強気説　　2　　3
弱気説　　3　　2

(2) ソ連から見たアメリカの国益を推測する

	撤退	強行
非難	4	?
阻止	3	?

強気評判　1　弱気評判　2
　　　　　2　　　　　　1

図表 12-1　情報不完備ゲームの例

よっては相反する）結果になりがちである．利用する情報の取捨選択について，都合の悪い情報を無視するとか伝えないとか，意図的に情報の正確さを犠牲にすることも起こり得る．

　他方で，相手政府が情報を知りたがっていることを前提に，情報操作もゲームの一部を構成する．情報操作は，必ずしも正しい情報を伝えないとか偽情報を相手につかませるとかを意味しない．自国についての正しい知識を持ってもらった方が，自国にとって有利なゲームを展開できる場合もある．そのような場合には，正しい情報を流し，かつそれを相手に信じさせることが重要になる．

　情報源は多様である．多くの場合，相手国の政府による発表・報告や各種報道などの公開資料である．交渉当事者から情報がもたらされることもあるだろう．しかし相手国からもたらされる情報は，たとえ公開情報であろうとも，鵜呑みにはできない．最も貴重な情報源は，相手国が知られたくないことについての情報を得ることができる信頼に足る自国関係者である．その典型が，諜報活動従事者，つまりスパイである．活動している国でその国の違法行為をしているかどうかはさておき，スパイはさまざまなチャネルをとおして情報を収集する．知られたことを相手国関係者に悟らせないで，その国の情報を持ってい

第 12 章　柔軟性の政治

ることは外交交渉において有利になることが多い．また場合によっては，相手国のスパイは，自国についての情報を相手国に信じさせる上で，貴重なチャネルになりうる．

　自国は軍事演習をするつもりだったのに，隣国が侵略準備と誤解し，自衛のために自国に先制攻撃してきた．こんな展開はどちらの国にとっても避けたい事態である．冷戦期の東西両陣営にとっても同様であった．共通の安全保障という大きな枠組の中で，米ソ間の偶発戦争を回避するために信頼醸成措置（CBM）が導入された．大規模軍事演習の事前通告，相手陣営武官による演習参観，情報収集衛星（スパイ衛星）による核ミサイル配備の査察など多岐にわたった．国際システムに埋め込まれた情報の不確実性と他国の意図の不確実性が，自国にとっての安全側への推測につながり，予防攻撃（先制自衛）を選択させ，ひいては全面戦争にいたるというシナリオをCBMによって未然に防ぐことを企図したものである．安全保障のジレンマの全てを解消することは困難かもしれないが，不確実性を減らすことによって軽減する手段がないわけではない．そのような手段を見つけ，実際に用いるのも人間の知恵である．

2　イメージと認知構造

　「囚人のジレンマ」を繰り返すゲームで，ランダムに手を選ぶ戦略と対戦させた被験者に，ゲーム後に相手のイメージを尋ねると，邪悪な相手であるという答えが多いそうである．相手が次にどのような手を出すのかを過去の自分と相手の行動から推測しようとして，ことごとく失敗した結果である．予測困難な相手は，裏切り続ける相手より御しがたいのであろう．言い換えると，ゲームのプレーヤは，互いに相手のイメージ（どのような戦略を用いているのか）を形成しながら，それに対応しているともいえる．

　人間関係と同様，国際関係にもイメージが介在している．しかも，きわめて重要な媒介項である．相手国政府の意図の不確実性をめぐる議論は，正しい情報を入手する問題ではなく，相手国のイメージをめぐる問題として展開することが多い．前出の信頼醸成措置の「信頼」とは，攻撃意図の不存在や合意遵守のメッセージが正確である（情報は正しい）と信じられる心理状態である．し

たがって信頼するかしないかは自国政府の問題である．しかし単に，情報の信頼性・確実性だけを問題にしているのではない．同時に，情報の発信元にも関わっている．つまり，相手国は「信頼」できる・できないという相手国のイメージの問題でもある．イメージは，人間や国家のような組織についてだけでなく，社会や環境についても形成され，イメージをもつ側の認識や行動に影響を及ぼす．

　情報とイメージとは密接に関連している．イメージとは，外界のものごとのモデルであり，内部に形成される全体像である．情報（部分）がイメージ（全体）を形成するが，モデル（形成されたイメージ）はそれに整合的な情報を受容し，矛盾する情報を拒否するフィルターとして作用する．この相互作用により，情報の取捨選択に影響を及ぼす（バイアスをかける）一方で，イメージはますます強固で安定的になる．イメージをある程度共有することにより，人間同士は外界（第三者を含む）についての理解を共有したり，理解の相違を確認したり，議論したりできる．

　モデルとしてのイメージは，複雑な外界を単純化したものである．全体像としてのイメージは，外界を説明・解釈する安定的な枠組である．単純化と安定化は不可欠ではあるが，行き過ぎると「ステレオタイプ」（第8章1を参照）になる．紋切り型の決めつけ（少ないカテゴリーへの無理矢理の当てはめ）になり，決まり文句で表現された陳腐なイメージにもなりかねない．分かりやすいが実体・実態とはかけ離れた誤解に導く．「無政府状況ではいかなる国家も…」なる命題も国際社会を表現するイメージであり，理論構築の前提に置かれることもあるが，ステレオタイプに堕していないだろうか．

　イメージは固定的であるが，短期間に大きく変わることもある．イメージに合わない情報を取り込みにくいというイメージの持つ慣性ゆえに，外界のモデルとして役に立たないことが明白になったり，イメージと対立・矛盾する劇的な事象を受け止めざるを得なかったりすると，イメージは極端に変化することがある（「かわいさ余って憎さ百倍」）．その意味で，ステレオタイプでさえ，変わり得る．

　イメージの内部構造は，認知構造とも呼ばれる．外界をブラックボックスとして描くのではなく，概念間関係によって外界を理解する道具になる．認知構

造を明示的に表現したものを認知構造図（認知図，コグニティブ・マップ）と呼ぶ．対外政策に関する認知構造図は，対外政策手段（選択肢）と起こり得る可能な諸結果との因果関係が中心となる．そこには相手国のイメージ（認知構造図）が埋め込まれている場合も考えられるので，入れ子状態の複雑な認知構造図が構成されるかもしれない．認知構造図の描き方に，決まった方式があるわけではないが，イメージ分析のきわめて特別であるが意識的な方法といえよう．

　合理的意思決定と整合的な認知構造図の表現は，選択肢（P集合）と結果（V集合）とを確率的に結びつける．たとえば，「P_1を選択すれば，V_3とV_4とが半々の確率で生じる」といった命題（信条）の束である．なお，V集合は選好順序を持っている必要がある．このような一種の因果連鎖ネットワークで，一定条件下で何を選択するのが最善なのか，判断することになる．間接的な因果連鎖の場合には，媒介要因（C集合）が必要となる．もちろん，認知構造図は固定されているものではなく，変化する．ある人の認知構造を知ろうとしても，その人の頭の中を直接覗いて調べるわけにはいかないので，その人の意見表明を含む発言・声明・文書あるいはインタビュー記録に基づいて認知構造図を描くことになる．認知構造図を作成することができれば，その政策決定者がどのようなイメージに基づき何を求めているのかを図式化でき，その結果，意思決定の事後検証や事前予測に役立てることが可能になる．

　認知構造図の例として，1962年10月のキューバ危機におけるアメリカ政府首脳の状況認識を示そう．偵察機の航空写真を分析して，ソ連がキューバにミサイル基地を建設中であることがはっきりした．ホワイトハウスの国家安全保障会議（NSC）が秘密裏に招集された．アメリカがとりうる選択肢（P集合）は，「何もしない」から徐々に過激になり「キューバ侵攻」に至る7つであった．それに対し，各選択肢がもたらす帰結（V集合）は，最悪の「軍事衝突（おそらく核戦争）」から最善の「カストロ放逐」までの5つある．どの選択肢を採用すればどのような帰結になるのかを予想したものが，NSC参加者の認知構造図である．当時録音された秘密テープを分析すると，各参加者の認知構造図を推測することができるが，ここでは取りあえず，ジョン・F. ケネディ大統領，ロバート・F. ケネディ司法長官，そしてマクナマラ国防長官が危機

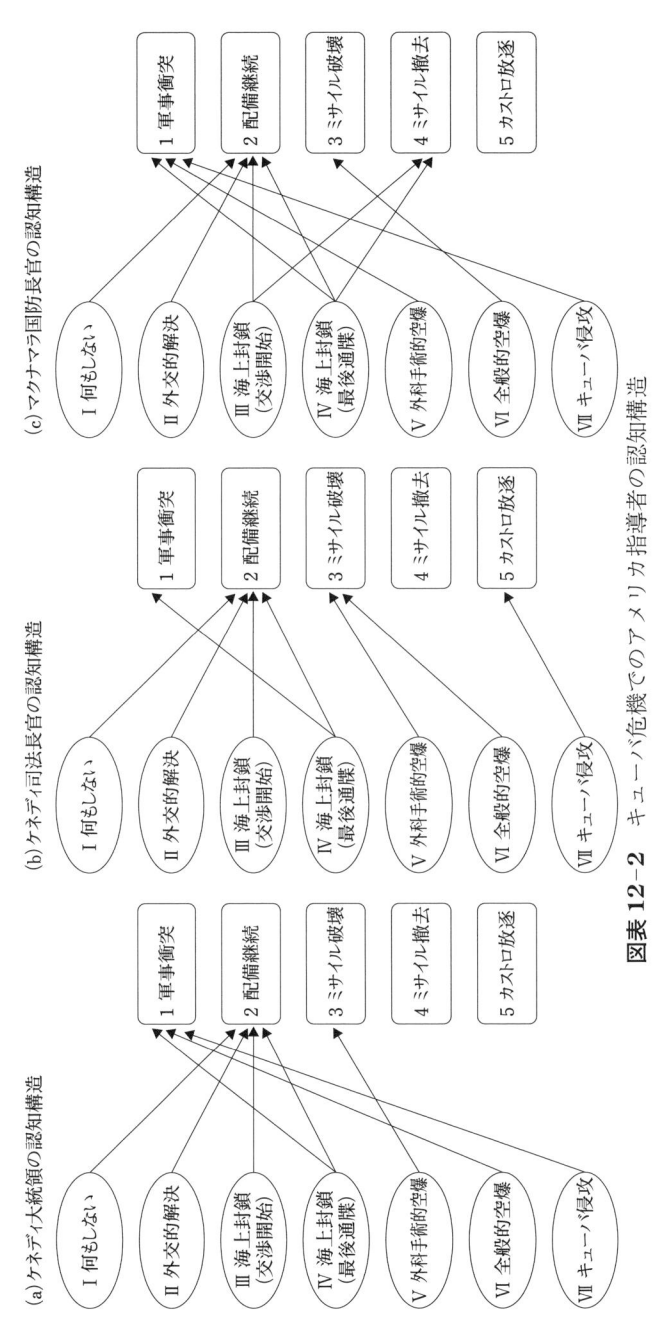

(a) ケネディ大統領の認知構造　(b) ケネディ司法長官の認知構造　(c) マクナマラ国防長官の認知構造

選択肢：
- I 何もしない
- II 外交的解決
- III 海上封鎖（交渉開始）
- IV 海上封鎖（最後通牒）
- V 外科手術的空爆
- VI 全般的空爆
- VII キューバ侵攻

結果：
1 軍事衝突
2 配備継続
3 ミサイル破壊
4 ミサイル撤去
5 カストロ放逐

図表12-2　キューバ危機でのアメリカ指導者の認知構造

第12章　柔軟性の政治

発生直後に持っていた認知構造図を示す（図表12-2）．司法長官のタカ派ぶりが際だっている．現実に起こったことは，アメリカは「海上封鎖（最後通牒）」を選択して，結果として「ミサイル撤去」が実現した．当初から，そのような因果関係を想定していたのは，この3人のうちでは国防長官だけであった．ケネディ兄弟は，もっと強硬手段をとらなければミサイルを撤去させられないと認識していたのである．

3　内省・外見・自己定位

　情報やイメージは相手についてだけでなく自分自身についても重要な概念である．意識された自分は，人間個人にとっても「他者」である．いわんや，国家とか政府というような大きな組織においては，その中を自国政府についての情報が駆け巡り，政治に関わる人々が相互作用しながら集合的に自己イメージを形成する．自己イメージは，自国自身についてのイメージと同時に，それとは異なる，相手国に見せたい（信じさせたい）自国イメージがあるかもしれない．前節までで議論してきたことは，必要な変更を加えた上で，ほぼ自国についての情報や自国についてのイメージに当てはまるので簡単に確認するだけにしよう．

　自国の対外行動を意図したように実施するには，さまざまな情報収集（モニタリング）が必要になる．縦割り行政の弊害ということが国内政治で指摘されるが，対外政策についても同様である．自国についての必要な情報を収集・分析した上で，何が実現可能なのかを判断しなければならない．実際に，国家として実効的に取り得る選択肢は，政府首脳が想定しているより少ないかもしれない．情報は，共有されるべき人々の間で十分に共有されていることは少なく，共有してはならない人々に漏洩していることは少なくない．

　国家の自己イメージは，他国との関わり方の捉え方に反映するが，一筋縄では捉えきれない．国民世論におけるものと要職にある人々のものとには無視できないずれが生じうる．立場ごとに強調点の異なる自己イメージも形成されるだろう．自己イメージには，実態の反映という側面と願望の表現という側面とがみられる．その場合は，現実（情報の客観的処理により認識させられた国家

像）と理想（あるべき国家像）とのずれに悩まされることになる．「我が国」はいかなる国家なのか（国家であるべきか）は，しばしば国内政治の大問題になる．自己イメージの実現志向は，対外的なナショナリズム（国家主義）として顕在化するかもしれない．そして，国際社会の現実に直面して，自己イメージの修正を迫られることもあるだろう．

自己イメージには，他国（他国民）にそう思われたい（思わせたい）自国のイメージも含まれるが，それを他国（他国民）が抱いているとは限らない．「見られているイメージ」を「見せたいイメージ」に変えるためには，相手の国（国民）に対してさまざまな情報の提供が必要である．しかし，国家はさまざまな国家を相手にして外交を展開し，そのやり方は相手国以外から見られている．特定国との関係において，ある外見を見せつける（そのような国だと思わせる）ことには成功するかもしれない．しかし別の国との関係において，それが成功するとは限らない（「頭隠して尻隠さず」）．あるいは，そのように見せかけること自体が，相手が変われば望ましいとも言えない．結局，適切で安定的な自己イメージとしては，国家としてのインテグリティ（裏表がない態度），コンシステンシー（一貫性がある態度）に勝るイメージはないのではなかろうか．つまり，どの国から見ても，同じように見えるイメージである．（この種の問題は，ゲーム理論では「レピュテーション（評判）」問題として扱われている．）

自己イメージと他国から見た自国のイメージとの一致・不一致は，国際社会の中のアイデンティティと自己定位の問題である．たとえば「アジアの盟主」「アジアの一員」「貿易立国」「資源小国」「先進国」「経済大国」などのカテゴリーは，自己イメージとしては機能するかもしれないが，アイデンティティとして機能するかどうかは，そのようなイメージが他国にも認められるかどうかに依存している．また，「大国」「小国」はかなり間主観的な相互了解的イメージである．そして自国が小国と見なされているのか，大国と見なされているのかは，国際環境の捉え方や対外行動の仕方に影響を与えるであろう．第二次世界大戦後，連合国が牛耳る制度の下では，「平和愛好国」のみが主権国家システムの正統的なメンバーになることができる．そのような中で，戦中連合国ではなかった国が，自国を平和愛好国であると主張し，他国の承認を得ようとす

るのは，当然であろう．自称平和愛好国では不十分なのである．1940年に開催するはずだった東京オリンピックを辞退した日本は，戦後にオリンピックをことさらに「平和の祭典」と位置づけ，それを開催することに熱心だったが，それは，単に古代ギリシャの故事を思い出したからだけではない．

　主権国家システムにおける「国家」のイメージとは，「普通の国家」が標準であり，さらにはそのような国家像が暗黙の規範になっているきらいがある．「普通の国家」とは，国際関係における国家行動についての「期待の収斂」からずれの大きくない国家であるが，特定のモデルに従うことを意味している場合が多い．しかし，他国の予想や分析者の予測に合う国家をめざす必要はない．「まともな国家」は，自国の対外行動に対する責任あるコントロールを実行し，国際法の許す範囲内で，国民的利益（国益）を追求する国家である．「我が国の平和と繁栄」とか「世界平和と人類の自由」とかが国益として表現されていることが多い．そのような状態の実現に正面から反対する人々，国家は少ないに違いないが，それゆえにそのような目標を国益として捉えることはあまり意味がない．逆に，特定の政策を採ることが国益であると主張されることもあるが，そのような主張も，認知構造図による表現方法からみれば，やはりあまり意味のない国益の定義であることが分かるであろう．重要なのは，「何を選択すればどのような結果を招来するのか」について明確にすることである．何をすれば平和（我が国にせよ世界にせよ）が実現するのかについて，果たして共通の理解があるのか．また，望ましいとされる選択はどのような結果をもたらすのかについて，果たして共通の理解があるのか．共通の理解が形成されにくいからこそ，何が国益なのかをめぐって論争が起きる．ある国の国益を帰納的経験的に定式化するのは，難しい作業なのである．

4　討議から相互理解へ

　情報やイメージの重要性を考慮すると，現実の国際関係を分析する上での柔軟性が大きく増える．所与の制度，所与の選択肢，所与の国益などを前提にした固い外交交渉とは異なる様相が見えてくる．否，外交交渉の大きな機能は，情報やイメージをめぐる柔軟なコミュニケーションとパワー行使なのであり，

討議に分類される要素も大きいのである．ここでは，ゲーム理論的外交（所与の選好順序にもとづいた合理的意思決定の考え方）にモデル化できない国際関係の見方を取り上げる．

討議とは，異なる意見の一方的な言い合い（水掛け論）とも質疑応答とも違う．また，単なる交渉の妥結（妥協の成立）でもない．説得する，納得する，自己の立場を相手に理解させる，相手の置かれた状況を理解するなど，駆け引きとは異なるタイプのコミュニケーションである．そこは，新しい情報の共有やイメージの修正などが行われる場でもある．討議が成立する前提は，互いに「自分（自国）も変わる」可能性を受け入れることである．言い換えると，相手が自分と同じように見たり考えたりするようになること，あるいは世界観を共有するようになることが究極の目的である．紛争を闘技・遊戯・討議の3類型に分けたA. ラパポート（第9章を参照）自身の言葉を借りよう．「討議は，われわれの定義からすると，『合理的』手続きによっては解決不可能である．討議とは，程度の差こそあれ互いに相容れないイメージがぶつかり合うことから始まる．討議で最も力を入れることは，相手がそれまでとは別のイメージを受容するように誘導することである．」そして，ラパポートは，「先入観」「学習」「説得」「相互理解（empathetic understanding）」などのキーワードを駆使して，討議が解決に向かう過程を描こうとする．このように討議（debates）は，カタカナで「ディベート（debates）」と呼ばれる賛否両論を闘わせて勝敗（第三者の評価）を競うゲームとは異質なものなのである．

ゲームの語彙を用いて，討議の特徴を挙げると，討議の過程をとおして(1) 自他の選択肢が変動しうる，(2) 自他の選好順序が変化しうる，(3) 両者が情報を共有するようになる，(4) 両者の協力が可能になる，というようなことを指摘できるだろう．しかし，ゲームの比喩では欠落してしまう特徴が討議の本質である．それは，討議の前には明確に区別されていた「自他」が，討議の過程を経て，新しい共同性・共通性を見出して「われわれ」になる可能性を孕んでいる点である．

外交交渉においても，「脅し」によって自国の国益を追求するだけでなく，自国の国益追求が交渉相手国の国益追求と両立する（ゼロサムではない）ことを交渉相手に理解してもらうべく「説得」することが重要である．両国にとっ

て受け入れ可能な合意点に双方が妥協する際にも，両国代表が各々一方的に主張しながら，徐々に合意点に収斂していくバーゲニングだけでなく，「協議」によって合意点を探る方法もある．つまり，外交交渉がゲームとして行われる要素が多いにしても，討議の要素も決して無視できないのである．

　国家間関係では，Ａ国の国民的利益を追求する上では，単にＢ国政府の譲歩を勝ち取るだけでなく，Ｂ国国民の理解（さらには支持）を得ることも重要である．Ｂ国国民が自国について良いイメージを持つこと，あるいは自国の政策に理解を示してくれれば，政府間交渉でも有利な立場に立つことができる．政府による相手国の国民に対する働きかけが生み出す効果について，相手国政府に働きかけるパワーと区別して，インフルエンス（影響力）と呼ぶ．もっとも最近は，他国の政府・国民の自発的・協調的態度に焦点を当てて，自国にとって望ましい状態が実現しやすくなる「ソフトパワー」という概念が論じられることが多い．インフルエンスもソフトパワーも，その効果はある意味で間接的な結果である．つまりＢ国民がＡ国に対して好意的になるのか敵対的になるのか，Ｂ国民がＡ国の主張をもっともと考えるのか理不尽と考えるのかは，当該争点が交渉の土俵に上る前のＢ国民のＡ国に対するイメージ形成に依存しているところが大きい．

　主体Ａ国の客体Ｂ国への意図的働きかけを重視して，インフルエンス（影響力）の観点から考察してみよう．Ａ国政府によるＢ国民への働きかけはパブリック・ディプロマシー（広報外交）と呼ばれる．政府が直接的に在外公館を通じて働きかける場合もあれば，文化交流団体を通じて間接的に働きかける場合もある．Ａ国民がＢ国についての理解を深めるよりは，Ｂ国民にＡ国についての理解を深めてもらうことを目的にしているという点で，現象としての文化交流であるにしても，目的としては非対称性が存在している．文化外交は，自国文化を相手国に理解してもらうことだけが目的である必要はない．相手国文化を自国民に理解させて，無用な対立や誤解を減らすことも文化外交の一環としても良いだろう．もっとも，相互理解を看板に掲げていても，文化「外交」と呼ばれるように，Ａ国側からの働きかけは，Ａ国にとっての利益を高めること（Ｂ国の利益を減らすわけではないにしても）が目的である．

　Ａ国政府の意図の度合いはさておき，Ａ国からＢ国への商業的な文化（映

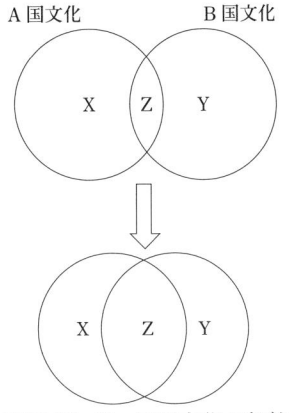

図表 12-3 国別文化の収斂

画，TV 番組，小説，漫画，音楽など）の輸出（B 国における A 国文化の人気の高さ）も A 国のソフトパワーを高めると言われている．たしかに，A 国文化の輸入（人気）が B 国における A 国への憧憬・尊敬などを高めるという現象が付随する限りにおいてはそうかもしれない．他方で，ジーンズをはいてコーラを飲みながら，反米デモをすることは決して意外ではない．ドラえもんやポケモンをテレビで観て育ったからといって，日系企業に対して好感情を持ったり日本政府の政策を支持したりする保証はどこにもない．

　グローバル化が進展する今日において，外国についての情報・知識は多くなる傾向にある．自国文化の外国への紹介だけでなく外国文化の自国への紹介も，外交政策にせよ商業目的にせよ，盛んになってきた．もちろん，そこには誤解や偏見あるいはステレオタイプの固定化など，副作用が付随しがちである．しかしながら，A 国文化と B 国文化との関係は，仮に 19 世紀と 21 世紀とを比較すれば，共通部分が増えているだろう（図表 12-3）．文化の違いをやや誇張して表せば，19 世紀の A 国（ヨーロッパ）にしかない文化 X は文明として世界に誇るものであり，自国にはない外国文化 Y は博物館に収蔵されるものであり，博物学の対象であった．20 世紀では，X は自国の伝統・ユニークさを強調するものであり，Y は地域研究の対象であり，異文化理解の対象であった．近年の相互理解とは，A 国民が Y を，B 国民が X を理解するという側面だけでなく，両国民が Z の存在に注目して，同じような生活環境に置か

第 12 章　柔軟性の政治　　225

れ，同じような悩みを抱えていることを知るようになるという側面も加わったのではないだろうか．交流の増加・多様化は，結果として，ステレオタイプや偏見を修正する方向に機能するに違いない．Ｚの拡大は，ある意味でソフトパワーが作動する余地が増えることである．しかし，それをＡ国（主体）によるＢ国（客体）へのパワー行使の資源増としてしか捉えられないとしたら発想の貧困といえよう．

接触が濃密になり，相互に依存する度合いが高まれば，広義の政治（社会的意思決定＝狭義の政治とその実現＝統治）の役割は増えざるを得ない．村落共同体に象徴されるような地域社会（コミュニティ）で対立がなくならないように，地球社会が共同体になったとしても対立はなくならないどころか，おそらく増加し多様化するだろう．利害対立状況で勝つことよりも，共存の知恵の方が大切になるだろう．

*5　ダイナミックなゲームとゲームの限界

国際関係論にとって国家間関係が対立的であり，協力が成立しにくいという捉え方は，囚人のジレンマ（互いに協力した方が望ましいのに協力する場合は少ない）との相性が良かった．とはいえ，相互の協力を実現することに関心がなかったわけではない．実際1950年代以来，囚人のジレンマは，個々のプレーヤの合理的意思決定（「利己的行動」）が両者にとって望ましい状態を実現できない（「神の見えざる手」が働かない）という，社会科学者にとって居心地の悪い社会状況のモデルとして認識され続けてきた．このような状況においてプレーヤどうしの協力を生み出す可能性について，理論的あるいは実験的考察がいろいろと試みられてきた．

その中で注目された研究が，R. アクセルロッドによる繰り返し囚人のジレンマ・ゲームにおける最良戦略の模索であった．繰り返し囚人のジレンマ・ゲームとは，プレーヤが何回も囚人のジレンマ・ゲームをすることである．アクセルロッドは，相互協力状態の出現・定着ではなく，プレーヤ（同じ戦略に基づいて意思決定をする）の最終的な利得の多さを競う総当たりゲームを提唱した．多くの研究者が応募してきたさまざまな戦略のプログラムをコンピュータ

の中で対戦させたところ，ラパポートが応募したTFT（Tit For Tat：目には目を，しっぺ返し，おうむがえしなどと訳されている）戦略が最優秀という結果になった．この戦略は，初回は協力し，それ以降は前回の相手プレーヤの出した手を出すという単純なものであり，このプログラムは2番目に短かった（最短はランダム戦略のプログラム）．TFT戦略は，他の戦略より良いというよりは，さまざまな戦略が総当たりでゲームをする場合に平均的に最高利得を生み出した戦略であった．TFT戦略はさまざまな角度から議論の的となったが，合理的な計算ではなく条件反射的な行動であるというところが衝撃的であった．繰り返しゲームの結果を受けて次の繰り返しゲームから利得の低い戦略を退場させ，利得の高い戦略を増やしていくという繰り返しゲームの繰り返しを続けると，TFTの占める割合が増えるという結果になった．（これが普遍的な結果ではないことは後年明らかになった．）

　アクセルロッドの研究は，合理的計算の前提が必ずしも必要ではなく，結果として良い戦略が生き残って増えていくという可能性に光を当てた．人間の知性を前提にするような合理性に依拠しなければ，さまざまな応用が可能になる．このような考え方を共有しているのが，生物学の分野で発展した進化ゲームである．戦略は遺伝的に決まっており，高い利得をもたらす戦略（その戦略をとる個体の生存確率が高い）が淘汰圧の働く環境で集団に広まっていくという考え方である．つまり結果として，ある戦略が集団として採用されることによって，その集団が全体として望ましい結果を享受することを定式化できたのである．生物学では，一見すると利他的な行動（言い換えれば自己には不利なのに他者にとって得になる行動）がなぜ淘汰されないのかという難問があった．この問題の解決の糸口は，淘汰は個体ではなく遺伝子に対して向けられるという理論の登場であった（「包括適応度」概念の登場）．言い換えれば，囚人のジレンマの克服（不利な行動をあえて選択する）は個体の問題ではなく遺伝子の問題として考察すべきであるということになる．

　「淘汰」「適応」「進化」といった生物学の概念は，「競争」「学習」「模倣」「流行」などの概念と関係づけられ，人間社会の現象に拡張解釈されて，進化ゲームの考え方は人間社会の分析に移植されている．プレーヤは主体というより戦略そのものになり，初期状態から出発して，少しずつ利得を高めるものに

修正していき，やがて最適なものに向かうことになる．このような考え方は，いわゆる自然状態から複数の制度が構想・構築され，やがて特定の制度が優位になる過程と通用するものと理解されるようになった．国際関係論では，進化ゲームの考え方は国際レジームの形成など国際制度の研究に影響を与えている．

　ゲーム理論は社会科学（国際関係論を含む）に大きな影響を与えてきた．しかし，人間関係のモデル化におけるゲーム理論の限界が指摘されているように，国際関係の分析に無批判的にゲーム理論を応用すべきではない．ゲーム理論は抽象的な数学の一体系である．その道具立てに合うように人間行動・国家行動を解釈することは，ゲーム理論が本来は柔軟であるはずの決定や行動に対する「拘束衣」の役割を果たしていると言わざるを得ない．国際関係のさまざまな現象（分析対象）はどのような道具で分析するのが相応しいのかという問題をまず考察すべきである．その結果，相応しいゲーム理論の使い方が出てきたり，ゲーム理論以外の理論の利用・開発につながったりするはずである．

第4部　地球社会の課題

　地球社会はさまざまな課題に直面している．その多くは，かつては深刻だった国家間の対立・緊張激化ではなく，国家が互いに協力して対応すべきなのに対応しきれないような問題である．その意味では，地球社会の一体性が高まる中で，主権国家システムにおける問題解決が不十分であることが如実に示されている．山積する課題，新たに登場する課題に，地球社会の構成員（国家，国際組織から市民組織，個々の市民まで）はどのように向き合っているのだろうか．

　第13章ではマクロな視点から，地球社会の一体化傾向がもたらしているさまざまな課題とそれへの対応を概観する．第14章ではミクロな視点から，国家，社会，地域社会内部の諸矛盾の増大化傾向がもたらしているさまざまな課題とそれへの対応を概観する．そして第15章では，地球社会の課題には，どのような取り組みがなされているのか，どのような枠組が作られているのか，という観点から，国際関係が地球社会の中でどのような位置づけになっているかを考える．

第13章　深まる一体性と高まる負荷

　　　国境（水際）障壁が低くなるにつれて国際交流が増大するとともにさまざまな国家間摩擦を生むようになった．国内規制の緩和と各国制度の調和が進行するにつれて国境を無視する（すなわち国家の管理から自由な）交流も増大し，国家に対して伝統的な水際管理とは異質な問題を突きつけるようになった．こうした国際化・グローバル化の進展は，国家に協調・協力を迫っている．

1　グローバル化の光と陰

　1970年代初め，経済的相互依存をめぐる政治が注目を浴びるようになった．1960年代末，アメリカの経済的覇権が衰え，統合を進めるヨーロッパ経済の動向を無視できなくなったことが発端である．それまで，アメリカは自由で開放的な貿易体制を支えてきた（個別品目では相手国に輸出自主規制を求めつつ）が，貿易をめぐる国際摩擦が激化すると同時に，国内法（1974年通商法301条）を根拠に「公正貿易」をめぐる外交を追求した．しかし1980年代半ばになると，アメリカは自国の規制緩和が他国より進んでいることを背景にして主要貿易相手国の市場開放を求めるようになる（1988年通商競争力法スーパー301条）とともに，特にアメリカが得意とする金融分野で攻勢を強めた．ときには激しい国際経済摩擦を伴いつつ，制度的には西側主要先進国を中心に，経済政策協調や市場開放が進んだ．国家間の問題として経済取引・交流の自由化が進むにつれ，国家から程度の差こそあれ自律的な多国籍企業の活動空間（グローバル・ソーシング）や金融市場が形成され発達していった．今日，グローバル化と呼ばれる「国境で区切られた領域を無視して世界各地を緊密につなげる諸活動の展開過程」のベースが，冷戦末期に西側先進国を中心に形成されたのである．ボラタリティ（相場変動率）が拡大する中で「カジノ資本主義」と

いう警鐘が鳴らされたが，グローバル化の流れは止まらなかった．

　このような流れは，とくにアメリカ政府，国際通貨基金（IMF），世界銀行が小さな政府・規制緩和・貿易投資自由化を各国に促すことにより加速した．累積債務問題でIMFの支援を求める途上国に対しては，IMFは構造調整ファシリティなどの支援枠組を構築し，借り手国の政策を拘束する融資条件を義務づけた（IMFコンディショナリティ）．ブレトンウッズ体制崩壊後のIMFは途上国援助機関としての性格を強め，世界銀行グループとの協調や連携を進めていった．先進国のみならず途上国にも適用しようとした一連の政策目標は，「ワシントン・コンセンサス」と呼ばれることもあった．

　冷戦終結とともに，ソ連・東欧圏では政治的民主化と経済的自由化が一挙に進行し，文字通りの世界経済が成立した．（中国やベトナムは社会主義体制を維持したまま市場経済体制を選択しており，両国はやはり世界経済に統合された．インドも1990年代初めに経済自由化に舵を切った．）国境管理や国内市場の規制緩和に伴ってモノ・カネ・ヒト・情報の国境を越えた流れ（国際取引・交流）が世界各地を緊密に結びつけ，そのグローバルなネットワークや市場で活動する企業や金融機関が，かつては鉄のカーテンが遮っていた領域に怒濤のごとく進出していった．

　国内金融制度の規制緩和と対外取引の自由化が進行したことによってグローバルな金融市場・為替市場が形成されたが，「市場」は「国家」のコントロールの効きにくい自律的な存在として，独自のダイナミズムを持つようになった．通貨が商品化される中で，短期資本の大量移動が各国通貨の安定性を脅かした．1992年にはヨーロッパを通貨危機が襲い，イギリスのポンド危機（暗黒の水曜日）をはじめ，北欧諸国も通貨危機に見舞われた．1994年にはメキシコで通貨危機が発生した．1997年には東アジア諸国で通貨危機が発生し，翌98年にはロシアで，さらに99年にはブラジルで通貨危機が発生した．為替レートの大幅かつ急激な変動は各国経済に大きな影響を及ぼすだけでなく，市場で巨額な利益を上げていた金融機関の中には巨額の損失を被るものもでた．さらに，さまざまな金融派生商品が開発される一方で，リスクは拡散し，市場自身にとってもコントロールの困難な状況にいたった．

　グローバル化の急激な進展とそれがもたらした負の効果は，まもなく主権国

家システムとしての対応を迫ることになった．すなわち，1996年に開催された主要先進国のリヨン・サミットでは，グローバル化が中心テーマとなり，その「光と陰」は「恩恵と挑戦」という対として取り上げられた．もっとも，全体的基調は，グローバル化を高く評価するものであり，先進国社会を襲った競争激化，不平等の拡大，構造改革の痛み，金融市場のグローバルな不安定化などに対応するための国際協力の必要性を強調するものであった．具体的には，マクロ経済政策（失業問題への対処・持続的成長の維持，規制緩和をつうじた労働市場の柔軟化），国際金融（為替相場の乱高下に対抗する為替安定化，金融危機を回避するための金融市場の健全性確保・市場の監督），貿易（さらなる自由化・WTO（世界貿易機関）ルールの徹底），などがグローバル化の陰に対して対応するための協力課題として掲げられた．裏返せば，金融の革新，越境資本移動，グローバルに活動する金融機関の増加などに国家（主要先進国）が適応できていないことを強く認識せざるを得なかったのである．翌97年のデンバー・サミットでも，市場のグローバル化の進展は世界の経済成長の重要な推進力であると位置づけられ，グローバル化によって生じる課題に先進各国が取り組むことを目標に掲げ，グローバルな金融と通貨の安定をめざすことが謳われた．

　しかし，グローバル化の陰は，さらに色濃くなった．1999年にシアトルで開かれたWTO閣僚会議に合わせて，大規模な反グローバル化デモが発生した．ウルグアイ・ラウンド合意を受けて1995年に発足したWTOは，この年から新ラウンド開始に合意する計画であったが，それに失敗した．その理由には，WTOに新しく加盟した途上国と関税と貿易に関する一般協定（GATT）時代から自由化の牽引役だった先進国との対立，先進国どうしの対立などの他，非政府組織（NGO）の主導する広範な反グローバル化のデモも含まれていた．閣僚会議に参加したアメリカを母体とするNGOは300を超えたが，その4分の3は産業，農業，環境分野であり，ヨーロッパを母体とするNGO約180団体のうち，やはり産業，農業，環境が過半を占めた．

　翌2000年のIMF・世界銀行の春季会合の開催地ワシントンでも，秋の年次総会開催地のプラハでも大規模な反グローバル化デモが発生した．さらには，2001年7月のジェノヴァ・サミットでも，やはり大規模なデモが起こってい

(a) 実質GDP成長率

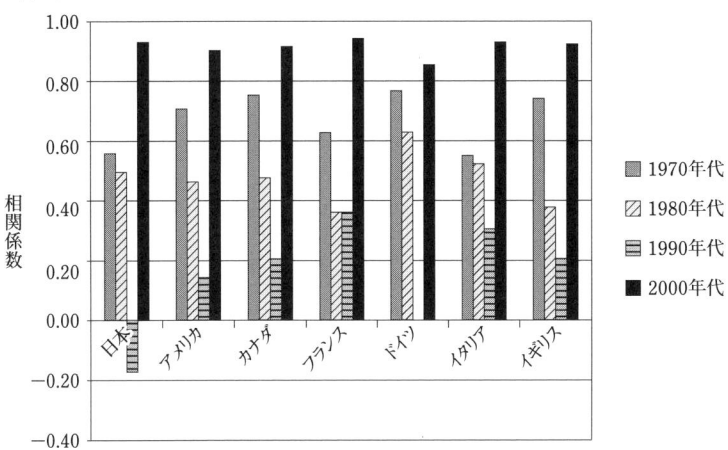

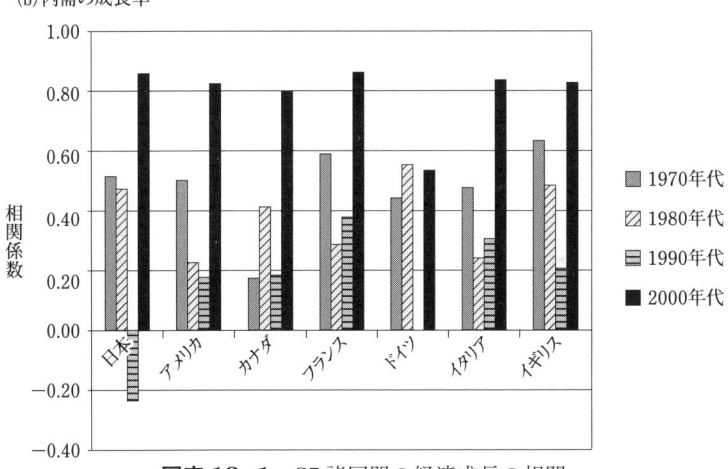

図表13-1 G7諸国間の経済成長の相関

る．その直後に，9.11同時多発テロが起こっていなかったら，秋のIMF・世銀総会でも再びデモが起こっただろう．言うまでもなく，1990年代末以降に頻発するようになった反グローバル化デモはさまざまな呼びかけ（動員）の結果であり，必ずしも共通する目的があったわけではない．しかし，呼びかけに応えた人々の一部が暴徒化するほど，経済のグローバル化はそれに反対する

人々を政治化させる影響力が大きかったと言えよう．

　グローバル化は，このようにさまざまな摩擦を引き起こしながら，21世紀に入っても進行している．そして国際交流で緊密に結びつけられた国民経済の間の相互依存・連動性も深まった．相互依存が注目されるようになった1970年代から2000年代までの先進諸国の経済成長の連動性を展望してみると，1990年代は著しく各国経済のばらつきが大きかったものの，2000年代に大きく高まったことが見て取れる（図表13-1）．

2　地球規模問題と脅威の拡散

　1970年代初め，地球環境問題が注目を浴びるようになった．1960年代末，北ヨーロッパの越境大気汚染が深刻化し，とくに酸性雨のもたらす森林破壊や湖沼の酸性化が大きな問題となったことが発端である．1972年，スウェーデン政府の提唱により，国連人間環境会議が開かれた．そこでは北欧社会が抱えていた問題のみならず，地球環境全般が取り上げられ，「かけがえのない地球」がスローガンとなった．人間の生存を支える環境は人間が形成するものでもあるという認識の下に，人間を取り巻く環境の保護と改善が謳われ，現在および将来の世代のために地域レベル・地球レベルでの人間環境の保全・改善が合意された（国連人間環境宣言：ストックホルム宣言）．この同じ年，『成長の限界』が出版された．これは，人口増大と経済開発（工業化）が続けば，早晩必ず食料不足と環境悪化が生じ，人口激減をもたらすというシミュレーション結果を示したものである．このような地球の有限性は，「宇宙船地球号」（『宇宙船地球号操縦マニュアル』1963年）とか「共有地の悲劇」（1968年）といったキーワードによって1960年代から指摘されてはいたが，1970年代に入って，とくに1973年の石油危機（第三次中東戦争に伴う輸出規制と価格高騰）は地球資源の有限性を強く印象づけた．こうして，人間の経済活動（とくに経済開発）と地球環境とを結びつける発想が重要視されるようになった．

　1984年に国連事務総長が設置した「環境と開発に関する世界委員会」は，ノルウェー首相のブルントラントを委員長として87年に「我ら共通の未来」と題する報告書（ブルントラント報告）を発表して，「持続可能な開発」とい

う考え方を打ち出した．持続可能な開発とは「将来の世代がその必要を満たす能力を損なうことなく，現在の世代の必要を満たす開発」のことであり，必要性と世代という2つの概念を結びつけることによって環境の制約と開発の希求とを両立させようとしたものであった．国連人間環境会議20周年にあたる1992年，持続可能な開発を中心テーマとして国連環境開発会議（UNCED：地球環境サミット）がリオデジャネイロで開催され，「環境と開発に関するリオ宣言」と宣言を実行に移す行動計画である「アジェンダ21」が採択された．また，会議の折には，生物多様性条約と気候変動枠組条約も締結されている．この会議では，現在と将来との「世代間衡平」や先進国と途上国との「共通だが差異のある責任」といった新しい考え方が打ち出されたが，通時的・共時的な利害対立は先鋭なままで残された．

　UNCEDのフォローアップは，10周年に当たる2002年にヨハネスブルグで国連主催による持続可能な開発に関する世界首脳会議（WSSD：ヨハネスブルグ・サミット）が開かれ，きわめて多岐にわたる実施計画が採択されたが，それまでの10年の進展は限定的であり，その後も大きな飛躍はないままである．（そして20周年に当たる2012年には，再びリオデジャネイロで持続可能な開発会議（リオ＋20）が開かれる．）気候変動枠組条約の第3回締約国会議（COP3）は1997年に京都で開かれ，温室効果ガス削減に関する京都議定書が採択された．これは10年後の2008年から2012年にかけての削減目標を国ごとに定めた他，排出量取引や共同実施など柔軟化措置（京都メカニズム）を定めたものであるが，途上国には削減義務がなく，実際に自発的に削減する大量排出途上国がなかったために，それを条件としていたアメリカが参加を取りやめた．その他諸般の事情から議定書の発効が遅れ，ようやく2005年に実現した．そして目前に迫った2013年以降について議論が続いている．また，生物多様性条約の第10回締約国会議（COP10）は2010年に名古屋で開かれ，遺伝資源を利用して生じた利益の公正な配分に関する名古屋議定書が採択された．

　ところでグローバル化の光と陰に焦点を当てた1996年のリヨン・サミットでは，サミット参加国（主要先進工業国7カ国）にロシアが加わって，政治問題と地球規模問題とが議論された．成果をまとめた議長声明は，地球規模問題

として，(1) 国連の強化，(2) 人権・民主化・人道上の緊急事態，(3) 核不拡散・軍備管理・軍縮，(4) 原子力の安全，(5) 環境，(6) 情報社会，(7) ヒューマンフロンティアサイエンス計画，(8) 感染症，(9) 麻薬，(10) 国際組織犯罪を具体的に掲げ，これとは別に，国際テロを非難する宣言をだした．かつては地球規模の問題とは人類の活動を地球の環境・生態系に対する脅威に結びつける捉え方が主流だったのに対し，リヨン・サミットでは人間社会に対する広範な脅威とそれへの地球規模での対応の必要性が謳われた．

地球規模問題として広範な脅威が掲げられたことは，主要国にとって国家安全保障のテーマが冷戦後大きく変化したことと密接に関連している．冷戦期には，核抑止による平和の維持と偶発核戦争を回避するための信頼醸成措置が，国家安全保障の中核的課題であった．核戦争の脅威が大幅に減ったのを受けて，相対的に重要性を増したのが多様な脅威であった．アメリカの行政府が議会への提出を義務づけられた国家安全保障戦略報告について，クリントン政権の手による最初の1994年版で，従来の報告と比較すると国家安全保障概念をきわめて広く定義するとともに，アメリカの国家安全保障・アメリカの経済的繁栄追求・海外の民主主義振興を相互に強化するアメリカの国益として明確に位置づけた．国家安全保障については，それを脅かす脅威として，大量破壊兵器・運搬手段の拡散，地域的な民族（エスニック）紛争，脱国家的脅威（テロリズム，麻薬取引，環境悪化，人口爆発，過度な人口移動など）を名指ししている．とくに注目できるのが，脱国家的脅威に対する認識であり，後年の非伝統的脅威に対する安全保障（非伝統的安全保障）に直接つながっていく．

「非伝統的」安全保障概念は，伝統的ではない安全保障であることしか意味しておらず，内包的にも外延的にも確定した概念ではない．今日，非伝統的安全保障と言われているものは，おおむね「非」国家主体からのきわめて多種多様な脅威に対処するものである．この国家主体が与える脅威ではないという否定の意味はきわめて広範で，「非国家」的な主体による脅威（つまり意図的脅威）はもちろん，「非主体」による脅威（つまり意図の介在しない脅威）も含むのが普通である．国家ではない主体による脅威としては，海賊（船舶の襲撃，誘拐・人質），国際犯罪組織（麻薬取引，人身取引，違法入国，資金洗浄など），国際テロリスト（テロ攻撃）などが含まれ，主体を想定できない脅威

としては，感染症（鳥インフルエンザ，HIV/AIDS など），自然災害（地震，津波，台風など）などが含まれる．

　伝統的安全保障（国家安全保障）が安全保障のジレンマを引き起こしやすく，国家間協力の困難な特徴を有しているのに対し，非伝統的安全保障では，関係する国々の間で共通の敵・共通の脅威という認識を共有することが比較的容易であり，それを受けて国家間協力も比較的容易となる．実際，2000年国連ミレニアムサミットで採択された国連ミレニアム宣言では，「平和・安全・軍縮」と題する第2章の中で，国際テロ，薬物，国際犯罪（人身取引，不法移民，資金洗浄を含む）への対処強化が謳われた．

3　人権規範の浸透とあつれき

　1970年代初め，冷戦の正面戦線であるヨーロッパで，核戦争を回避するべく東西両陣営の共存・協力の動きが注目を浴びるようになった．1960年代末，フィンランド政府が，ソ連を含む全ヨーロッパ諸国と，北大西洋条約機構（NATO）加盟国として西ヨーロッパと一体のアメリカおよびカナダに，ヘルシンキ会議開催を提案したことが発端である．1973年にアルバニアを除く合計35カ国の首脳が参加して全欧州安全保障協力会議（CSCE）が始まり，75年に最終文書（ヘルシンキ合意）がまとまった．コンセンサス方式で運営されるCSCEの原則として，(1) 主権平等，(2) 武力不行使，(3) 国境不可侵，(4) 領土保全，(5) 紛争の平和的処理，(6) 内政不干渉，(8) 人民の同権と自決などといった伝統的な一般原則に加えて，(7) 人権と基本的自由（思想・良心・信仰・信条の自由を含む）の尊重が盛り込まれた．最終文書は，3編（バスケット）に分かれており，第1バスケットは上記原則の他に信頼醸成措置など軍事安全保障面の合意，第2バスケットは経済・科学・技術・環境面での協力や労働関係の合意，そして第3バスケットは人道措置（自由移動，接触，家族の再会，情報の自由，取材の権利，文化・教育協力など）の合意となっていた．ちなみに原則 (7) と第3バスケットは「人間次元」と呼ばれた．その後，フォローアップのための再検討会合がベオグラード（1977-78年），マドリッド（1980-83年），ウィーン（1986-89年）と続き，ヘルシンキ合意の具体化

が進んだ．

　東西ヨーロッパの共存をめざしたヘルシンキ合意は，たとえば1982年には「共通の安全保障」（パルメ報告）の提唱などを通じてヨーロッパの枠を越えた影響を持った．さらに重要なものが「人間次元」での進展である．それはソ連・東欧圏の民主化を促し，冷戦終結とともに各国の民主化が急速に進み，概ね自由民主主義の政治体制を選択する結果を生み出した．旧社会主義圏におけるこのような変化は，冷戦後の世界で自由民主主義・人権の国際規範化の背景になった．CSCE は，1995年に全欧州安全保障協力機構（OSCE）として制度化をさらに進め，予防外交や紛争への非強制的介入，選挙監視などの活動をしている．

　冷戦後，民主主義・人権はヨーロッパの地域的な規範から国際社会全体の規範へと変容した．規範遵守の圧力は，まず開発援助に現れた．先進国（ODAドナー国）は途上国の民主化・市場経済化を促した．日本については，1992年に策定した政府開発援助大綱（ODA大綱）で「途上国における民主化の促進，市場経済導入の努力ならびに基本的人権および自由の保障状況に十分に注意を払う」とされた．非政治的理念の原則（融資条件に政治的考慮を組み込むことの禁止）を掲げる世界銀行は「グッド・ガバナンス（良い統治）」なる概念を掲げた．ガバナンスは「経済的社会的資源を開発のために活用する際の権力行使のあり方」と定義され，グッド・ガバナンスとして，権力行使に際しての政府の説明責任・透明性・公開性，公共部門の効率的運営，予測可能な法に基づく統治と独立した司法，汚職・腐敗の抑制などが掲げられた．これは，援助資金が公正かつ効率的に使用される上で重要な概念とされ，民主主義という用語は注意深く避けているが，政治的側面を前面に持ってきたのは明らかであろう．経済協力開発機構開発援助委員会（OECD-DAC）も同様に，グッド・ガバナンスを強調するようになり，新開発戦略（1996年）では民主的説明責任，人権の保障，法の支配などの要素を考慮することの重要性を指摘した．

　人権を重視し民主化をめざす国々に対して積極的な支援を実施する体制も整備されていった．冷戦の終わった1989年から数年の間に60以上の加盟国から国連に対して民主化支援の要請があったという．国連総会決議を受けて，事務総長ブトロス＝ガリが1996年に「民主化への課題」と題する報告の中で，民

主化は国連憲章には規範として明記されておらず，冷戦の影響で議論は発展しなかったが，国連が代表する国際社会の理念として民主主義・人権は当初から追求すべき目標であり続けたと位置づけ，平和と開発を確実なものにする基礎として民主主義文化の定着と民主化の促進を国連は推進するべきであるとした．実際，国連を舞台とする（あるいは国連が主導する）民主主義・人権の規範化の動きは迅速であった．1993年に国連主催の世界人権会議がウィーンで開かれ，ウィーン宣言・行動計画を採択し，同年の国連総会でこれを承認した．それを受けて，1994年には国連人権高等弁務官（事務次長級）と弁務官事務所が設置された．2000年の国連ミレニアムサミットで採択されたミレニアム宣言では「人権，民主主義，グッド・ガバナンス」が柱のひとつになった．そして2005年世界サミット（ミレニアム宣言レビュー会合）の直前，事務総長アナンの報告「より大きな自由を求めて」は，国連の任務として開発・安全・人権の3本柱を掲げ，「人権の主流化」を提唱した．2005年には国連民主主義基金も設置され，(1) 民主的対話，憲法起草・改正手続，(2) 市民社会のエンパワーメント，(3) 市民教育，有権者登録，政党強化，(4) 市民の情報へのアクセス，(5) 人権，基本的自由，(6) 説明責任，透明性，健全性を目的とするプロジェクトを支援することになった．さらに2006年には，国連人権委員会（1946年設置）を発展的に解消して国連人権理事会が発足した．

　国連の枠外でも民主主義の国際規範化は進んだ．たとえば，2000年に106カ国の代表が参加して第1回民主主義国共同体（CD）閣僚会議がワルシャワで開催され，ワルシャワ宣言（後に4カ国署名）が採択された．これ以降，2002年第2回（ソウル），2005年第3回（サンティアゴ），2007年第4回（バマコ），2009年第5回（リスボン），2011年第6回（ビリニュス）と続いている．参加資格国は増加しているようだが，実際の参加国は減少気味のようである．なお，2009年にワルシャワに常設事務局が設置され，2011年には25カ国代表からなる常務理事会が設置された．また，地域組織によって民主主義を地域規範化する例も出てきた．たとえば，アフリカ統一機構（OAU）を改組して，2002年に発足したアフリカ連合（AU）は，アフリカ人権憲章（1986年発効）とアフリカ人権委員会（1987年設置）を引き継いで，2006年にアフリカ人権裁判所を創設した．

民主化・人権重視をめざそうとする国に対する国際社会の支援と関連して，正反対の状況に対して国際社会はどのように対応するべきかという問題が残る．実際，冷戦が終わると，人権の極端な蹂躙や人道の極端な無視に対して，問題の解決や事態の改善をめざして当事者の合意なしに武力を用いた強制的介入（人道的干渉）をできる（あるいはすべきである）という主張が登場した．（人道的介入という用語もあるが，ここでは武力行使をめぐる議論に焦点を当てるので人道的干渉としておく．）このような主張は，もっぱら先進国に属す知識人・団体から出てきたものであるが，それに対して途上国を中心に内政不干渉と武力不行使の原則に反するものであるとの反発が高まった．理論的に，「人権と主権との相克」という見方もなされた．現実には，ソマリア内戦，ルワンダにおける虐殺，コソボ空爆などの1990年代に入って生じた深刻な事態の噴出に対して，国際社会（国連）は統一的・整合的な対応をとれないでいた．

　このような状況を踏まえて，2000年に国連事務総長アナンによるミレニアム報告「われら人民」の中で，人道的干渉と主権との関連性について問題提起がなされた．豊富な国連平和維持活動（PKO）の経験を踏まえて人道的干渉に積極的だったカナダ政府のイニシアティブにより，2000年に「干渉と国家主権に関する国際委員会（ICISS）」が設置され，翌2001年「保護する責任」と題する報告書がまとめられた．主権は自国民を保護する責任を伴っているとし，国家がその責任を果たせない（果たそうとしない）場合には国際社会が責任を負うものとした．そして武力行使に関しては，国連安保理決議を中心とするものの，国連緊急特別総会や場合によっては個別国家独自の判断でも可能になることを示唆した．2003年にアナン事務総長の諮問機関として，平和と安全問題に関する国連改革の方向を検討するハイレベル委員会が設置され，翌2004年に提出された報告「より安全な世界：我々の共有する責任」の中に「保護する責任」の考え方が取り入れられた．このような流れを受けて，2005年の世界サミット成果文書の中で「各々の国家は，ジェノサイド，戦争犯罪，民族浄化及び人道に対する犯罪からその国の人々を保護する責任を負う」と明記し，そのような「犯罪から自国民を保護することに明らかに失敗している場合は，適切な時期に断固とした方法で，安全保障理事会を通じ，第7章を含む

国連憲章に則り，個々の状況に応じ，かつ適切であれば関係する地域機関とも協力しつつ，集団的行動をとる用意がある」との意志を示したのである．こうして，保護する責任（R2P）が新しい国際規範となった．この新しい概念は，一方では極限的事態（ジェノサイド，戦争犯罪，民族浄化及び人道に対する犯罪）に関するという限定がつけられ，他方では武力行使について，従来通り，安保理決議が要件とされた．ちなみに，国際社会にとっての保護する責任は，武力行使（干渉）はあくまで最後の手段であり，非強制的・非軍事的な予防措置をとる責任が重要であるとされる．2011年，リビアで反体制派の武装蜂起をきっかけとして生じた状況を，国連安保理は，リビア当局が保護する責任を果たしておらず，一般市民に対する広範かつ組織的な攻撃は人道に対する罪と同然であるとし，リビア情勢を国際の平和と安全に対する脅威と認定して，憲章第7章に基づいて，一般市民の保護のために占領以外のあらゆる手段をとりうることを決めた（決議1973）．この国連による対リビア制裁は，保護する責任にもとづく強制行動の最初のケースとされる．なお，保護する責任が生じる要件と国際刑事裁判所（ICC）の管轄範囲とは重複している（ジェノサイド，戦争犯罪，人道に対する罪）が，前者は一般市民の保護を目的とし，後者は国家指導者の犯罪を処罰するものである．

4　大量破壊兵器の不拡散と反発

1970年代初め，核兵器の管理・削減に向けての歩み寄りが注目を浴びるようになった．1960年代末，アメリカとソ連とが果てしない核軍拡競争に歯止めをかけることに合意し，戦略兵器制限交渉（SALT）が始まったことが発端である．その成果は1972年に戦略兵器制限交渉の第一次合意（SALT I）と弾道弾迎撃ミサイル制限条約（ABM条約）の締結・発効という形で現れた．その後，1979年にはSALT IIの合意，1982年からは戦略兵器削減交渉（START）の開始，1987年の中距離核戦力全廃条約（INF条約）締結（88年発効）と続く．冷戦の最中に始まった核兵器をめぐる軍備管理・削減交渉は，冷戦後もアメリカとソ連（ロシア）との間で継続された．INF条約は1991年に完了し，同年に両国はSTART Iに合意し，2001年に完了した．両国は

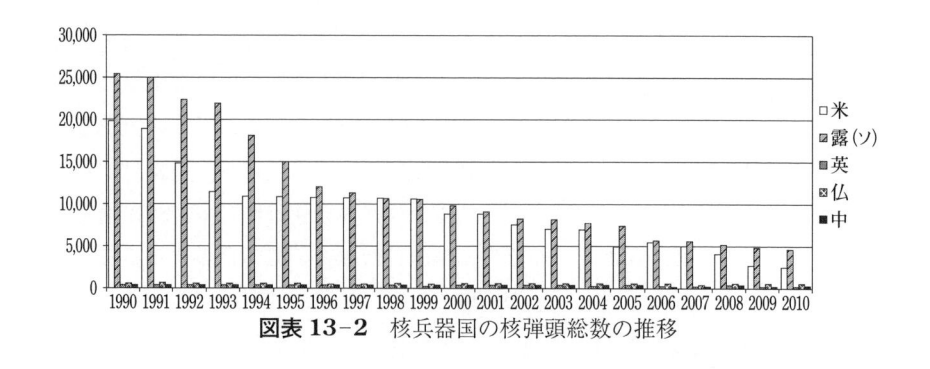

図表13-2 核兵器国の核弾頭総数の推移

　1993年にはSTART IIに合意し，その後，2002年にモスクワ条約（START IIIに相当），2010年にSTART IVと続いている．世界の核弾頭数は，一貫して米ロ2カ国が全世界の9割以上を占めているが，1990年と比べると2010年には約13％（アメリカ）と約18％（ロシア）に減っている（図表13-2）．もっとも，これだけ減っても，人類を破滅させるには十分すぎる量が残っている．なお，ABM条約は相互確証破壊による抑止という考え方に基づいたものであったが，アメリカ政府は，抑止が効かない相手からの攻撃も念頭に置いて，ミサイル防衛戦略を採用することになり，2002年に同条約から脱退した．

　米ソの交渉と並行して，1970年に核不拡散条約（NPT）が発効した．この条約は1967年当時に核兵器を保有していたアメリカ，ソ連，イギリス，フランス，中国の5カ国のみの核保有を許し，その他の国々の核兵器保有を禁止するという内容であった．後者（非核兵器国）は，核の平和利用（原子力）は認められていたが，国際原子力機関（IAEA）の保障措置（査察による兵器開発をしていないことの確認）の受け入れが義務づけられた．しかしながら，核不拡散体制（NPT体制）は今日にいたるまで国際規範としては不完全である．第一に，核兵器国に対して誠実に核軍縮交渉を行うことを義務づけるだけで，核軍縮そのものを義務づけていない（義務づけられた交渉すら行っていない）．第二に，核兵器開発を中止させ，核拡散を防止する力を持っていない．たとえば，核兵器国と非核兵器国とを差別するNPTは不平等条約であるとの理由で，インドとパキスタンが未加盟で，しかも両国とも核兵器開発を行い，1990年代に保有を宣言する結果になった．また，未加盟のイスラエルも核兵

図表13-3　非核地帯・非核兵器地帯

条約名（通称）	対象地域	性格	発効	核兵器国遵守	備考
トラテロルコ	中南米	非核兵器	1968	全て批准	
ラロトンガ	南太平洋	非核	1986	米のみ未批准	
バンコク	東南アジア	非核兵器	1997	全て未署名	排他的経済水域を含む
セメイ	中央アジア	非核兵器	2009	全て未署名	
ペリンダバ	アフリカ	非核兵器	2009	米ロ未批准	大陸部のみ，未批准国多数

器を保有していると見られている．さらに，北朝鮮はIAEAの査察を拒否して，NPTから脱退した．条約に加盟しているイランは，核開発は平和利用目的であるとして，国連などの経済制裁を受けながら，開発を続けている．南アフリカは一時核兵器を保有していたが廃棄したと発表した．

　NPTは25周年にあたる1995年に無期限延長が決まるとともに，NPT再検討会議が5年ごとに開かれることになった．しかし，2005年NPT再検討会議は決裂し，また同年の国連サミットで採択されたミレニアムサミット成果文書については，アメリカの強い反対によって草案から核軍縮・不拡散に関する記述が削除されるなど，核をめぐる国際規範形成は多くの障碍を抱えている．なお，2010年NPT再検討会議では，再決裂を回避しようとする危機意識もあって，最終文書がまとまった．

　今日，核不拡散は地域的規範として拡大する傾向にある．すなわち，非核地帯・非核兵器地帯である．ラテンアメリカ（後年，カリブ地域も参加），南太平洋，東南アジア，中央アジア，アフリカ大陸が何らかの意味で非核化の規範を掲げている（図表13-3）．このような条約は，核兵器国（五大国）に対して非核化の規範を遵守するよう議定書を用意しているが，議定書の署名・批准についてはばらつきがある．

　核兵器とともに，生物兵器と化学兵器をまとめて大量破壊兵器（WMD）と呼ぶ．生物兵器と化学兵器については，条約によって開発・生産・貯蔵・取得・保有・移譲などが禁じられている．使用については，すでに1925年のジュネーブ議定書（1928年発効）によって禁止されている．核兵器についてはそのような禁止条約はないが，運搬手段（ミサイル）についての規制がある．大量破壊兵器以外の兵器を通常兵器と呼ぶが，一部の通常兵器については，その

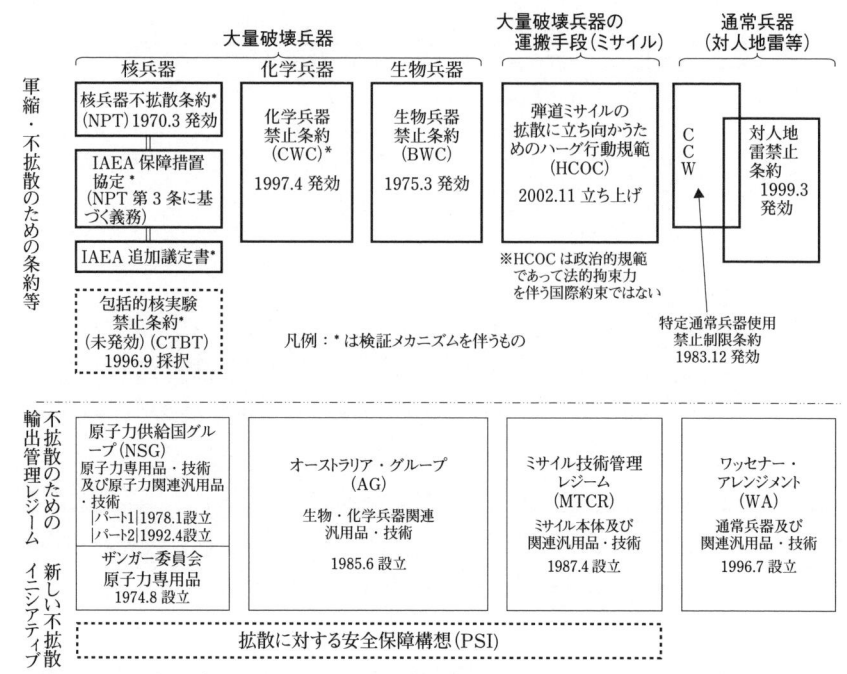

図表 13-4 大量破壊兵器，ミサイル，通常兵器及び関連物資等の軍縮・不拡散体制の概要

非人道性（無差別に不必要で無意味な苦痛や外傷を与える）を理由に規制される動きが出てきた（対人地雷，クラスター爆弾など）．軍縮だけでなく不拡散に対する関心が高まっている．不拡散の対象は，兵器そのものだけでなく，兵器を生産するための原材料，設備，技術も含まれる．国際規範としては不徹底であるが，条約などによりさまざまな規制がかけられるようになってきた（図表 13-4）．冷戦後，国際テロ組織などに WMD を含むさまざまな兵器が渡る危険性も高まった．

＊5　価値相対性への挑戦

自らを文明国と称したヨーロッパ諸国が国際規範を独占していた時代は過去のものとなった．19世紀には人道的干渉とは，ヨーロッパの国家（キリスト教国）が，非キリスト教国（典型的には，オスマン帝国）におけるキリスト教

徒の扱いを非人道的であると称し，自国籍ではないにも拘わらず，非キリスト教国に対して武力干渉することを意味した（第4章5を参照）．20世紀になっても，従属地域や途上国は，外国人・企業を「国際標準」なる文明国の基準に基づく待遇を与えなくてはならないという考え方を押し付けられてきた．このような歴史的記憶を考慮に入れれば，途上国が内政不干渉原則にこだわることは容易に理解できよう．1960年の植民地独立付与宣言に続き，10年後の1970年には「国家間の友好関係および協力についての国際法原則に関する宣言」（友好関係原則宣言）が国連総会で採択された．内政不干渉原則に関する部分を引用する．

「いかなる国又は国の集団も，理由のいかんを問わず，直接又は間接に他国の国内問題又は対外問題に干渉する権利を有しない．したがって，国の人格又はその政治的，経済的及び文化的要素に対する武力干渉その他すべての形態の介入又は威嚇の試みは，国際法に違反する．いかなる国も，他国の主権的権利の行使を自国に従属させ又は他国から何らかの利益を得る目的で他国を強制するために，経済的，政治的その他いかなる形の措置も使用してはならず，またその使用を奨励してはならない．また，いかなる国も，他国の政体の暴力的転覆に向けられる破壊活動，テロ活動又は武力行動を組織し，援助し，助長し，資金を与え，扇動し又は，黙認してはならず，また，他国の内戦に介入してはならない．人民からその民族的同一性を奪うための武力の行使は，人民の不可譲の権利及び不干渉の原則を侵害するものである．いずれの国も，他国によるいかなる形態の介入も受けずに，その政治的，経済的，社会的及び文化的体制を選択する不可譲の権利を有する．」

上の引用からは，新しく独立して国連の加盟国になった国々が，いかに他国（とくに先進国＝旧宗主国）を警戒し，いわば被害者意識に囚われていたかを読み取ることができるだろう．次章で取り上げるが，このような新しい国家の間で相互に内戦に介入するような状況が生まれたり，さらにこれらのうちの多くが破綻国家と呼ばれるようになり，テロや犯罪の温床になったりしているのは皮肉と言う他はない．

いずれにせよ，人民の同権という考え方を前提にして，国家主権尊重と内政不干渉原則に守られて，国家・国内社会のあり方に多様性が許されていた．西

方キリスト教世界内部での宗派の多様性と共存を認め合う国家主権尊重と内政不干渉原則は，20世紀後半の地球社会へ主権国家が拡散していく過程で新しい意味が付与され，さらなる多様な文化や価値観を認め合う規範として生き延びたといえよう．国境（水際）の検問を通過しての秩序だった（国内にあまり影響を及ぼさない）国際交流の範囲で，国家間が互いに薄く接触しあう関係であったら，多様な国家どうしの共存もあり得たかもしれない．その当否はともかく，さまざまな問題が国内問題として処理されたであろう．

　しかし国際化・グローバル化の進行とともに緊密化する地球社会は，さまざまな摩擦を発生させつつ一体性を高めてきた．そのような傾向が一層顕著になった1990年前後に，「歴史の終わり」（F. フクヤマ）と「文明の衝突」（S. ハンチントン）という論文が出版国であるアメリカはもちろん，日本でも一世を風靡した．両者とも同時代の変化に対する問題意識を共有しており，話題には事欠かなかった．前者は，冷戦という2つのイデオロギー間の対決が一方の勝利で終わったことにより，西欧流民主主義に対抗する政治理論が消滅して弁証法的歴史発展が止まったと見る．つまり，冷戦後の地球社会の将来は民主制の拡散ということになる（その過程で生じる摩擦や対立を否定しているわけではない）．後者は，冷戦が終わってイデオロギーの優劣競争は地球社会の対立軸ではなくなり，代わって文明の衝突が対立軸として浮上すると見るだけでなく，アメリカ社会にその対立が持ち込まれると主張する．つまり，イデオロギー対立が解消したからといって，地球社会がひとつの共同体になるのではなく，イデオロギーから文明に競合的・対立的「アイデンティティ」が移ったというわけである．両者をめぐっては，さまざまな批判と評価が錯綜したが，21世紀に入り，9.11テロは「文明の衝突」を，民主主義の国際規範化の動きは「歴史の終わり」を支持しているように見えるが，両者とも極端な主張を展開しており，各々地球社会の否応ない一体化の進行とそれが生み出す摩擦とのどちらか一方の強調であるとまとめることができるだろう．

　ひとつの政治価値が必然的に流布するようになると考えるにせよ，複数の文明が衝突するようになると考えるにせよ，価値相対主義を棄てた点では共通している．しかし70億人が暮らす地球社会において，排他的領域団体である国家が並存している状況と，領域的に見れば多数だったり少数だったりするさま

ざまなカテゴリーの文化集団が重複して(ところによってはモザイク状に)共存している状況とが両立している．ひとつの地球社会の中で共存していく上で共有することが必要な価値と，必ずしも一様性を必要とせず多様性を許容できる類の価値とを見極める作業が必要である．その意味で，価値相対性や文化相対性を現実の変化の中で相対化しつつも，全面的に拒否しない考え方を地球社会の構成員が共有する必要がある．

第14章　広がる格差と強まる緊張

　地球社会の中で人々の活動空間は物理的にもバーチャルにも拡大してきた．しかしそのような状況をひとつの機会として活用できる人々は限られている．現実問題として，さまざまな障碍が機会へのアクセスを邪魔しており，国家間の格差も国内社会の格差も深刻な問題を引き起こしている．そして格差の亀裂には紛争や暴力が割り込むようになった．地球社会の構成員は互いに協力しつつこのような状況を改善すべくさまざまな試みをしているが，直面する課題は深刻化している．

1　貧困と開発

　国連によって「開発の10年」と位置づけられた1960年代は，近代化理論（経済発展は政治発展＝民主化につながる）と構造主義（低開発の悪循環は大規模投資と工業化戦略により発展軌道に乗る）という楽観的な考え方に支えられて，開発問題への取り組みが進められた．しかし期待通りに途上国の経済発展は進まず，1990年代まで4次にわたって「開発の10年」が継続され，結局2000年代のミレニアム開発目標（MDGs）に引き継ぐことになる．1960年代の教訓から，1970年代初め，アメリカの援助方針転換を受け，必要最低限の衣食住や保健・教育などをベーシック・ヒューマン・ニーズ（BHN）と捉え，とくに貧困層に的を絞った戦略が打ち出された．70年代後半には世界銀行もBHNの充足をめざすようになった．しかし1980年代になると，世銀・国際通貨基金（IMF）は新自由主義（ワシントン・コンセンサス）の考え方の下で，市場メカニズムを重視した貸出条件（コンディショナリティ）を満たす政策枠組文書（PFP）を要求して，構造調整貸付SAL（世銀は構造調整貸付SAC，IMFは拡大構造調整ファシリティESAF）を全面的に展開した．しかし，民間投資による工業化を急いだ途上国は，相次いで累積債務問題に悩まさ

れるようになり，主要債権国会議（パリクラブ）は返済繰り延べ（リスケ）に取り組まざるを得なくなった．ついに1996年リヨン・サミットで重債務貧困国（HIPC）イニシアティブの立ち上げに合意し，債務危機に直面している後発途上国（LLDC）に対する対策を大々的に導入し，1999年のケルン・サミットでは，さらに拡大した．対象国は40カ国であったが，そのほとんどはアフリカ諸国であった（2010年現在）．

　1990年代は，今までとは発想を異にする取り組みが模索された時代であった．トリクルダウン仮説（裕福層が富んでいけば貧困層に富が滴り落ちる＝トリクルダウン）の破綻は明らかであった．冷戦の終結も，開発問題に大きな影響を及ぼした．グッド・ガバナンスの導入については第13章3で触れたとおりである．1990年，国連開発計画（UNDP）（1966年発足）は，BHNを継承した「人間開発」の考え方を打ち出し，独立チームの執筆による人間開発報告（HDR）を毎年異なるテーマを掲げて刊行するようになった．最初のHDRでは，人間開発指数（HDI）を提案し，翌年のHDRでは人間自由度指数を提案した．世界社会開発サミット（1995年）を控えて，1994年のHDRは「人間の安全保障」を掲げ，開発理念と安全保障とを結びつけて，具体的行動を提言した．すなわち，国家安全保障は本来なら国民の安全保障であるはずなのに，実際には領域の安全保障に偏っており，人々は軽視されている一方，そのような人々（とくに貧困層）はさまざまな脅威に晒されているので，そのような脅威に対する多面的な安全保障が必要であり，その経費として冷戦終結がもたらした軍事費削減（「平和の配当」）の一部を充てるべきであるとの主張をした．つまり，冷戦が終わり，従来の安全保障経費に余裕ができたわけだから，開発という安全保障に資金をシフトするという構図であった．しかし，社会開発サミットでは採択されなかった．1996年に経済協力開発機構開発援助委員会（OECD-DAC）は新開発戦略を打ち出し，経済的福祉，社会開発，環境の持続可能性と再生の3分野で2015年を目標年次とする計画を発表した．その実施には，1995年に打ち出した「開発パートナーシップ」の考え方を取り入れた．そして，従来の援助方式をめぐって組織内外で批判が高まった世銀・IMFは，それまでの方針を見直して，1999年に包括的開発枠組（CDF）を打ち出し，コンディショナリティを見直して，従来からのPFPに代えて貧困削減戦

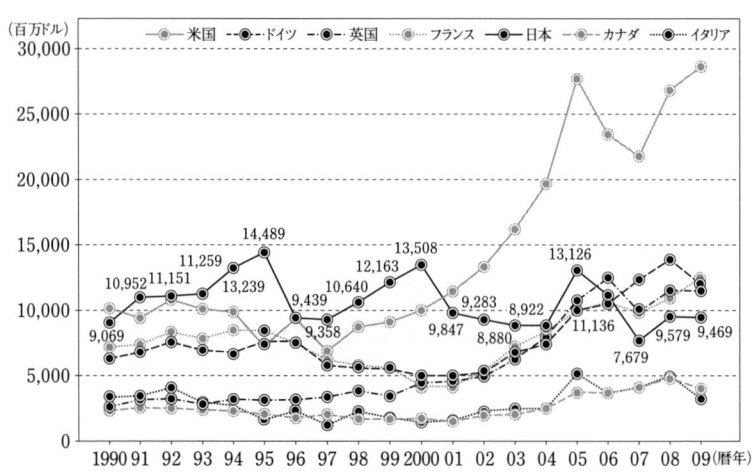

(百万ドル) ―●―米国 --●-- ドイツ ―●― 英国 ……●…… フランス ―●― 日本 ―●― カナダ ―●― イタリア

図表 14-1 主要 DAC 加盟国の政府開発援助実績の推移（支出純額ベース）

*1 東欧および卒業国向け援助を除く．
*2 1990 年，1991 年および 1992 年の米国の実績値は，軍事債務救済を除く．
*3 2009 年については，日本以外は暫定値を使用．

略文書（PRSP）を求めることとし，融資名称についても，世銀はSACから貧困削減支援貸付（PRSC）に，IMFはESAFから貧困削減・成長ファシリティ（PRGF）へと変更した．

　2000 年，国連ミレニアム宣言は，全 8 節 32 項目のうち，(3) 開発と貧困削減に 10 項目，(4) 共有する環境の保護に 3 項目，(5) 人権，民主化，グッド・ガバナンスに 2 項目，(6) 弱者保護に 1 項目，(7) アフリカの特別なニーズへの対応に 1 項目を割り振り，貧困削減と人間開発に重点が置かれていた．このミレニアム宣言を受けて，1990 年代からのさまざまな組織・機関の取り組みをまとめたものが，2015 年を目標年としたMDGsである．MDGsは 8 つの目標，21 の標的，60 の指標から構成されている．UNDPは，MDGs達成のために，5 重点分野（民主的ガバナンス，貧困削減，危機予防と復興，環境とエネルギー，HIV/AIDS）を掲げている．グローバル化が進む中で，さまざまな課題が噴出し，それがとくに貧困層や社会的弱者を襲っているが，こうした深刻な事態を踏まえてMDGsが，国を単位として開発目標を掲げておらず，個々人に視点を置いた目標や標的を設定していることは，1970 年代，80 年代と比べて，1990 年代に考え方が大きく変化したことを反映していると言えよ

(a) 失業率(1970-2009)

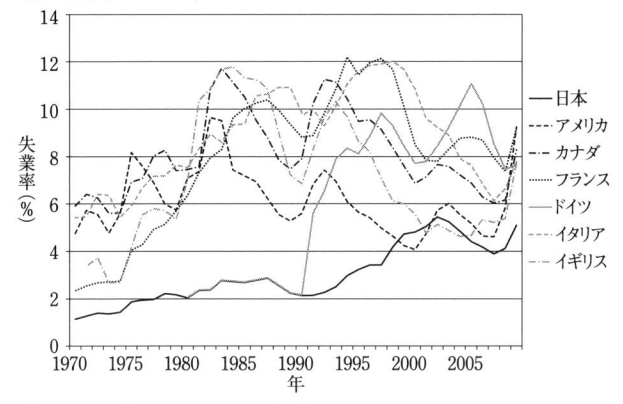

(b) ジニ係数(1970年代 – 2000年代)

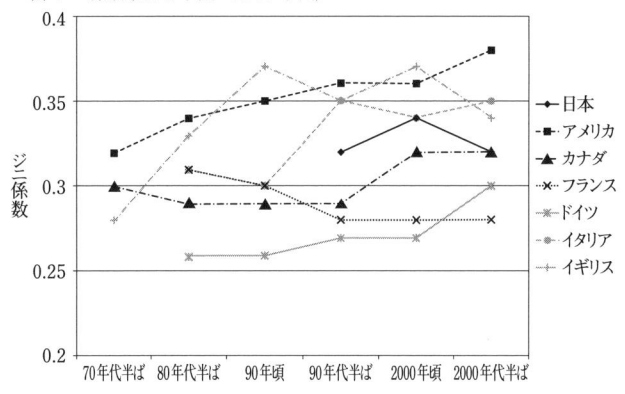

(c) 所得の対数標準偏差(1970年代 – 2000年代)

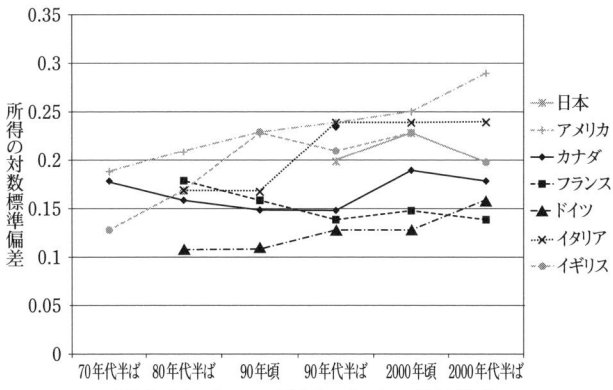

図表 14-2 G7諸国における経済格差

う．事態を深刻に捉え，MDGs の達成に取り組み始めた主要先進国は（日本を例外として），21 世紀に入って政府開発援助（ODA）を増大してきた（図表 14-1）．目標年次が残り 5 年と迫った 2010 年には，MDGs 国連首脳会議が開かれた．2000 年代に入って，アフリカの国々にも少しは明るい展望（たとえば経済成長）が見られるようになった．少しでも，状況の改善につながるかもしれない．

他方で，グローバルな視点から見た貧富の拡大や格差の拡大は，先進国と途上国との間だけでなく，先進国内部でも，順調な経済発展を続けてきた途上国でも深刻化している．相対的には社会的弱者保護（セーフティーネット）が整備されている先進国でも，若年層の失業率，貧困層の増大など経済格差は深刻な社会問題につながっている．G7 の国々も決して例外ではない（図表 14-2）．

2　紛争と平和

新規独立と国連加盟が相次いだ「アフリカの年」で始まる 1960 年代は，植民地解放戦争（民族解放戦争）が減り，代わって国内紛争（内戦）が増大した時代であった．そして，その傾向は，冷戦が終わる 1990 年代初めまで続くことになる（図表 14-3）．内戦の噴出は，決して冷戦後の現象ではない．世界各地で勃発する武力紛争が，伝統的な国家間戦争ではなく，国内紛争であることは 1960 年代から指摘されていた．しかし冷戦期における国内紛争は，米ソ，あるいは中ソの代理戦争の色彩が濃かったり，国家権力の掌握をめぐる社会主義勢力と反共主義勢力との紛争であったり，冷戦構造によって特徴づけられるものが多かった．そして，政府軍対反体制ゲリラ組織のように，戦闘集団間の武力衝突という意味では伝統的な戦闘が自国領域を戦場にして繰り広げられていた．核兵器の飛び交う第三次世界大戦は，米ソの対峙（北大西洋条約機構対ワルシャワ条約機構）によってかろうじて抑止され，冷戦の正面戦線であるヨーロッパでは平和が続いたのに対し，アジア，アフリカ，ラテンアメリカ各地では，両陣営から公然・非公然の軍事支援（武器移転）を受けて，地元勢力が左右に分かれて内戦を戦っていた．冷戦の終結とともに，この種の援助は激減し，一種の兵糧攻めにあった状況で対立する各派は消耗戦を演じた末に，多く

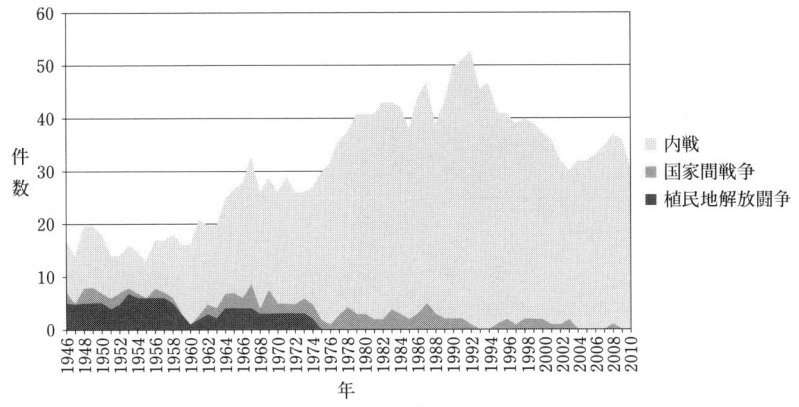

図表 14-3 武力紛争の推移（積み上げ面グラフ）

の内戦に終結をもたらした．

　1990年代は，異質の武力紛争が注目を浴びるようになった．第一に，擬似国家（失敗国家，破綻国家，脆弱国家などとさまざまにニュアンスの異なる用語が用いられるが）を戦場とする紛争である．擬似国家とは，主権国家システムの中では構成員資格（国家主権）を持ちながら，主権国家に当然想定される実効的な統治能力ないし統治意図を欠いている国家である．典型的には，脱植民地化の過程で独立したものの，国家建設・国民統合を達成できなかった国家であり，その結果，行政サービスの不足，経済の停滞，人権の無視などが蔓延し，指導者が国家機関（軍や警察を含む）を私物化したり，自然資源などをめぐり集団同士の慢性的衝突が繰り返されたりする事態が継続する．ある指標によれば，2010年における破綻国家（12側面にわたる120点満点で90点以上）として，最悪レベル（ソマリア，チャドの2カ国），第2レベル（スーダン，コンゴ民主共和国，ハイチ，ジンバブエ，アフガニスタン，中央アフリカ，イラク，コートジボワール，ギニア，パキスタン，イエメンの11カ国），第3レベル（ナイジェリア，ニジェール，ケニア，ブルンジ，ギニアビサウ，ミャンマー，エチオピアなど22カ国）の合計35カ国を挙げているが，第36位以下も状況が特段に良くなるわけではない．また，世界銀行やOECD-DACなどは援助効果の観点から「脆弱国家」という概念に注目しており，世銀はそれを「問題を抱えた低所得国（LICUS）」とし，最悪段階の11カ国のうち9カ国

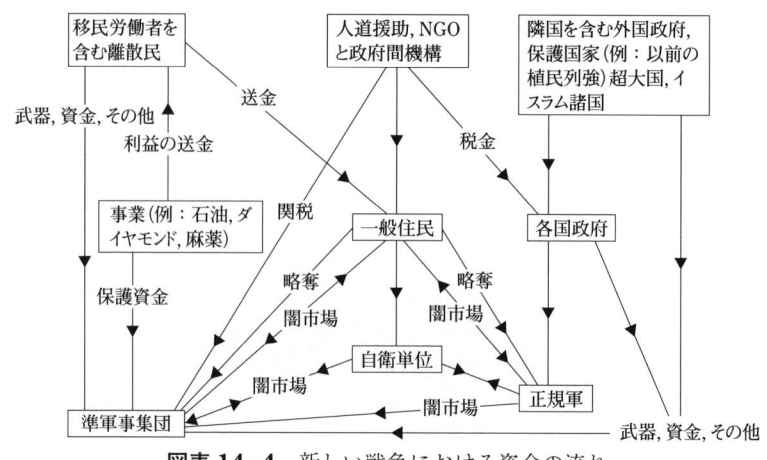

図表 14-4 新しい戦争における資金の流れ

（アフガニスタン，アンゴラ，中央アフリカ，ハイチ，リベリア，ミャンマー，ソロモン諸島，ソマリア，スーダン）が，第2段階の15カ国のうち10カ国が何らかの意味で紛争から悪影響を受けているとしている（2004年）．

　第二に，戦闘形態が変化した．すなわち，多種多様な武装集団（正規軍，準軍事組織，民兵，傭兵，自警団，犯罪組織など）が連携したり，複雑に対立しあったりしつつ，子供を含むさまざまな人々を動員する一方で，彼らどうしの戦闘（対称的戦闘）よりは非武装の一般住民に対する組織的暴力の行使（たすき掛け非対称戦闘）を目的として活動し，国土を二分する戦線ができるよりは全土にわたってモザイク的に戦闘が起こる．兵器・武器も，近代的重火器から小型武器までさまざまなものが使用される．国外へ脱出する難民や国内避難民が必然的に発生する．第三に，紛争を長期化させる経済（フォーマルなものもインフォーマルなものも）が形成される傾向が強まった．内戦状況下では正常な経済活動は困難になるので，内戦の継続は外部からの支援に依存することになる．冷戦期には両陣営が競って支援してきたが，冷戦後には別形態の仕組みが形成された（図表14-4）．グローバルな市場経済の浸透による兵器・武器の流入と資源や薬物の流出，外国からの送金，保護料（みかじめ料や通行料）徴収の仕組み，粗野な略奪経済などからなっている．アフリカには，自然資源（とくに鉱物資源）が豊富な国が多いが，それが国家建設・経済発展の「資

源」とならず，むしろ紛争・対立・腐敗の原因になっている．「資源の呪い（豊かさの逆説）」の極端な事例がここに見られる．冷戦直後から10年間続いたシエラレオネの内戦を舞台にしたダイヤモンド違法取引を題材にして，レオナルド・ディカプリオ扮する白人傭兵を主人公にした『ブラッド・ダイヤモンド』（紛争ダイヤモンド）が作られた．冷戦期・冷戦後の兵器・武器の違法取引を扱った『ロード・オブ・ウォー』では，ニコラス・ケイジが演じる主人公は実在の武器商人をモデルにしたと言われるが，冷戦後のリベリア内戦も描かれている．この映画の最後にコメントされていたように，こうした「民間」の武器商人による取引はごく一部であり，圧倒的に多くの兵器・武器輸出は五大国からのものである．ちなみに，シエラレオネもリベリアも上述の破綻国家のカテゴリー（第3レベル）に含まれている．

　こうした破綻国家における内戦で休戦が成立すると，ポストコンフリクト国（紛争後の社会）と呼ばれるようになる．国連平和維持活動（PKO）が関与して（第4章2を参照），平和構築に携わるケースが増えている（複合型PKO）．平和構築の主な課題としては，(1) 戦闘員の武装解除・動員解除・社会復帰（DDR），(2) 地雷対策，(3) 治安部門改革（SSR）など法の支配関連活動，(4) 人権の保護と促進，(5) 選挙支援，(6) 国家権力の回復と拡張への支援などがあげられている．しかし内戦で荒廃した社会にとって，民主化と平和の定着（持続可能な平和）を実現することは容易ではない．とくに破綻国家において，内戦期に大規模で組織的な国家権力の濫用や人権に対する侵害が生じていた場合，過去の罪を処罰して正義を実現・回復するという課題が生じる（内戦に限らないが）．他方で，住民どうしの深刻な対立や衝突が起こっていた場合，将来に向けて，共存から和解の実現，さらには再統合を果たすという課題が生じる．この両面，すなわち正義の実現と和解の実現とをいかにして両立させるのかが持続可能な平和にとって重要になる．指導者や加害者に対する国際裁判（たとえばルワンダ）や国内裁判（たとえばカンボジア），あるいは真実和解委員会（たとえばシエラレオネ）などさまざまな対応が試みられてきた．民主化・平和構築の移行期における諸方法は「移行期における正義」という概念でまとめられている．

3　ヒトの移動

　第二次世界大戦の荒廃から復興し，経済成長を続けた1960年代は，ヒトの移動が積極的に評価された時代であった．それまで移民を送り出す傾向にあった西ヨーロッパ諸国は，労働力不足に直面して移民受け入れに積極的になり，ヨーロッパ近隣諸国からのみならず，旧植民地からも労働者を受け入れた．アメリカやオセアニア諸国は，ヨーロッパはもちろんその他の地域からの移民を受け入れ続けた．1960年代は，難民も後年と比べると低水準（200-400万人）で推移し，難民問題として対応を迫られる事態にはならなかった．しかし1970年代になると，石油ショックで経済が停滞する各国社会の中で無視し得ない存在になり，生地主義を採用する国も血統主義を採用する国（第5章2を参照）も移民問題に直面し，移民政策を修正するようになった．外国人の待遇に関する考え方は，各国の歴史を背景にして，国ごとの違いが大きい．したがって，帰化・公民権付与の問題や雇用・社会保障の問題をめぐる国内対立に加えて，文化的問題への対応（具体的には，同化，隔離，多文化主義的統合のどれをめざすのか）をめぐる対立が高まり，各国は各々独自の道を歩むことになる．大別すると，先進ヨーロッパは流入規制に転じ，アメリカやオセアニア諸国はヨーロッパ以外からも移民の受け入れを継続した．そして石油収入で潤う中東諸国は，近隣諸国はもちろんアジア・アフリカ各国から移民（その多くはイスラム教徒）を受け入れた．また，1970年代後半からは，アジア・アフリカを中心に難民が急増し，1980年代末には両地域で各々数百万人が難民化する状況が生じた．

　そもそも，モノ・カネ・ヒト・情報の国際交流の中で，制度化（自由な移動の保証）の最も進んでいないのがヒトの移動である．それだけに，ヒトの移動をめぐる問題は，国内政治の重要な争点になりうるし，また各国の裁量的政策が国家間の対立をもたらしうるのであった．なお，ヒトの移動（migration）とは，観光目的などの短期滞在・旅行といった類の移動は含まず，本拠地から遠隔の地（外国とは限らない）に移動して，そこに長期に滞在する場合を指す．自発的移動（典型的には労働に従事するため）のみならず，非自発的・強

制的移動(難民,国内避難民,追放,脱出,亡命,人身取引など)も含む.

1990年代は,ヒトの移動現象は,とくに受け入れ国にとって「問題」化され,移民問題と難民問題が噴出することになった.移民問題に関しては,従来は比較的に外国人労働者を受け入れてきたアメリカやヨーロッパの国々でも流入を規制するようになる一方,残留移民とその家族(子孫を含む)の待遇が国内政治の大問題に膨れあがっていった.移民に対する暴力事件も頻発するようになった.このように「問題」化されることは少ないが,労働移動の自由化は,外国からの送金という送出国の経済発展に対するプラス効果がある一方で,途上国(貧困国)の希少な熟練労働力を先進国に移転する効果をもっているためにマイナス効果を与えることも指摘されている.

1990年代にとくに国際的に注目されたのは難民問題の噴出である.もっとも,難民が1990年代に入ってから急増したわけではない.1970年代から増加に転じ,80年代に800万人から1800万人へと急増した.1979年のソ連の侵攻に続くアフガニスタン内戦だけで600万人以上が近隣諸国に逃れ難民化した.統計の示す実態によれば(図表14-5),1990年代前半は難民数のピークになった時期である.その意味では,急増した難民の存在が冷戦後の世界において関心の的になったということである.他方で,湾岸戦争,ソマリア内戦,ルワンダ内戦,旧ユーゴ内戦など国際的に注目された紛争の影響で難民が発生したことも,難民が注目された理由のひとつであろう.このような状況では,難民受け入れ国は流出国の近隣であり,結果として貧困に苦しむ途上国がさらに難民保護の負担を引き受けているのである.

難民問題に取り組む国連機関は難民高等弁務官(UNHCR)事務所であるが,その資金は国の拠出や諸団体の寄付に依存しており,問題のある国から脱出した人々の保護が任務なので,自ずと限界がある中で活動せざるを得ない.そのような中で,1990年代にUNHCRは2つの大きな転換をもたらした.ひとつは,湾岸戦争に際して,イラク在住のクルド人がトルコに脱出しようとしたもののトルコ側の国境閉鎖により国外脱出(難民化)が不可能になった状況に直面したとき,そのような国内避難民にもUNHCRが関与するように方針転換したことである.実際,それまでほとんど無視され続けてきた国内避難民は,1990年代から急増して難民を大きく上回る存在になったのである(図表

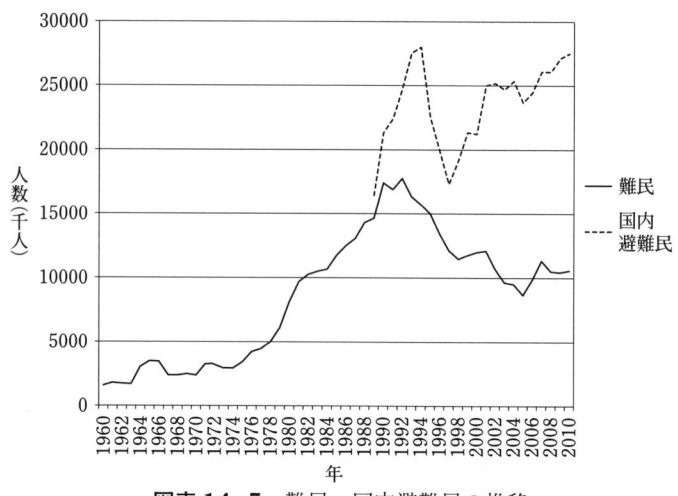

図表 14-5 難民・国内避難民の推移

14-5).もうひとつは,旧ユーゴ内戦に際して,難民・国内避難民保護のために,UNHCRは紛争地域で活動するようになり,国連平和維持軍との協同も必要になった.紛争(とくに内戦)の勃発・継続が難民の発生・滞留を引き起こす状況は,その後も各地で続いた.難民が母国に帰還できない状況が長引くにつれ,第三国定住も大きな課題となった.

1990年代は,新たに人身取引が注目されるようになった時代でもある.国際組織犯罪による薬物取引に優るとも劣らない問題として,人身取引(特に女性の性産業での強制労働)が議論されるようになった.1994年にはナポリで国際組織犯罪に関する世界閣僚会議が開かれ,その後国連を舞台としてアメリカなどが中心となり,2000年には国際組織犯罪防止条約が採択されたが,これを補完する議定書のひとつとして,「人(特に女性と児童)の取引を防止し,抑止し及び処罰する議定書」(人身取引議定書)も採択された.このような動きと並行して,1996年にストックホルムで開かれた「児童の商業的性的搾取に反対する世界会議」では世界各国代表のみならず,非政府組織(NGO)や国際機関の関係者などが一堂に会して宣言を採択し,第2回会議は2001年に横浜で開かれた.アメリカでは,かつては奴隷制度という人身取引を行った歴史があるという観点から人身取引に対する関心が高まり,2000年

に人身取引被害者保護法（TVPA）が成立し，国務省に対してアメリカが安全や援助を提供している国について人身取引の実態をNGOなどと協力して調査・報告することを義務づけた．そして，制定基準を満たしておらず，政府も改善の努力を払っていない国に対しては制裁を課すことを可能にした．「人身取引（TIP）」と題する報告書は2001年からほぼ毎年公表されている．

　HDR2009（ヒトの移動を特集）によると，2000年前後におけるヒトの移動のうち約7億4000万人は国内移動で，約2億人が国際移動という．しかも，国境を越える移動の約4割がアジア，ヨーロッパ，北アメリカ，中南米，オセアニアという地域内部での移動である．また，国際移動の約7％（約1400万人）が難民，国内移動の約3.5％（約2600万人）が国内避難民（紛争が原因である場合に限る）であるという．さらに，アメリカ国務省によると，人身取引（全てが国際移動というわけではない）で年間60–80万人の犠牲者が出ているという．

*4　暴力の噴出

　国内社会は治安が維持され，暴力を正統的に独占した主権国家どうしのみが武力紛争を行えるという文明観は，もはや通用しない．第二次世界大戦後，国家間の紛争は減った一方，武力紛争のほとんどは内戦の形態をとるようになった．さらに1970年代以来，先進国を含む世界各地でテロが散発し，主権国家の治安が脅かされた．テロは，2001年9月11日以前から，主権国家システムとして対処する必要のある脅威であるとの認識が広く共有されており，冷戦が終わった1990年代，さまざまな形で国際テロ対策に関する合意や宣言が出ている．決して21世紀に入って国際テロが増大したというわけではない．逆に，国家自体が国民に対するテロ政治（恐怖政治）を実行しているケースも途上国中心に見られた（テロ支援国家という意味ではない）．政治指導者あるいは政敵の暗殺（やその未遂）は，民主主義国でも発生している．平和愛好国のみが加盟できる国連において，その加盟国の2割程度は破綻国家とされ，そこでは暴力は社会に拡散している．

　あたかも，暴力源の総量は人口に比例しており，何らかの形態で放出される

というような法則が成り立つような観さえある．もちろん，国家間の武力紛争が減少したから別の形態の暴力（内戦，ジェノサイド，民族浄化，弾圧，テロ，デモ）が噴出するようになったと結論づけるのは短絡的である．しかし，小規模紛争から大規模な世界大戦にいたるまで一定の法則が見出される．図表9-4は，戦死者1000人以上の犠牲を出した記録が残っている武力紛争を規模順に積み上げたものである．縦軸が順位，横軸が規模を表しているが，両対数グラフで直線となる法則性は「べき乗則」と呼ばれ，L. リチャードソンが『死闘の統計』の中で最初に報告しているが，人類社会の暴力をともなう衝突には「平均」というようなものはなく，小規模なものが多数あり，大規模なものが少数あるということを示している．小規模の死闘が多数あり大規模死闘は少数であるという点ではとくに驚くべき知見ではないが，個人どうし，暴力団どうし，暴力団と警察，匪賊と治安軍，民族解放団体や反体制勢力と中央政府，国家どうしなどを通じて，共通する原理で死闘が発生することを示唆している．駅のプラットフォームで口論する通勤客の一人が相手を突き落として轢死させてしまうのも，1914年6月28日にサラエボでオーストリア皇太子の暗殺が成功してからの4年間の事態や1937年7月7日夜に北京郊外の盧溝橋近くにおける発砲事件からの8年間の事態も，本質的に違いがないことになる．真珠湾奇襲を計画した海軍指導部にとって，奇襲後の事態の予測は1941年末からの現実の進行とはかけ離れていた．

　暴力の発露は，互いに戦った結果としての死闘だけではない．非対称的な形をとって現れることもある．その極限は一般人へのテロや集団に向けられたジェノサイドだろう．組織的なジェノサイドについてはホロコースト（ナチスドイツによるユダヤ人の抹殺）を契機にして，個別具体的な事象についての検討に加えて，さまざまな角度から一般的な「人間の非人間性」についても論じられてきた．本書で何度か登場したG. スタイナーによる問題提起がある．彼はミュンヘンとダッハウの距離（20km），ヴァイマルとブーヘンヴァルトの距離（10km）を問題にする．ミュンヘンやヴァイマルはドイツ文化を象徴する都市であり，ダッハウやブーヘンヴァルトは悪名高い強制収容所の所在地である．物理的な距離の近さと芸術と虐殺との精神的「距離」との乖離に注意を向けたのである．日中はユダヤ人の「処理」の効率を高めようとした将校・政治家・

党人が，夜になるとゲーテの作品を愛読し，ベートーヴェンの作品を鑑賞したという現実をどのように理解すればよいのか，という問題提起である．

しかし「仲間」と思えない他者（余所者）に対して「ひどいこと」をするのにあまり躊躇しないのはそれほど意外ではない．むしろ，ヨーロッパの文明人がホロコーストのような野蛮行為をするのが謎でも，「野蛮人」が野蛮行為をするのは了解可能なのだろうかという疑問も生じる．それはさておき，そのような「謎」に対して，全体主義ナチスで培われたとされる権威主義的パーソナリティに答えを求めようとする動きもあった．しかし特異パーソナリティに特異な事象の生起の原因を帰するような仮説に対して，S.ミルグラムの実験は決定的に否定する結論を下した．彼の実験は，「普通の人」に権威ある人が命令すれば，普通の人は「ひどいこと」を（自ら好んでするわけではなく葛藤に悩みながらも）してしまうことを疑問の余地のないほど明白に示したのである．ただし，この実験（命令に従っただけだと自己弁護したナチス幹部の名前を借りて「アイヒマン実験」と称されることもある）は部下の心理を説明できるが，命令を下す上司・上官の意図は説明できない．命令・服従の階層は，結局のところ最上層のヒトラー一人に行き着くのだろうか．

一般人を巻き込むことを辞さないテロについても，社会の恐怖心を煽って特定の目標を達成するという「伝統的テロ」のカテゴリーに当てはまらないテロも頻発するようになった．まき散らされた恐怖は，屈服よりは対抗措置を対象社会から引き出す効果をもたらした．そして「常識」では理解できないとして，さまざまな角度から分析・理由付けが試みられてきた．イスラムの教義に原因を求めたり，カルト集団のカリスマ指導者の異常性に理由を帰したり，貧困にテロの温床を見出そうとしたり，陰謀論的解釈から社会構造を問題視する解釈まで，テロの原因探しはきわめて多様な答えに行き着いた．他方で，イスラムはテロを奨励しているわけではないし，貧困な状況に置かれた人々がテロを支持するとは限らないし，虐げられた人々が立ち上がればテロに訴えるとも限らない．組織的・持続的テロは単なる実行者の破壊願望に基づいてのみ実行されるのではなく，テロを支える組織・ネットワークは思想・支持・資金など物心両面で基礎づけられ，組織され維持されている．（いわば映画『バベル』の「事件」（むしろ事故）と映画『デビル』（ホラーではなくアイルランド共和

国軍（IRA）がテーマの方）の「計画」との違いである．偶然，どちらにもブラッド・ピットが出ている．）自己目的化してしまったテロに対しては，資金・人材の両面での兵糧攻めにしつつ，世代単位の緩やかな減衰を待つより他にないのかもしれない．

今日の地球社会の各地で頻発する暴力に関しては次のように整理できる．(1) 余所者に対しては仲間内で用いないような暴力を行使する可能性．(2) 個人に内在する不満の表現（解放）としての暴力では捉えきれない組織性・計画性．(3) 仲間内における実行者に対する同調圧力の存在，不同意の意思表示が困難な集合的心理の存在．(4) 対称的な関係における暴力の相互行使のエスカレーション，非対称的な関係における歯止めのかからない一方的暴力行使のエスカレーション．暴力が暴力を招く結果になる可能性は大きい．それへの対処は，相互作用の低下を引き起こすような接触回避と同時に相互認識の変化を引き起こすような学習過程が重要な役割を果たすだろう．全ての武力紛争と同様，暴力の応酬は貴重な人的・物的資源の浪費としか言いようのない現象である．

暴力行使の主体がはっきりしているジェノサイドやテロと異なり，非主体的な「構造的暴力」も問題とされてきた．行為の空間ではなく，構造の中に埋め込まれた状況に関しては，客体（被害者）が具体的な被害（たとえば機会の剥奪）を示すことも困難であり，誰を主体（加害者）として名宛て人とするのか判断が容易ではない．もちろん，さまざまな「構造的」な状況の中から何を暴力として絞り込めるのかも自明ではなく，客観的な指標が存在しているわけでもない．他方で，「構造的暴力」として指摘されることの多い諸問題に対して，それへの対処が主権国家システムの中で十分進まず，問題解決のための政治制度の機能が不十分であるのは確かである．このような観点からは，MDGsなどは対症療法に過ぎず，根本的改善に繋がらないという批判の対象となる．しかし，「構造的暴力」の解決に暴力が有効とも思えない．構造の変革は，認識・規範の共有を広げることを通じて実現するしかないだろう．

第 15 章　課題に向かいあう取り組みと枠組

　　　　　第13章と第14章で地球社会が抱えているさまざまな課題からいくつか選んで概観してきた．この章では，相互に関連している課題に対して，地球社会の構成員（もちろん国家も含む）はどのように取り組んでいるのか，取り組みの枠組としてどのような制度が構築されているのかを眺めることにする．

1　新しいパラダイムを求めて

　地球上の70億に上る人々は，きわめて多様で，大きな格差のある環境で生活している．2015年を目標年次にしているミレニアム開発目標（MDGs）の達成困難な34カ国（もちろん全て途上国）のうち紛争中の国が22カ国ある．また，ポストコンフリクト国の40％（アフリカでは60％）で紛争が再発している．このような状況を踏まえて，国際社会のさまざまな場で「貧困を克服する人間開発」と「紛争を克服する平和構築」とは絡まり合っていることについての認識が深まり，紛争と貧困との間には悪循環があること，悪循環の中で人権侵害が深刻化すること，その悪循環を断ち切って安全・開発・人権を実現する必要があることなどの認識を共有するに至っている．

　このような必要性に取り組むための新しい考え方が，紛争と貧困・平和と開発の課題に取り組む「人間の安全保障」である．「人間開発報告1994年版」（HDR 1994）が打ち出した人間の安全保障という考え方は，世界社会開発サミットで取り上げられなかった一方，協力を志向するのか介入を志向するのかという定義をめぐる違いが浮かび上がったが，後者については保護する責任（R2P）として「分離独立」することになり，人間の安全保障という用語は，再び蘇ることになる．すなわち，日本政府のイニシアティブにより，この課題に立ち向かうための提言をまとめることになった人間の安全保障委員会は，2003年に『安全保障の今日的課題』（原題は *Human Security Now*：直訳すれ

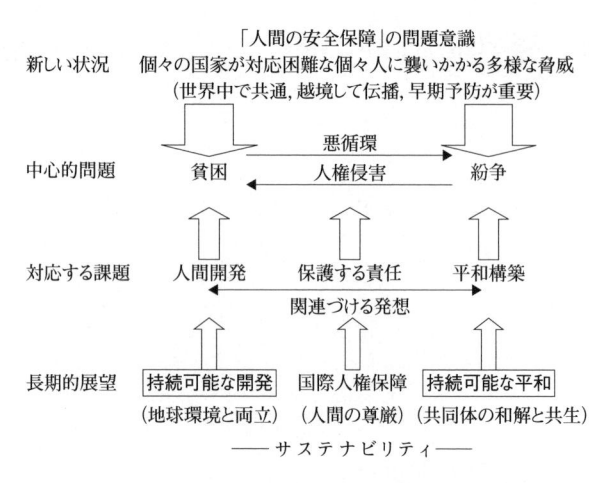

```
                    「人間の安全保障」の問題意識
  新しい状況    個々の国家が対応困難な個々人に襲いかかる多様な脅威
              (世界中で共通,越境して伝播,早期予防が重要)
                    ⇓           ⇓           ⇓
                              悪循環
  中心的問題      貧困  ←→  人権侵害  ←→  紛争
                    ⇑           ⇑           ⇑
  対応する課題   人間開発    保護する責任    平和構築
                         ←  関連づける発想  →
                    ⇑           ⇑           ⇑
  長期的展望  ┌持続可能な開発┐ 国際人権保障 ┌持続可能な平和┐
              (地球環境と両立) (人間の尊厳) (共同体の和解と共生)
                    ─── サステナビリティ ───

  実現を目指して  「グローバル・ガバナンス」による取り組み
                  (国際機関,国家(政府),市民社会の協働)
```

図表 15−1 サステナビリティから見た人間の安全保障

ば「今こそ,人間の安全保障を」)をまとめ,その中で,欠乏からの自由と恐怖からの自由をめざすために「保護とエンパワーメント(能力強化)」を重視して次のような提言を出した.(1)紛争の危険からの人々の保護,(2)武器拡散からの人々の保護,(3)移動する人々の安全保障の推進,(4)戦争から平和への移行期のための基金の創設,(5)極貧者が裨益するような公正な貿易と市場の強化,(6)最低限の生活水準の保障,(7)基礎保健サービスの完全普及,(8)効率的かつ衡平な特許制度の創設,(9)普遍的な基礎教育の完全実施,(10)グローバルなアイデンティティの促進.このように,紛争からの保護(平和構築)と貧困からの脱却(開発への能力強化)とが二本柱になっている.

地球社会の将来については,サステナビリティ(持続可能性)が問題になっている.1980年代後半から「持続可能な開発」,21世紀に入ってからは「持続可能な平和」が重要なキーワードとして開発(貧困対策)と平和構築(紛争対応)が論じられるようになっている.このような考え方と「人間の安全保障」とはきわめて関連している.将来向かう方向性と直面する課題への対応を重ねると図表15−1のようになる.

日本政府は,国連の活動の中に人間の安全保障という考え方を定着させるべ

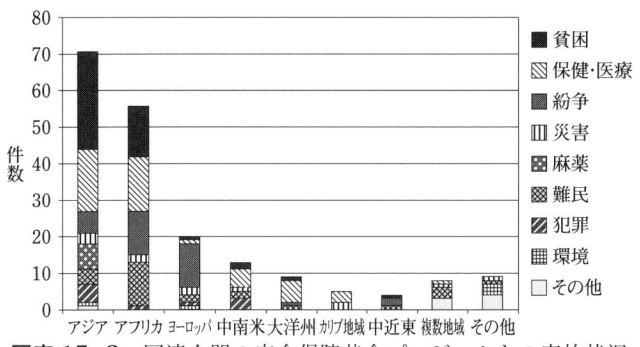

図表 15-2　国連人間の安全保障基金プロジェクトの実施状況

く，国連人間の安全保障信託基金を創設するとともに，2005年の世界サミット成果文書に人間の安全保障概念の検討を盛り込んだ．人間の安全保障基金については，2009年までに，世界各地で多くのプロジェクトを支援した（図表15-2）．この動向から判断すると，地域的にはアジアとアフリカに重点が置かれ，分野的には貧困対策，紛争対応，保健・医療が中心となっている．

　成果文書を受けた報告書（以下，フォローアップ報告）は2010年に提出されたが，2000年代の展開を踏まえて，人間の安全保障概念の共通項として，次の3点をあげた（第19パラグラフ）．(1) 人間の安全保障は，現在のまた生じつつある脅威——複合的，複雑，相互に関連し越境の要素を持つ脅威——への対応である．(2) 人間の安全保障は，人々の保護とエンパワーメントが安全保障の基本と目的を形成するという安全保障概念を拡大した理解を必要とする．(3) 人間の安全保障は，国家主権に対する武力行使を伴わず，人間を中心とした，包括的で文脈が特定された予防的な戦略を通じて，恐怖からの自由・欠乏からの自由・尊厳をもって生きる自由という目標を統合することを目的とする．このような概念の整理に続いて，優先事項として次のような領域が明示された．(1) 地球規模の財政的・経済的危機，(2) 食料価格高騰と食料の安全保障の不安定性，(3) 感染症の蔓延を含む健康への脅威，(4) 気候変動と異常気象に起因する災害，(5) 暴力的紛争の予防・平和維持・平和構築．国連を舞台にした人間の安全保障概念の明確化に関して，安全・開発・人権の不可分性を指摘しつつも「国家主権に対する武力行使を伴わず」と条件付けて，保護す

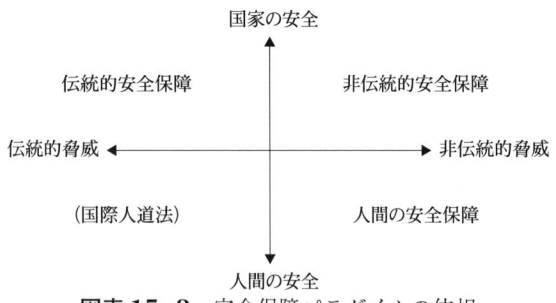

```
              国家の安全
                 ↑
 伝統的安全保障    │    非伝統的安全保障
                 │
  伝統的脅威 ←────┼────→ 非伝統的脅威
                 │
  (国際人道法)    │      人間の安全保障
                 │
                 ↓
              人間の安全
```

図表 15-3 安全保障パラダイムの位相

る責任と一線を画している一方で，予防的措置を重視している．また，優先領域の冒頭に，財政的・経済的危機を置いて，2000 年代末以降のグローバル化した危機が途上国のみならず先進国を襲っていることを重視している．

　フォローアップ報告における人間の安全保障の想定する脅威は，非伝統的安全保障が想定する脅威と重複している（感染症や環境）．既述（第 13 章 2）のように，非伝統的安全保障は，国家安全保障の観点から冷戦後に注目されるようになった「脅威の拡散」に対応する安全保障概念であり，その意味で，伝統的なパラダイムと整合的である．非伝統的安全保障への脅威に通常含まれていて，フォローアップ報告における人間の安全保障の想定する脅威に欠けているものは，核をはじめとする大量破壊兵器（WMD）の拡散，国際テロ・海賊などである．このような脅威に対する国際協力による対処は，フォローアップ報告における人間の安全保障では想定されていない．このような意味では，フォローアップ報告における人間の安全保障は，保護する責任や非伝統的安全保障と想定する脅威をある程度重複させながら，3 つの考え方の棲み分けをめざしていると言えよう．このように相互に関連している概念を整理してみると図表 15-3 のようになる．

　これに対して，M. カルドーの定義する人間の安全保障は，きわめて包括的かつ大胆で，保護する責任や非伝統的安全保障を包含する概念である．この考え方は，もともと 2004 年に欧州連合（EU）の地域秩序の安定化をめざした「ヨーロッパにとっての人間の安全保障ドクトリン」として彼女自身が中心となって定式化されたものであり，それをヨーロッパ地域のみならず地球社会全体に適用しようとするものである．この新しいパラダイムでは，伝統的な国家

安全保障は人間の安全保障を補完するものであって，逆ではないことが強調される．

この包括的人間の安全保障の原則として，(1) 人権を最上位概念とする（場合によっては干渉も辞さない），(2) 正統な政治的権威が必要（武力では平和を構築できないが，国家再建である必要はない），(3) 多国間協調（国連や地域制度の提供する規範・正統性の下で共同行動する），(4) ボトムアップ・アプローチ（開発政策の考え方を現地の安全・平和の定着に応用する），(5) 地域に焦点を当てる（国家単位で切り分けない）を掲げる．このような人間の安全保障を実現するために，従来の国際法秩序（人道法，人権法，刑事法）の総合化に加えて，大量破壊兵器をはじめとする兵器使用の問題を軍備管理（国家安全保障）ではなく人権の観点から捉え直して法秩序に組み入れることを主張している．さらに，軍隊・警察・民間で構成される人間の安全保障治安部隊の創設を主張している．

包括的人間の安全保障の考え方に対しては，ヨーロッパ中心部の諸勢力による新植民地主義であるとの批判が出されているが，20世紀前半のふたつの世界大戦が新しいパラダイムを形成し，国際連合を生み出したように，20世紀末のルワンダや旧ユーゴで起こったことが，新しいパラダイムを形成し，新しい規範が国家だけでなく市民によって支えられるような地球社会になるかどうかが問われている．しかし包括的人間の安全保障の達成は容易ではない．たとえばイラク戦争に突入したアメリカは，民主化の基礎を与えればイラクは国民自身の選択によって民主化し，安定した民主国家になると想定した．核兵器を含む圧倒的な軍事力を背景にしても，治安の回復と政治的権威の回復には成功しなかった．一般的にいえば，混乱という安定状態から秩序というもうひとつの安定状態にポテンシャルの山を越す瞬間的エネルギーの投入という触媒的役割しか演じられないのである．しかも，アメリカでさえその役割をうまく演じられなかった．

また，互いに異なる多様な争点・課題を安直に安全保障と結びつけて，何らかの対応を正当化することにも批判がある．たしかに，安全保障に対する脅威であるとされると，脅威への対処には正統性が与えられるので，都合の良い概念かもしれない．しかし日本語の安全保障が国家安全保障を意味することが多

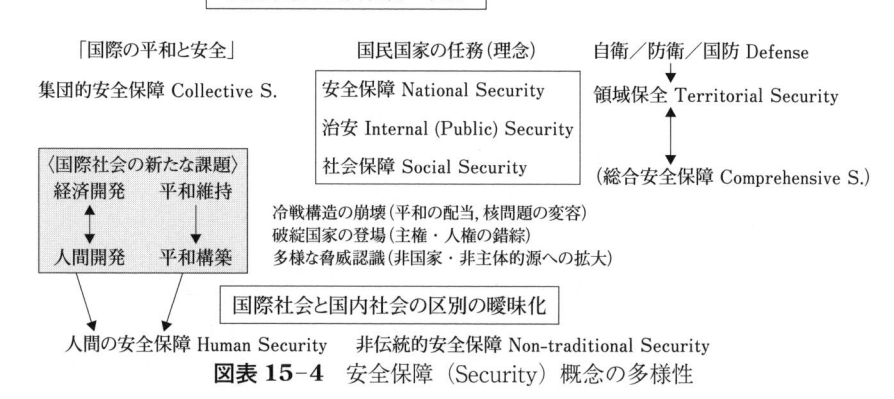

```
                    国際社会と国内社会の峻別
       「国際の平和と安全」      国民国家の任務（理念）        自衛／防衛／国防 Defense
       集団的安全保障 Collective S.   安全保障 National Security    領域保全 Territorial Security
                              治安 Internal (Public) Security
       〈国際社会の新たな課題〉    社会保障 Social Security      （総合安全保障 Comprehensive S.）
        経済開発   平和維持
                              冷戦構造の崩壊(平和の配当,核問題の変容)
        人間開発   平和構築      破綻国家の登場(主権・人権の錯綜)
                              多様な脅威認識(非国家・非主体的源への拡大)

                    国際社会と国内社会の区別の曖昧化
       人間の安全保障 Human Security   非伝統的安全保障 Non-traditional Security
```

図表 15-4 安全保障（Security）概念の多様性

い一方で，それと対になっている英語（フランス語も）はもっと広い意味を持っており，それは人にとって重要な価値に対する侵害のない（あるいはその可能性の低い）状態をさす概念である（図表15-4）．その意味で，国家のみでその価値を守れなくなった21世紀の地球社会において，多様な価値の不可分性・相互依存性を踏まえた人間の安全保障は，分業的（日本＝国連的）な定義に依拠するのか，あるいは包括的（EU的）な定義に依拠するのかは今後の課題であるとはいえ，主権国家システムを中核とする従来のパラダイムから大きく転換するパラダイムであり，地球社会の基礎的な規範を規定するパラダイムと言えよう．

2 多角的制度，地域的制度

普遍的に国家の行動を規制する規範にはどのようなものがあるのか見当をつけるのはそれほど困難ではない．たとえば，国連を舞台にして採択されるような，全ての国に開放されている多角的条約は，国際規範を明示的に示している．また，規範の明示化という意味では，普遍的な国際制度も当てはまる．とくに，国際制度の中でも，条約に基礎づけられた普遍的国際機関の中には典型的に規範の具体化したものがある．（機能的な国際協力のための機関も国際規範と言えるかどうかについてはここでは論じない．）

典型的な普遍的国際機関である国際連合に加盟できるのは，国連憲章に掲げる義務を受諾し，それを履行する能力と意志のある平和愛好国とされる．加盟承認は，安全保障理事会の勧告に基づいて総会が決定する．その意味で，主権国家ならば自動的に参加できるわけではない．（原加盟国には，独立前のインドやフィリピン，ソ連構成国の白ロシア（ベラルーシ）とウクライナが含まれていた．）世界貿易機関（WTO）は，多角的自由貿易体制を確立するために無差別原則で貿易自由化を進めることが規範となっている．WTO に加盟するには，全体的な法整備と二国間の市場開放合意という2つの経路での交渉を両方とも妥結させる必要がある．国際通貨基金（IMF）や世界銀行グループの各機関も，各々加盟資格を設定しており，加盟したい国は好きなときに加盟できるわけではない．ほとんどの主権国家がこのような普遍的国際機関に加盟を希望すること自体，参加資格が国際規範となっていることの証左であろう．

　しかしながら他方で，国連も世銀・IMF も，具体的な決定に関しては著しい非対称構造を抱えている．（この段落の議論は，第11章4の分析事例に基づいている．）すなわち，国連では全加盟国が平等の総会による決議は拘束力がなく，拘束力を持つ安保理決議では常任理事国（五大国）は拒否権を持っている．世銀・IMF ではアメリカのみが事実上の拒否権を持っている．そのような状態で，一般的な国際規範を受け入れたのだから，具体的な義務が国際社会の一般的意思の現れであると言い切って良いかどうかについて小国が疑問を呈するのには一理ある．もちろん，このような不平等は社会的決定を実行する上での能力が等しくないという現実を踏まえたものであるが，そのような能力・貢献度の違いを現在の非対称性が反映しているのかと言えば，疑問なしとしない．従来の意思決定に関わる組織改革（国連安保理における非常任理事国の増加，IMF の投票権シェアの頻繁な見直しなど）は，意思決定の「民主化」にあまり影響を与えていない．国家の統治については民主主義が規範になった今日，国際社会における意思決定は必ずしも民主主義的ではない．

　国連，世銀・IMF，GATT-WTO といった普遍的な制度はその主要任務を大きく変えてきた．主権国家資格の変化（脱植民地化）に対応すべく，地球社会の変化（グローバル化）に対応すべく，あるいは新しい挑戦（国際金融市場の不安定性や暴力の拡散）に対処すべく，主権国家システムの構成員たちは国

際制度を活用しようとしてきた．その対応は遅すぎたり，不十分だったりするかもしれないし，場合によっては逆効果だったり，国によっては望ましくない方向だったりするかもしれない．しかし，第二次世界大戦後はもちろん冷戦終結時から見ても，普遍的制度は大きく変容してきた．国際制度とそれを基礎づける国際規範は変わるのである．では，誰がどのようにして変えるのか．この意味で，冷戦が平和的に終わったことは象徴的である．すなわち，国際規範の「平和的変更」が少なくとも可能であることが示されたのである．これからも，国際制度の任務は，おそらく「交渉と妥協」よりは「協議とコンセンサス」によって変更されていくのではないだろうか．その意味で，討議という紛争形式（と解決方式）が重要度を増すのではないだろうか（第12章4を参照）．

　普遍的な国際制度・国際規範は，実態として多様な国々の全てに適用されるという意味で，普遍的であると同時に最大公約数的にならざるを得ない．いわば，普遍的規範は広いが薄いと言えよう．普遍的規範を広いと同時に厚くしようという試みがなかったわけではないが，どのように厚くするのかについてコンセンサスが成立しなかった．実際，国連憲章の第52条の規定やGATT第24条は，普遍的制度を補完する役割を果たすものとして地域的制度の存在を認めてきた．しかし，地域的制度に体現した地域的規範は，普遍的規範を補完するというよりも，普遍的規範が提供し得なかった規範を地域限定で形成したものと捉えるべきであろう．ちょうど，世界平和が非現実的な状況において，地域統合を「平和の島」あるいは「ところどころの平和」と捉えたことと通じる．少なくとも，冷戦後には，普遍的規範と矛盾するような地域的規範は認められない．このような意味で，広いが薄い普遍的規範の「上に」狭いが厚い地域的規範が乗っている状態である．なお，ここでいう「地域」とは必ずしも地理的に接続してまとまっている必要はない．有志連合のような制度も含まれる．地理的には，地球上のいくつかの飛び地の集合でも構わないことになる．

　EUは，いうまでもなく，ヨーロッパ統合を象徴する制度で，1950年代以来の長い過程の経験を蓄積したきわめて複雑な制度であり，今日でも変化しつつある．冷戦最中の西側制度として当初より，確立した民主主義国を構成員とし，3回目の大戦争を回避すべく戦略産業の統合から始め，1960年代には関税同盟を形成した（第7章4を参照）．その後も，超国家的制度・国家間制度・越

境地域制度・国内地域制度などが複雑に絡み合い，経済から政治安全保障にいたる幅広い政策領域で一体化を進めている．何回か危機に直面し，そのたびに制度的な変化によって対応してきた．2000年代末から続く危機は国家財政とヨーロッパ金融との齟齬を露呈した深刻な状況である．ヨーロッパほど統合が深化した状態になっても，統治（ガバナンス）が容易ではないところに，21世紀の地球社会が抱えている困難さを垣間見ることができる．なお，人権・民主化と軍備に関しては，EU加盟国のみならずアメリカやカナダを包含する全欧州安全保障協力機構（OSCE）が広域の地域規範を体現している．

　EUほど制度化が進んではいないものの，地域規範を明確に打ち出した地域制度は他にも活動している．米州機構（OAS）は，1951年に発足した地域的集団安全保障機構であるが，1969年に採択した米州人権条約（1978年発効）にしたがって米州人権委員会や米州司法裁判所を備え，1990年代に入ると民主主義促進部が設置されて選挙監視などの活動に従事している．また，中南米は非核兵器地帯となっている．2000年代には米州自由貿易地域構想が協議されたが，合意にはいたっていない．1945年に発足したアラブ連盟（LAS）は，中東6カ国から出発し，徐々に加盟国を増やしてきた．多面的な地域協力を進めることとともに，紛争の平和的解決を定めている．反イスラエルという政治的立場が明確であり，経済統合では，大アラブ自由貿易地域構想を立ち上げたものの，まだ実現していない．アフリカ連合（AU）は，1963年に発足したアフリカ統一機構（OAU）が前身であり，EUをモデルにして全面的に改組して2002年に発足した．政治・経済統合をめざすだけでなく，人権・平和・安全保障にも大きく踏み出した．民主主義を規範とし，アフリカ人権裁判所，平和・安全保障委員会，全アフリカ議会といった機関を持ち，平和維持軍の編成も可能になった（ソマリアに平和維持部隊を派遣している）．なお，大陸部は非核兵器地帯化した．1967年に発足した東南アジア諸国連合（ASEAN）は，1976年に紛争の平和的解決を定め，1990年代には経済統合と加盟国の拡大を果たすとともに，東南アジアの非核兵器地帯化を決めた．2000年代に入り，政治安全保障・経済・社会文化の3本柱からなる地域共同体の創設に動き出した．社会主義国を抱えつつ，内政不干渉やコンセンサスを掲げながら，民主主義や人権に関する地域規範化も進めている．

上であげたような地域制度は，必ずしも域内の平和・安全と繁栄を確実なものにしたわけではない．各制度とも，さまざまな域内問題を抱えながら，地域としてまとまろうとし，既存地域規範の遵守や規範の更新・変革をめざしている段階である．今日，地域主義といえば自由貿易地域が高い関心を集めているが，地域規範としてはせいぜい市場経済・自由経済の規範を共有する程度である．平和と安全に関わる地域規範の形成には，経済的メリットに基づく地域化以上の何らかの踏み込んだ決断が必要である．地域「共同体」という名称を掲げる以上は，損得計算の上での協力ではなく，価値の共有・共存の覚悟など規範面での共通性も重視しなければならない．その意味では，東アジアと南アジアは大きな空白域として残っており，そこには中国とインドという最大の人口を抱えて大国化をめざす新興国が存在している．

3　グローバル・ガバナンスを支える公共秩序の形成

　地球社会（グローバルな社会）という言葉を用いるのは，地球上の人間社会をひとまとまりとして認識・把握する必要性が高まりつつあるという現実の変化を背景にしている．ここでは，「グローバル」は3つの意味を持っている．ひとつは，人間が生活していく諸活動が単に国境を越えるようになったというだけでなく（それなら国際化とか相互依存の深化でよい），諸活動のさまざまな分野で国境の概念自体が重要ではなくなったことを指している（たとえば環境汚染）．次は，人間の諸活動が地球上の各地を繋げるようになったというだけでなく（それなら19世紀末にはグローバル化していた），技術革新のおかげで，情報は瞬時に地球を覆うようになり，ヒトやモノは24時間で地球上のどこでも移動できるようになった変化を指している．最後に，地球はひとつであり，かけがえないものであるという認識，そして自分たちの生活や追求すべき価値が地球そのものにかかっている（グローバル・コモンズ＝地球規模共有地）という認識が，世界各国の多くの人々に共有されるようになったことを指している．

　グローバル・ガバナンスとは，一方では地球規模問題の多様化・深刻化が進行し，他方では世界政府（世界連邦）が必要かもしれないが樹立は非現実的で

あるという今日の状況の下で,「政府（ガバメント）無き統治（ガバナンス）」という考え方が登場し,国際社会（地球社会）が無政府社会であっても,統治（管理）は可能であるとして考え出された概念である．似た概念として,グローバルな公共秩序とは,国際秩序と言えば主権国家システムの問題であったのに対し,それとは区別する意味で,国家以外の主体も含む公共空間を設定し,その秩序を問題とするものである．どちらの概念も,グローバルな課題（地球社会の抱えた課題）を扱うのは主権国家システムでは不十分であり,国家や国家からなる制度だけでなくそれ以外の主体を巻き込んだ統治が必要であるという認識に基礎づけられている．

地球社会の中に埋め込まれた主権国家システムの伝統的な仕組みは,国家間の狭義の政治（国際政治＝外交を通じた合意形成という社会的意思決定）が圧倒的な比重を占めており,合意の実施（つまり統治）は各国の政策に委ねられていた．このような観点に立てば,グローバル・ガバナンスは,伝統的な仕組みからの脱却を意味しており,狭義の政治から広義の政治（狭義の政治＋統治）へと地球社会の将来を決める方式の比重の変化を象徴している．

今,地球社会に住む人々（われわれ）が直面しているのは,人間の広い意味での生活空間の切断（領域による分断）が非現実的になったこと,そして主権国家（領域団体）の裁量や権限だけでは直面する課題の処理が困難になったという地球社会の状況なのである．他方で,「われわれの地球」という意識は高まりを見せたが,「地球のわれわれ」という意識（つまりグローバル・コミュニティ意識）はまだ萌芽的である．グローバル市民社会は地球を覆っているというよりは,地球上の各地をつないではいるが,まだまだ偏在（遍在ではない）している段階である．しかも,そこで活動する個人や団体,組織,ネットワークはさまざまな動機と利害関心から動いており,必ずしも「地球のわれわれ」として地球社会の問題に立ち向かおうという意識を共有しているわけではない．言い換えれば,グローバル市民社会では市民という政治的機能を持つ人々（通常は,居住国で市民として活動できる人々）が地球規模で活動できる空間ではあるが,そのような人々が地球公民としての自覚を共有している状態が成立していないのである．この意味で,国家と表裏一体の市民社会という意味での市民社会ではなく,国家から自律的な（国家とは距離を置く）存在とし

ての市民社会という意味での市民社会にグローバル市民社会は近いと言えよう．もっとも，グローバル市民社会の存在を前提にしたとしても，その上にグローバル国家を建設できるような状態では全然ないのは明らかである．グローバル市民社会はグローバル・コミュニティ（グローバル共同体）になりきっていない．そのような志向性を持っているにしても，現状では，グローバルな政府（ガバメント）の創設は非現実的であり，グローバルな統治（ガバナンス）がようやく視野に入ってきた段階と言えよう．

　グローバル・ガバナンスは，実態としてはすでに現実のものになっている．地球社会全体に関わる社会的意思決定は（そして地域規模における社会的意思決定も），もはや主権国家が独占している状態にはない．国家は，自らが創設した国際組織はもちろん，さまざまなグローバル市民社会組織（NGO（非政府組織），市民ネットワーク）との連携・協力なしには対処できない問題に直面していることを十分に認識している．

　その中で，最も多元的な役割を果たし，多様な活動をする可能性を持っているのは市民である．第一に，市民は，伝統的な国民国家の構成員として，国民としてまとまれば主権国家を動かす正統性をすでに持っている．第二に，市民は，国境を越えて連携・協力できる資源と技術を手にしており，複数の国民が協力する形で各々の政府を動かし，主権国家システムの中で，影響を及ぼすことができる．第三に，国境を越えて連携・協力できる資源と技術を手にした市民は，国家を経由せずに，非政府組織・団体を構成して，国家や国際組織・レジームに対して影響を及ぼすことができる．第四に，各国市民に支えられたNGOは，専門家・技術者を活用して，特定国の社会の中で独自の活動を展開することも可能な場合がある．こうした市民のさまざまな活動は，国家活動の資源が税金と動員であるのとは対照的に，自発的寄付や自発的参加（ボランティア）に支えられており，それゆえに，国家による権力行使とは対照的に，討議の政治が機能する領域が大きい．

　もちろん国家どうしで利害対立が生じるように，個々のグローバル市民社会組織の間に利害対立が生じることもある．たとえば，対人地雷問題では共通の利害関心を持ってひとつにまとまっている人たちが，地球温暖化問題では，互いに対立するグループに分かれるようなことがあっても意外ではない．しか

し，グローバル市民社会が存在していると考えれば，国内社会で激しい利害対立が生じたとしても国民共同体としての市民社会が分裂するとは限らない．言い換えれば，ある社会の中での利害対立の存在は，むしろ普通の現象であり，その社会の分裂を意味するものではない．経験的に確かめる必要のある問題は，実際に，グローバル市民社会と呼んでも的外れではないような「包括的（inclusive）なわれわれ」の存在を認めることができるかどうかであろう．既に，第8章3で概観したように，市民を繋ぐネットワークは世界各地に張り巡らされており，都市部に見られるとくに密な場所がモザイク状に点在している．そして多くの論者が，留保なしに，グローバル市民社会の存在を認めている．

図表8-3に従えば，過激な原理主義者組織もグローバル市民社会組織の一類型と捉えられている．しかし国際テロ組織のメンバーをグローバル市民社会の構成員と認めるのかどうか，認めた上で犯罪者として扱うのかなど，脱国家的・脱領域的な活動をする能力を備えている人たちや組織・団体をどのような条件でグローバル市民社会の一部分として見なすかどうかについては，実は十分な考察がなされていない．国家内部で閉じていることを前提にした市民社会では，市民社会への個々人の参加資格をどうするのかは，明示的か暗黙かはさておき，基準についてある程度の広範な合意が形成されているのが普通であり，構成員（仲間）による社会規範からの逸脱をどのように扱うのかという問題は，何が逸脱なのかという問題も含めて深いレベルで考察されてきた．それに比較すると，グローバル市民社会については，民主主義的社会の中の問題として議論されることが多く，そのソト側との関係について，さらにはウチ側についても国別・宗教別規範の違いなどに関する寛容度・許容度について，深い議論がされているようにも思えない．おそらく，今日のグローバル市民社会は，現実に存在しているにしても，規範の共有が比較的可能なごく一部の人々のみが積極的に活動しており，地球全体をモザイク状に覆ってはいるが，非常に薄い被膜をつくっているだけなのであろう．グローバル市民社会への参画動機を持つ人々が世界各地で増大していけば，かつて国内社会で生じたような，国民形成期におけるさまざまな摩擦が生じるだろう．

グローバルな公共秩序の形成と浸透をめざすとすれば，少なくともいくつか

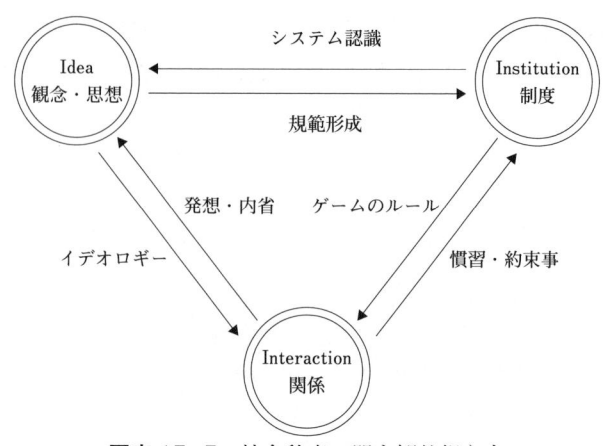

```
              システム認識
    ┌─────◄─────────────────┐
   Idea  ─────────────────►  Institution
  観念・思想       規範形成        制度
       ▲                      ▲
        ╲   発想・内省  ゲームのルール   ╱
         ╲                          ╱
    イデオロギー              慣習・約束事
           ╲                  ╱
            ╲   Interaction ╱
                  関係
```

図表 15-5 社会秩序の間主観的捉え方

の課題について共通の理解を広範囲の構成員が共有することが必要である．第一に，人々の尊厳ある生き方の保障をめざす実効的方法，第二に「平和的変更」への期待を浸透させる方法，第三に，秩序を乱す脅威の存在（それをどのように同定・認定するか）への対処方法，などである．抽象的に，人々の共存を保障するような普遍的文化を共有しつつ，その上に成立する多文化主義のグローバル化をめざせば良いとは言える．しかし，何を普遍的文化を必要とする領域とし，何を文化的多様性を認める領域とするのかについての合意が形成されていないのが現実である．

　一般的に，社会秩序の変動は，主体間の現実の相互関係，相互関係を支える制度，そして社会を捉える観念・思想の三者の相互作用として捉えることができるだろう（図表 15-5）．この三者（3 つの I）はそれ自体で相互に関係し合っている．

　秩序の安定性は制度の適応によってもたらされ，制度の安定性は規範の共有によって支えられていると考えれば，秩序の維持には制度を支える規範が適切に更新されていく必要がある．規範の変更は，新しい規範候補が自ずと規範化するという過程ではない．既存の規範に対する代替的規範候補として提示され，既存規範の支持が減る一方で代替候補に対する支持が増え，やがてそれが新しい規範として認知される．その意味では，既存規範に対する疑問が増え，

代替案に対する支持が高まる過程は，円滑に進むのか摩擦を生むのか，急速に進むのか緩慢に進行するのかなどさまざまな過程が考えられる．

　主権国家システムに地球社会が抱えている全ての問題を解決させようとすれば主権国家システムに機能不全が生じてしまうことは，すでに広範に認識されている．グローバル・ガバナンスは，主権国家システムのような同質主体からなる政治空間で問題を解決しようとするのではなく，多様な主体（国家も含む）からなる政治である．主要な構成員による規範の共有，期待の収斂，実行による顕現という相互作用を通じて，地球社会の課題が少しでも解決されていかなければ，秩序はますます不安定になるだろう．とくに国家に対する幻滅は，市民にリスクの高い選択（問題解決能力を自ら喧伝するばかりで実績のない候補者を支持する）をさせるかもしれない．

*4　国際関係論はどのように貢献できるのか

　21世紀の地球社会が抱えるさまざまな課題に対処していく上で，国際関係論はどのように「役立つ」のだろうか．最後に，国際関係論の役割について最小限の点検をしておこう．

　今日の国際関係論に直接繋がる系譜を遡れば，国家間の関係（外交と戦争）が学問の対象となった近世ヨーロッパにまで行き着くことが可能だろう．第1章4で概観したように，とくに戦争に対する制約（歯止め）が大きな関心だった．今日の学問分野で言えば，国際関係法が先鞭を切ったといえる．もっとも今日の国際関係法よりは広範な守備範囲を持っており，外交史，哲学（神学の名残），戦略（対外政策）なども含むものだった．19世紀には，ヨーロッパにおいて自分たちの社会に対する客観的分析態度が社会科学として制度化し，ヨーロッパ社会（ほとんど国際社会の意味）の組織化（国家どうしの関係の緊密化）が進むようになると国家間関係を社会科学の土俵に乗せようとする試みもなされるようになる．そのような中で，政治学（一国家における狭義の政治と統治の両方を対象）が生まれ，国際政治学が生まれてくる．すなわち，国家間の利害対立とその処理を「政治」という観点から体系的に捉えるようになる．ちなみに，国際経済学は，国際貿易論（ミクロ経済学の応用）も国際金融論

（マクロ経済学の応用）も，異なる国家の間で国境を境にしてさまざまな経済的条件の違いがもたらす国境を越えての交流に及ぼす影響をテーマにしており，各国政府の経済政策が交流相手の政策を念頭に置くと言う意味での相互依存はあるが，国家と国家の相互関係を国際経済学の主要テーマにしているようには見えない．いわば，国家どうしの競争は扱うが，紛争は扱わない，といえようか．

　国家と国家との関係に注目した学問を立ち上げる際の根本的な論点は，(1)国際関係は社会と言えるのか（関係を基礎づける共通の価値・規範はあるのか），(2)国際関係は社会科学の対象か（方法論的個人主義に基づいて人間を国家に置き換えられるのか），(3)国際関係の特異性は何なのか（主体間相互作用の本質は何なのか）というようなものであった．このような論点をめぐって，さまざまな立場からの議論がなされたが，学問の制度化（パラダイムを共有する研究者集団の成立と再生産の持続）にともなって後景に退いたものの，時折のパラダイムをめぐる論争では，このような論点が浮上してくる．

　さて，20世紀のふたつの世界大戦は国家間関係が人類にもたらす甚大な影響についての考察を不可避的に高め，戦争の回避を現実化しようとする理想主義と戦争が組み込まれている前提に立つ現実主義とに分かれて国家間関係は議論された．同時に，戦争をもたらす国際関係（国家のみならず民族なども主体として捉えられる）を自覚的にさまざまな学問（分析道具，ディシプリン）から総合的に扱おうとする立場も成果を出すようになった．いわゆる「学際的国際関係論」である．ちなみに第二次世界大戦後，日本に「国際関係論」が持ち込まれたとき，範型となったのは，この学際的国際関係論であった．他方，アメリカでは政治学の一分野としての国際関係論＝国際政治学が制度化していった．

　アメリカの国際関係論＝国際政治学の特徴は，図式的に単純化すると，合理性・実証性・一般性の追求と言えるだろう．政治学の一部として，権力が中心概念であり，国際政治経済学でさえ例外ではない．歴史の軽視（理論のケースへの当てはめ材料として扱う傾向），合理的主体の重視（構成主義の標榜者でさえ）も善し悪しは別にしてよく指摘される．また，国際システムは国力（ほとんど軍事力に等値）の分布として捉えられ，その時々のアメリカの抱えてい

る主要課題に敏感に反応することによって生じるテーマの流行も，アメリカの国際関係論の特徴である．

このような特徴をもつアメリカの国際関係論は，ふたつの意味で重要である．ひとつには，国際関係論分野の先端研究や高等教育で，世界に大きな影響力を持っている．もちろん，それとは一線を画す制度も存在している．いわゆるイギリス学派は，歴史とアートとしての外交を重視するとともに，国際システムの社会性に注目し，国家以外の主体の存在やグローバル化といったものにも常識的目配りを忘れない．また，いわゆる北欧学派は，構造（階級）にこだわり，平和と人権・人道に関心を寄せる傾向が強い．日本では（日本学派と呼べるようなものがあるかどうかはさておき）歴史・地域・理論が共存し（相互作用が強いとまでは言えないが），軍事面の役割を軽視する傾向にあるとともに，「学学」や「論論」も相変わらず少なくない．このような地域的制度のニッチがあるとはいえ，大学院教育制度が整備され，メジャーな学術雑誌を多数抱え，相互引用の累積によって存在感を示すアメリカの国際関係論の影響はきわめて大きい．

もうひとつには，アメリカの現実の外交にアメリカの国際関係論は大きな影響力を持っている．研究・教育職と対外政策実務とのつながりが緊密（同一人物が行き来し，現象的には「回転扉」が回り続けると言われる）なために，理論（学説・政策主張）とアメリカ対外政策との親和性が高い傾向が生じる．つまり，世界政治にきわめて大きな影響を及ぼすアメリカがどのような対外行動をとるのかという点について，アメリカの国際関係論の動向は無視できない．その副産物として，アメリカの国際関係論は，分析対象としてのアメリカの外交関係に対する高い説明力を持っている．

アメリカの国際関係論とアメリカの国際関係との高い相関性を，別な角度から一般化すると，国際関係をめぐる理論・命題の妥当性は，真偽の領域ではなく，国家の国際関係観をもとにして生じる現象との関係で評価されるべきである，という見方がでてくる．国際関係論では，国家の本質・国際関係の本質をめぐって，ときに，激しい論争が生じることがある．その論争が，前提となる枠組をめぐるものなら虚しい論争である．具体的な国家指導者や国家を代表する人々の認知構造についてのものなら，実証的な実りある論争になるかもしれ

(a)「自然」対「社会秩序」から「個人」対「共同体へ」

ホッブズ → ロック → ルソー

マキャヴェッリ　　グロティウス　　　　　　　カント

類型	代表	基礎	関係	イメージ
リアリズム	ホッブズ	力	闘技	自然
リベラリズム	ロック	利益	遊戯	政治社会
アイデアリズム	ルソー	観念	討議	共同体

(b)

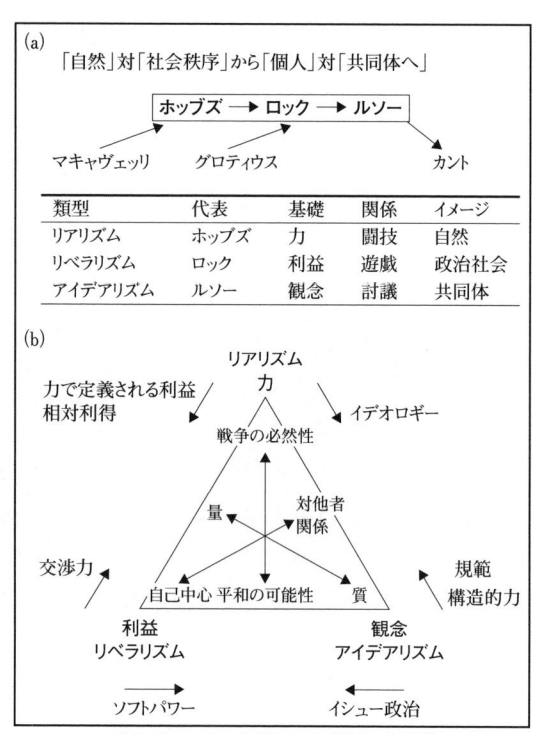

リアリズム
力

力で定義される利益　　　　　　　　　　　イデオロギー
相対利得

戦争の必然性

量　　対他者
　　　関係

交渉力　　　　　　　　　　　　　　　　　　規範
　　　　　　　　　　　　　　　　　　　　　構造的力
　　　　自己中心　平和の可能性　質

利益　　　　　　　　　　　　観念
リベラリズム　　　　　　　　アイデアリズム

ソフトパワー　　　　　イシュー政治

図表 15-6 国際社会類型の系譜

ない．絶対君主とその側近の官僚が国家を運営していた時代なら，国家理性や超越的原理を適用しても説明力はあったかもしれない．しかし国益もアイデンティティも「国家」が決めるわけではない．国家の名の下に人間が操作し，創り出すとともに，影響されているのである．

　主権国家システム（主権国家の存在，主権国家どうしの相互作用の決定的重要性）についてはさまざまな捉え方が提唱されてきた．第1章4で概観したように，中世末期から近世初期に区分される時代には，古い秩序は崩壊したが，混沌の中から新しい秩序が生まれ出る陣痛の中で，自然状態という最小限の前提を基礎にした秩序模索（後世の用語で言えば主権国家論と国際社会論）が展開した．そして20世紀後半になって，戦争を想定した国際システムの捉え方をめぐって，ホッブズ，グロティウス，カントの考え方の違いに注目して現実主義（Realism）・合理主義（Rationalism）・革命主義（Revolutionism）とい

う英語の語呂合わせ（3つのR）の対比（やその亜流）が提唱された．20世紀の前半，現実主義と理想主義との対比で国際社会を理解しようとした思想潮流と比べると，内容が豊富になったといえよう．たしかに対比という意味では3つの立場の相違は注目すべきであるが，私見では関連づけが十分ではない．ここでは，自然状態から社会を生み出す思考実験（社会契約論）にこだわって，国内秩序創発の類推に基づく国際システム観（国際秩序論）に関するひとつの試論を提示しておきたい．すなわち，社会契約論の始祖として大きく括ることができるホッブズ，ロック，ルソーである．（グロティウスはロックの先駆者，カントはルソーの後継者と見なせば，3つのRとの関連性を明確にできるだろう．）三者の思想と結びつけた国際関係の諸側面の対比（図表15-6(a)）と関連づけ（図表15-6(b)）とを示しておく．

　繰り返すが，3つの立場のどれが正しいのかという問題ではない．市民ひとりひとり，まとまりとしての国民，そして国家は，ある特定の見方（あるいは複合的・折衷的見方）を，どのような環境に置かれて，なぜ他の見方を採用するのではなく，採っているのか．どのような条件で，そのような秩序観（世界観）は変化していくのか．地球社会における平和と繁栄をもたらす可能性を高めるのは，どのような見方であり，それが机上の空論ではなく現実が支えるようになる条件は何なのか．国際関係論は，このような問いかけの枠組を明確にしてくれるものである．

終　章　地球社会の将来に向けて

　　　　多くの課題を抱えたまま，地球社会は21世紀を歩み続けている．受け継い
　　　　だ歴史的記憶も異なれば価値観も異なっている人々の間で，共存が可能な道
　　　　筋を見つけていかなければならない．共存を可能にする選択肢はそれほど多
　　　　くはなさそうである．これからの世の中を少しでも良くしていく処方箋は，
　　　　私たち（むしろ読者のあなた方）が書き込む必要がある．

1　共存の知恵から地球の「われわれ」へ

　地球社会が抱えている問題は，個人レベルの人権問題から地球レベルの環境問題まで，多岐にわたり，しかもその解決の見通しはたっていない．このような問題は，主権国家システムの中に備わってきた問題解決方法では，十分に対処できないからである．そして，国家主権が争点になるが，その争点は互いに逆向きのふたつの顔をもっている．ひとつは，問題解決の障碍として立ちはだかっている主権であり，もうひとつは，問題解決しようにも機能不全を起こしている主権である．前者に対しては，国家主権を制限するような新しい国際関係のあり方を求める声が上がっているし，後者に対しては，国家主権を強化し，実効的なものにすることで国際関係の効率化を求める主張もなされている．他方で，主権国家がみずから主権を制限するような動きは鈍く，主権的利益は全人類的利益との調整に成功していない．国際組織の自律性の拡大や非国家組織・団体の参画の増大によるグローバル・ガバナンスへの期待が高まる所以である．

　国家どうしによる問題解決方法には，2種類の負荷がますますかかるようになっている．ひとつは，地球社会における人々の生活・活動の相互依存が深まるにつれて，さまざまな領域・分野で政治化が進行しており，従来型の方法で対立を処理すべき課題が増大しているという量的な問題である．もうひとつ

は，地球規模問題や非伝統的な脅威と呼ばれている，解決には国際協力を必要とする問題の増大・拡散であり，協力する文化が希薄な国際社会の中で協力を確立しやすくする新たな方法が求められているという質的な問題である．

　国家が相変わらず自国のパワーの増大に過度の関心を払い，「相対利得」（彼我の差に注目）にこだわりつづけるならば，国際関係の新しい展望は開けない．たしかにパワーは国家の問題解決能力を高めるが，問題解決能力を高めるパワーは軍事力だけではない．むしろ解決が必要な問題を考慮すれば，パワーに占める軍事力の比重は低下しているといえるだろう．しかし，勢力としてのパワーを高めて「勢力圏」の維持あるいは拡大を模索する国家が太平洋やインド洋に多大の利害関心を持っているのも現実である．冷戦期の米ソのように，互いに相手を自分が映っている鏡の中に求めているのだろうか．

　今日，主権国家という器には，国民という中身が詰まっている．一部の指導者の独占物ではなくなった国家が相変わらず対外的なパワーに執着するとするならば，それは国民の支持に依拠している部分も否定できない．国家が国民的利益（国益）を追求するのは当然である．国民を形成する市民ひとりひとりの国家の捉え方，国際関係についての見方が変わらなければ，現実の国際関係のあり方は変わりにくいであろう．もちろん，国際「関係」のあり方は，一国の考え方・見方が変わったからといってただちに変わるものではない．相互関係の中で，主要国の国民の見方が相互に重大な齟齬を来さないように同時並行的に変わっていく必要がある．

　地球社会が抱えている問題解決には国民どうしの関係において，スローガン的に表現すれば，「競争から共存へ，対立から対話へ」という変化が求められている．そのような変化は，新しい集合的アイデンティティ，新しい「われわれ」意識が醸成されることで促されるにちがいない．ほとんどの人にとって，どこかの国民共同体に属すことはきわめて重要であり，その国民の一員としてのアイデンティティは共同体所属と不可分である．それを否定して新しいアイデンティティを模索することは非現実的であり，国民アイデンティティと両立しつつ，複数の国民同士が，相互の競争・対立を別な観点から見直し，彼我の問題を「われわれ」の問題として平和的に解決する道を模索できるような新しいアイデンティティの形成が望まれる．一部の人たちは，すでにグローバル市

民社会への参画を通じて,地球の「われわれ」という意識を実感しているのかもしれない.グローバルなレベルでの共感に現実味を感じられない人たちも,アジアやアジア太平洋地域で「われわれ」意識を,あるいは国外の特定の問題に対する関心を共有する人々と「われわれ」意識を醸成することに関与できるかもしれない.

　地球に住んでいる人々は,いろいろと異なった世界観,価値観,処世観を持っている.卑近なたとえだが,近くにいる他人の強い視線を感じたとき,それを愛情・好意・単なる好奇心・悪意・敵意といったさまざまな可能性のうちのどれなのか,どのように推測し,判断し,それにしたがって自分自身の対応を決めるのだろうか.なじみのある世間ならば,ある程度の確率分布を知っているかもしれないが,異文化の社会に闖入した場合には判断の根拠は薄弱にならざるを得ない.それまでに慣れ親しんだ基準にしたがって,正しい対応をすることもあれば,場違いな対応をして想定していなかった帰結をもたらす結果になるかもしれない.「われわれ」意識を国境を跨いで形成するのは決して容易なプロセスではない.

　このような文化の違いによる誤解や摩擦を避けようとしてきたのが,独自に発達してきた主権国家システムの規範だった.それは,もちろんヨーロッパの文化を色濃く反映しており,外交に参画するごく一部のエリートにとっての問題だったが,ヨーロッパ内部で日常的に生じる利害の対立・意見の相違を暴力化させずになるべく円滑に処理しようとして発達させてきたものである.ラテン語からフランス語そして英語へという標準的な意思疎通のための言葉(いわゆる国際公用語)の変遷も外交用語に痕跡をとどめている.しかし,グローバル化と国際化の進行で,そのような薄いが普遍的な交際文化では不十分になり,ふつうの人たちを巻き込んで諸国民共同体を包含するような共存の文化の形成がますます必要になりつつある.

2　「われわれ」の国際関係論

　国際関係を理解する上での基本的な概念と概念操作法を提供しようとした本書は,とくに国際関係自体を規定する規範や概念(たとえば国家主権)が,国

際関係自体を通じて生成され修正されてきたものであることを強調してきた．要するに与えられたものではなく，相互作用を通じて一緒につくり出すものであるということである．このことは，国際社会で不断に新しい考え方が提唱され，あるものは定着し，あるものは捨て去られていくというプロセスが今日でも展開していることを理解するうえで重要な観点である．

　国際関係では主権国家が中核的存在であるのは言うまでもないが，制度の中に埋め込まれているということも強調してきた．国家は法を超越しているとか，国家は全てから自由だとかいう捉え方は現実の国際関係を反映していない．もちろん，国内社会の中の個人のように濃密な制度の中に置かれているということではないが，国家を規律する制度があることも否定できない．そして国内制度は明示的に変更されたり，慣行の変化とともに緩慢と変化したりするように，国際的な制度も国際関係によって作り替えられるものであることも示すようにした．

　また可能な限り，国家を擬人化するのを避けてきた．国家が私たちと無関係なレヴァイアサン（レヴィアタン）であって，国際関係という言葉を聞くと怪獣（海獣？）たちが大洋で乱闘しているイメージが湧いてきてしまうような国際関係の理解をしてもらいたくなかったのである．国家が自己利益を持っているとか国家がアイデンティティを持っているかといったイメージを抱いて，国際関係を見ようとする態度を身につけてもらいたくなかった．もちろん，擬人化を避けようとしても，国家はれっきとした「法人」であり，主権国家システムの中の主体として他の国家と対等な立場にある．しかしこの「主体性」をブラックボックス化せずに，必要に応じて複雑な組織であることを思い出してもらうようにした．したがって，国家の合理性を当然視したり分析の前提にしたりしないように心がけた．

　これと関連して，国家を質点（「ビリヤード・ボール」モデル）として描かないように心がけた．今日の地球社会において，「政争は水際まで」という原則に則って国内政治では対立する諸勢力も対外問題に対しては一致団結するという国内社会と国外環境とが切り離されている状態は現実のものではない．グローバル化と国際化によって，国境＝水際はかつてのようなウチを取り囲んでソトとの出入りを管理する機能を十全に果たせなくなっており，人々のソトと

の関わり合いは多種多様な形態をとるようになって国民的利益について明確な一致点は見出しがたくなっている．国内政治と国際政治とは分かちがたく結びついていることを強調したつもりである．

さらに，レヴァイアサンは，私たちの運命を左右する存在であると同時に，今日の制度の中では私たちの下に（上にではなく）置かれている存在でもあることを強調してきた．レヴァイアサンは他者ではなく，私たちを巻き込んだ存在なのである．もちろん，私たちは直接的にレヴァイアサンを乗りこなしているわけでも，日常的にレヴァイアサンの行為を監視しているわけでもない．しかしすでに国民のひとりとなっているか，あるいはまもなく国民の仲間入りをする人たちに，国家や政治や国際関係に意識しようとしまいと関係していることを理解してもらい，そうであるからこそ，こうした問題に関心を持ち，関与するという姿勢をとるようになることを期待した．

実際，国民の存在は国家を，必要最低限のサービスを提供する「夜警国家」から個人の人生と生活に深く関与する「社会国家」・「福祉国家」へと変容させてきた．密度の濃いサービスを期待するようになれば，それを享受できる範囲（領域的にも，住民的にも）は限定せざるを得なくなった．そのプロセスの進行とともに，国内格差は小さくなる一方，サービス提供能力の国家ごとの違いは国家間格差の拡大をもたらした．20世紀に見られたこのような変化は，グローバル化の進行にともなって様相が変わり，近年は国内格差の拡大が先進諸国でも生じている．国内政策はもとより，国際関係も「他人事（ひとごと）」ではないはずである．

本書では，さらに私たちはグローバル市民社会の一員として地球社会の問題に関与できることにも注意を向けた．もっとも，グローバル市民社会はまだ曖昧で不定型な存在であり，システム的につかみ所のない実体である．現状では，自分の関心と個々の非政府組織（NGO）の特徴とを比較して，NGOの活動に主体的に参加・関与することが最も現実的であろう．もちろん，仲間を募って，自分たちのNGOやネットワークを立ち上げることも可能である．いずれにせよ，国民という大きな共同体を動かさなければ国際関係に影響を与えたり関与したりできないというのではないことを示したつもりである．

このように，ひとりひとりにとって国際関係は疎遠なものではなく，身近な

ものであることを強調する一方で，国際関係の捉え方は，自分（自国）対他者（他国）という一方の立場から他方（相手）を位置づけるような態度をなるべくとらないように注意を促している．すなわち，両者の相互作用・相互関係を総体として把握するような態度をとることを勧めている．これは，相手の立場にたって同じ問題を考える習慣をつけること，相手が悪いとか相手に責任があるといった自己中心的な評価を相対化して再考する習慣をつけることと言い換えてもよいだろう．国際関係のダイナミズムは相互作用がもたらす帰結であり，その過程を想定の範囲内にコントロールできるとは限らない．つまり，思惑通りにならない相互関係として国際関係を捉えるような見方を提供しようとした．本書で紹介した国際関係を分析する技法も，このような相互関係や良く分からない相手との関係をどのように捉えるのかという観点から取り上げたものである．

本書で伝えたかったメッセージは，国際関係は自分とは関係のない人たちが勝手にいじくっているといった良く言えば達観的な，悪く言えば虚無的な考えを見直して，自分も責任の一端を負っているという意識を持って，国際関係を分析する態度を身につけて欲しいということである．そして，本書の最終的目標は，「私たちの住んでいる地球社会が抱えているさまざまな課題に対して，私たちはどのように取り組んでいけるのか」という問題について，読者に考えてもらう契機を提供することである．

本書は，国際関係論の「正しい」理解を提供していると主張しているわけではなく，筆者の考える国際関係論を示したものである．私見では，今日の地球社会に必要なのは，正邪や善悪の区別もさることながら，多様な生き方をしている人々が共存できる範囲を見極める技術であり，新しい仲間を見つけて協力できる範囲を拡大していく努力を払うことではないだろうか．本書は，国際関係を考察・分析する上で必要最小限の知識と分析技法を紹介することを目的にしており，これからは本書を基礎にしてさまざまな具体的問題を考察するとともに，さらに高度な国際関係論の学習をめざしてもらいたい．

読書案内

　本書が依拠した先行業績は多数に上る．しかしここでは，本書と並行して読める書籍，さらに知的好奇心を刺激する書籍を選りすぐって紹介する．

☆地球社会の成り立ち

◎ヨーロッパが席捲していく世界はどのようなものだったのか
ジャネット・アブー゠ルゴド『ヨーロッパ覇権以前』（上下）岩波書店，2001年．
　ヨーロッパ中心史観を批判してヨーロッパ登場以前の文明のあり方を提示．
家島彦一『イブン・バットゥータの世界大旅行』平凡社新書，2003年．
　ヨーロッパ興隆前のアフロ・ユーラシア陸塊のネットワーク世界を垣間見られる．さらに興味をもったら，イブン・バットゥータ『大旅行記』全8巻（東洋文庫）を読もう．
フィリップ・カーティン『異文化間交易の世界史』NTT出版，2002年．
　古今東西の遠隔地交易を概観する中に，ヨーロッパ勢力が競合しながら域外へ展開していく過程を位置づけた．
加藤祐三・川北稔『アジアと欧米世界』（世界の歴史25）中央公論社，1998年．
　タイトル通りの教養書．文庫版も出版された．

◎ヨーロッパ勢力のエネルギー
山影進（編）『主権国家体系の生成』ミネルヴァ書房，2012年．
　ヨーロッパで主権国家システムができていく300年の共時的・通時的展望．
マイケル・ハワード『ヨーロッパ史における戦争』中公文庫，2010年．
　中世から現代におけるヨーロッパを中心にした戦争の変遷を広い文脈から概観．
岡義武『国際政治史』岩波現代文庫，2009年．（初版は1955年刊，文庫版の底本は全集版）
　外交史とは異なる国内社会を絡めた国際関係史の嚆矢．ヨーロッパ政治の変化が国際関係に与えた影響がよく分かる．
有賀貞『国際関係史』東京大学出版会，2010年．
石井修『国際政治史としての20世紀』有信堂，2000年．
　上の2冊は体系的教科書．前者は通史で，後者は現代史．
バーバラ・タックマン『八月の砲声』（上下）ちくま学芸文庫，2004年．
　サラエボ事件をきっかけにして各国指導者の思惑の交錯から第一次世界大戦の歯車が回り始めるまでの非人間的な帰結を生んだ人間的過程を立体的に描いた．
ジョージ・スタイナー『青ひげの城にて』みすず書房，2000年．
　スタイナーの著作の邦訳は多いが，本書の議論と関連が深いのはこれ．余力があれば『バベルの後に』（上下）に挑戦も．

◎日本の近過去
入江昭『日本の外交』中公新書，1966年．
入江昭『新・日本の外交』中公新書，1991年．
　両書を合わせて，明治から冷戦終結までの日本社会から多面的に眺めた日本外交の歴史．
井上寿一『日本外交史講義』岩波書店，2003年．
北岡伸一『日本政治史』有斐閣，2011年．
　両書とも体系的教科書．
加藤祐三『幕末外交と開国』ちくま新書，2004年．
　ペリー提督（艦隊）に注目した日米交渉史．巻末で対列強条約関係の一般化の試み．
衛藤瀋吉『近代東アジア国際関係史』東京大学出版会，2004年．
　ヨーロッパ勢力の東漸から日中対立の激化まで．
緒方貞子『満州事変』岩波現代文庫，2011年．
　日本を荒廃に導いたアジアと太平洋での無謀な戦争にいたる第一歩はなぜ，どのように踏み出されたのか．

◎個別テーマについて「世界史リブレット」シリーズ（山川出版社）から選択
青木康征『海の道と東西の出会い』（世界史リブレット25）1998年．
小泉徹『宗教改革とその時代』（世界史リブレット27）1996年．
高澤紀恵『主権国家体制の成立』（世界史リブレット29）1997年．
谷川稔『国民国家とナショナリズム』（世界史リブレット35）1999年．
木谷勤『帝国主義と世界の一体化』（世界史リブレット40）1997年．
茂木敏夫『変容する近代東アジアの国際秩序』（世界史リブレット41）1997年．
古田元夫『アジアのナショナリズム』（世界史リブレット42）1996年．
木畑洋一『国際体制の展開』（世界史リブレット54）1997年．
石見徹『国際経済体制の再建から多極化へ』（世界史リブレット55）1996年．

☆現代国際関係

◎国際社会の主体
アルフレッド・コバン『民族国家と民族自決』早稲田大学出版部，1976年．
　民族自決の考え方とそれの現実への適用が抱える問題点を多面的・具体的に議論．
Karl W. Deutsch, *Nationalism and Social Communication* (2nd ed.), MIT Press, 1966.
　初版は1953年刊行．アンダーソン，ゲルナー，コーン，スミスなどの著作の日本語翻訳により知ることのできる多様なナショナリズム論が各々強調している側面を結びつけるベストな本．新しい議論が旧く見えてくる．英文書だが，例外的に推奨したい．
佐々木毅『民主主義という不思議な仕組み』ちくまプリマー新書，2007年．
　国民というひとまとまりとひとりひとりの市民との重要だが微妙な関係についての解説．
デヴィッド・ヘルド『デモクラシーと世界秩序』NTT出版，2002年．
メアリー・カルドー『グローバル市民社会論』法政大学出版局，2007年．
　市民の主体化に焦点を当てる2書．

◎国際システム
E. H. カー『危機の二十年』岩波文庫，2011 年．(原彬久訳・解説の版に限る)
ヘドリー・ブル『国際社会論』岩波書店，2000 年．
ジェームズ・メイヨール『世界政治』勁草書房，2009 年．
　社会ではあるが無政府的な主権国家システムの現実を直視しよう．いわゆる「英国学派」の基本的姿勢．
田中明彦『世界システム』東京大学出版会，1989 年．
　国際システムについての，簡にして要を得た解説．
ピーター・カッツェンスタイン『世界政治と地域主義』書籍工房早山，2012 年．
　アメリカの覇権の下に置かれたヨーロッパとアジアの地域形成をドイツと日本の役割を軸に比較対照．
渡辺昭夫・土山實男（編）『グローバル・ガヴァナンス』東京大学出版会，2001 年．
山本吉宣『国際レジームとガバナンス』有斐閣，2008 年．
　両書は，さまざまな国際的な制度に注目して，国家同士のむき出しの権力関係から少し距離を置く．

◎現代日本の国際関係
五百旗頭真『日米戦争と戦後日本』講談社学術文庫，2005 年．(初版は 1989 年刊)
田中明彦『安全保障』読売新聞社，1997 年．
渡邉昭夫『大国日本の揺らぎ　1972〜』中央公論新社，2000 年．
田中明彦『アジアのなかの日本』NTT 出版，2007 年．
　第二次世界大戦後の日本の軌跡を概観しよう．

☆国際関係の分析概念・分析道具

◎ゲーム理論とその周辺
宮台真司『権力の予期理論』勁草書房，1989 年．
　序数型 2×2 ゲーム（本書第 10 章）の精緻化．具体的状況に即して解説．
天谷研一『図解で学ぶゲーム理論入門』日本能率協会マネジメントセンター，2011 年．
　標準的な入門教科書のなかでおそらく最も平易に解説．
岡田章『ゲーム理論・入門』有斐閣アルマ，2008 年．
佐藤嘉倫『ゲーム理論』新曜社，2008 年．
　両書とも，さまざまな内容を簡にして要を得た説明で紹介．ゲーム理論の教科書は多数刊行されているので，相性の良い本を探そう．
鈴木基史『国際関係』東京大学出版会，2000 年．
石黒馨『入門・国際政治経済の分析』勁草書房，2007 年．
　両書は，国際関係をゲーム論的に捉えた日本語教科書．本書よりも高いレベルのゲーム理論を応用．
アナトール・ラパポート，A. M. チャマー『囚人のジレンマ』啓明社，1983 年．

「囚人のジレンマ」状況におかれた人間行動の実験的研究．行動ゲーム理論の嚆矢といっても良い．
竹田茂夫『ゲーム理論を読みとく』ちくま新書，2004年．
　ゲーム理論を勉強した人は，その限界も知って頭を冷やそう．

◎システム認識
ケネス・ボールディング『地球社会はどこへ行く』（上下）講談社学術文庫，1980年．
　脅迫・交換・統合の3側面から社会システムをとらえつつ生態システムの中に位置づける．絶版なのが惜しい．
ハーバート・A. サイモン『システムの科学』（第3版）パーソナルメディア，1999年．
　原題の直訳は『人工物の科学』．社会の捉え方について多くの示唆を得ることができる．
カール・ドイッチュ『サイバネティクスの政治理論』早稲田大学出版部，1986年．
　生物と機械を念頭に置いたN. ウィーナーのサイバネティクス理論の人間社会・組織への応用．もっとも微分方程式による解析ではなく比喩が中心なので恐れる必要はない．
ロバート・アクセルロッド『対立と協調の科学』ダイヤモンド社，2003年．
　マルチエージェント・シミュレーションによるボトムアップのシステム認識のいろいろ．
阪本拓人『領域統治の統合と分裂』書籍工房早山，2011年．
阪本拓人・保城広至・山影進『ホワイトハウスのキューバ危機』書籍工房早山，2012年．
　両書ともマルチエージェント・シミュレーションによる「実証的」な分析例．

☆本格的に国際関係論を学びたい人へ

国際法学会（編）『国際関係法辞典』（第2版）三省堂，2005年．
猪口孝，大澤真幸，岡沢憲芙，山本吉宣，スティーブン・R. リード（編）『政治学事典』弘文堂，2000年．
川田侃・大畠英樹（編）『国際政治経済辞典』（改訂版）東京書籍，2003年．
田中明彦・中西寛（編）『新・国際政治経済の基礎知識』（新版）有斐閣，2010年．
岩田一政・小寺彰・山影進・山本吉宣（編）『国際関係研究入門』（増補版）東京大学出版会，2003年．

図表出典一覧
（記載のない図表はすべて筆者作成で未公刊）

序-2 山影『人工社会構築指南』書籍工房早山，2007，425頁の図の一部
2-1 光辻克馬「近代国際体系の領域的推移」『国際関係論研究』14号，2000，図3
3-3 国連HP (http://www.un.org/documents/scres.htm)
3-4 原田至郎「近代世界システムにおける戦争とその統計的記述」山本吉宣・田中明彦（編）『戦争と国際システム』東京大学出版会，1992，図2.1，図2.6，データ更新 (Correlates of War Project, version 4.0 より)
3-5 光辻克馬「脱植民地化と主権国家性」未公刊論文
4-1 United Nations, List of Peacekeeping Operations, 1948-2011 (http://www.un.org/en/peacekeeping/documents/operationslist.pdf)；内閣府国際平和協力本部事務局ホームページ (http://www.pko.go.jp/PKO_J/result/years.html)
4-3 WTO, RTA Database (http://www.wto.org/english/tratop_e/region_e/region_e.htm)
4-4 WTOホームページ (http://stat.wto.org/)；UNCTAD Stat (http://unctadstat.unctad.org)；IMF, *International Financial Statistics Yearbook*；国際決済銀行（BIS）ホームページ (http://www.bis.org/)；世界観光機関（UNWTO）ホームページ (http://unwto.org/)；ITU Statistics (http://www.itu.int/ict/statistics)
4-5 *Yearbook of International Organizations, 2010/2011*, Union of International Association, 2010.
5-2 大庭三枝『アジア太平洋地域形成への道程』ミネルヴァ書房，2004，図2（一部簡略化）
5-4 『中学公民資料』東京法令出版，1993年版；総務省「目で見る投票率」(http://www.soumu.go.jp/main_content/000090286.pdf)
5-6 山影『対立と共存の国際理論』東京大学出版会，1994，表Ⅲ-2-1
6-1 衛藤瀋吉「日本における対外政策決定」『国際法外交雑誌』72 (6)，1974，図2
7-1 道垣内正人「相互依存・国際化と法規制」山影編『相互依存時代の国際摩擦』東京大学出版会，1988，76頁の図
7-2 山影『対立と共存の国際理論』東京大学出版会，1994，表Ⅲ-1-2
7-3 山影『対立と共存の国際理論』東京大学出版会，1994，表Ⅰ-3-1
8-3 メアリー・カルドー『グローバル市民社会論』法政大学出版局，2007，表4-1，最下段（例）は山影追加
9-4 Sarkees, Meredith Reid, and Frank Wayman. *Resort to War: 1816-2007*. CQ Press, 2010
11-5 IMF, Annual Report of the Executive Directors for the Fiscal Year Ending の各年
11-6 IMF, Annual Report of the Executive Directors for the Fiscal Year Ending の各年
12-2 阪本拓人・保城広至・山影進『ホワイトハウスのキューバ危機』書籍工房早山，2012，図3-1，図3-3，図3-5

13-1　World Bank, *World Development Indicators*
13-2　外務省『日本の軍縮・不拡散外交』（第5版）2011年，33頁の図
13-4　外務省「大量破壊兵器，ミサイル，通常兵器及び関連物資等の軍縮・不拡散体制の概要」（http://www.mofa.go.jp/mofaj/gaiko/gunso/gaiyo.html）
14-1　外務省『日本の国際協力』（ODA白書）2010年版，第Ⅲ部第1章図表Ⅲ-3支出純額ベース
14-2　OECD stat（http://stats.oecd.org/index.aspx）；ILO, Labor Sta（http://laborsta.ilo.org/）；IMF, Economic Outlook（http://www.imf.org/external/pubs/ft/weo/2011/02/weodata/index.aspx）
14-3　UCDP/PRIO Armed Conflict Dataset v.4-2011, 1946-2010（http://www.pcr.uu.se/research/ucdp/datasets/ucdp_prio_armed_conflict_dataset/）
14-4　メアリー・カルドー『新戦争論』岩波書店，2003，図5-1（一部語句修正）
14-5　UNHCR Online Population Database（http://www.unhcr.org/pages/4a013eb06.html）
15-1　高橋哲哉・山影進（編）『人間の安全保障』東京大学出版会，2008，序章図1（一部語句修正）
15-2　外務省国際協力局地球規模課題総括課『人間の安全保障基金』（2009年8月）付属資料
15-5　山影（編）『主権国家体系の生成』ミネルヴァ書房，2012，図序-1

索　引

ア　行

アイデンティティ　89, 91-92, 106, 146, 150-154, 221
　集合的(集団的)——　89-90, 106, 135, 284
アクセルロッド(Axelrod, Robert)　226-227
アジェンダ21　235, 254-255
アナーキー　→無政府性
アフリカ　37
アフリカ統一機構(OAU)　239, 271
アフリカ連合(AU)　239, 271
アヘン戦争　36-37
アメリカ(合衆国)　49-52, 58, 60-61, 204, 208-211, 230-231, 241-242, 267, 269
アラブ連盟(LAS)　271
アリソン(Allison, Graham T.)　119
安政の5カ国条約　43-44
安全共同体(安全保障共同体)　131, 134, 169
安全保障　236-237, 249, 266-268
　集団——　53-56, 70
　人間の——　263-268
　非伝統的——　236-237, 266
　——のジレンマ　199-201
域外適用　→治外法権
イギリス(イングランド)　23, 33-37, 51, 58, 204, 211
イスラエル　242
イタリア　20, 25-26, 51, 198
委任統治制度　62-63
移民　256-257
イメージ　214, 216-224
イラン　243
イングランド　→イギリス
インド　33-34, 242, 272
インフルエンス(影響力)　197, 224
ヴァッテル(Vattel, Emmerich de)　31
ウィルソン14箇条　62
ウィーン外交関係条約　116, 165
ウィーン条約法条約　165
ウィーン宣言・行動計画　239
ウィーン体制　→ヨーロッパ協調
ウィーン領事関係条約　116

ウェストファリア体制　→主権国家システム
ウェストファリアの講和　21-22
ウォルツ(Waltz, Kenneth N.)　169
ヴォルフ(Wolff, Christian)　31
宇宙条約　69
影響力　→インフルエンス
エスニシティ論　103
エスニック・コミュニティ(通婚圏)　88-89, 91-93, 97
欧州共同体(EC)　133-134
欧州経済共同体(EEC)　133
欧州原子力共同体(EAEC, ユーラトム)　133
欧州石炭鉄鋼共同体(ECSC)　133
欧州連合(EU)　132, 134, 270-271
オーストリア(・ハンガリー)　23, 51
オスマン帝国　36
オランダ　33-35

カ　行

解(ゲームの)　175
　自然な——　175-176
　シュタッケルベルクの——　182-183, 214
　ナッシュの——　176
外交　25, 109-111, 115-118, 165-167, 172-173, 180, 188, 214, 222-224
　会議——　27, 118, 199
　文化——　224
開戦に関する条約　52
開発　64-66, 235, 248-250, 264
　持続可能な——　234-235, 264
　人間——　66, 249, 263
開発援助委員会(DAC)　→経済協力開発機構
開発独裁(論)　66, 103
格差　251-252, 287
核不拡散条約(NPT)　242-243
革命主義　280
カテゴリー　136-139, 141, 147, 153
カピチュレーション　36
カルドー(Kaldor, Mary)　144, 266
環境と開発に関するリオ宣言　235
関税同盟　77, 130, 133

関税と貿易に関する一般協定（GATT） 58-60
カント（Kant, Immanuel） 85, 280-281
官僚政治モデル →第3モデル
危機 119, 121
気候変動枠組条約 235
擬似国家 66, 83, 85, 253
基数的効用 186, 191
期待効用（利得） 191
北大西洋条約機構（NATO） 133
北朝鮮 243
機能主義 134
キューバ危機 214, 218-220
協調ゲーム →ゲーム
協定関税 36, 44-45
京都議定書 235
脅迫ゲーム →ゲーム
協力ゲーム →ゲーム
拒否権 55, 60, 210-212, 269
キリスト教 18-25, 29-30, 40-41
近代化理論 103, 248
近代国際システム 38-43, 45
グイッチャルディーニ（Guicciardini, Francesco） 26, 198
グッド・ガバナンス（良い統治） 238-239
クラウゼヴィッツ（Clausewitz, Karl von） 167
繰り返しゲーム →ゲーム
グロティウス（Grotius, Hugo） 30-31, 280-281
グローバル化 3, 61, 143, 225, 230-234, 246, 285-287
グローバル・ガバナンス 144, 156, 272-277, 283
グローバル・コミュニティ 5, 84, 273-274
グローバル市民社会 4-6, 143-146, 273-275, 287
軍備拡張競争（軍拡競争） 162-163, 177, 200
経済協力開発機構（OECD） 65
——開発援助委員会（OECD-DAC） 65, 238, 249
経済地域 77, 129, 134
ゲーム（理論） 120, 163, 172-177, 191-194, 213-214, 228
　協調（鹿狩り）—— 178-179, 184-187
　脅迫—— 180-184, 213-214
　協力—— 207
　繰り返し—— 226-227
　交渉—— 185-188
　恋人同士の諍い 178-180, 185-187

市場開放—— 183-184, 188-190
囚人のジレンマ 177-178, 185-187, 204, 213, 226-227
進化—— 227-228
ゼロサム・—— 163
投票—— 207
二層—— 188-190
非ゼロサム・—— 163, 180
弱虫（腰抜け）ゲーム 178-179, 185-187
ケロッグ・ブリアン条約 →戦争抛棄に関する条約
現実主義 278, 280
権力 →パワー
恋人同士の諍い →ゲーム
交易拠点帝国 →帝国
公共財 178, 204
交渉ゲーム →ゲーム
交渉集合 185
交戦権（jus ad bellum） 25-26, 30, 53, 55
構造調整 231, 248
広報外交 →パブリック・ディプロマシー
合理主義 280
合理的行為者モデル →第1モデル
講和 25-27, 53, 110
国益 →国民的利益
国際化 123-126, 246, 285-286
国際開発協会（IDA） 59-60, 65 →世界銀行
国際行政連合 68
国際刑事裁判所（ICC） 82, 124, 241
国際決済銀行（BIS） 78
国際原子力機関（IAEA） 242-243
国際交流 3, 68, 79-80, 124-126
国際システム 16-18, 20, 25, 197-198, 203-206, 280-281
国際私法 125
国際司法裁判所（ICJ） 166
国際人権規約 81
国際人道法 →戦時国際法
国際通貨基金（IMF） 58-60, 208-211, 231, 248-250, 269
国際標準化機構（ISO） 76
国際復興開発銀行（IBRD） 59-60, 65 →世界銀行
国際紛争平和的処理条約 52
国際法 30-31, 165

国際レジーム論　→レジーム
国際連合(国連)　54-55, 63, 69-71, 80, 165, 238-240, 264, 269
──安全保障理事会(安保理)　55-56, 73, 211-212, 241, 269
──憲章　54, 63, 81
国際連盟　47, 53, 62
──規約　53
国籍　93, 95, 98
国内避難民　149, 257-259
国民　91-97, 100-111, 284, 287
国民国家　48-50, 92-95, 97-104
国民的利益(国益)　94, 110-111, 172-173, 176, 222, 224, 284
国民統合　64, 66, 101-104, 126-128
国力　196-201
国連　→国際連合
国連開発計画(UNDP)　65, 249-250
国連開発の10年　64, 66, 248
国連海洋法条約(UNCLOS)　68-69
国連緊急軍(UNEF)　71
国連人権委員会　81, 239
国連人権高等弁務官　239
国連人権理事会　81, 239
国連難民高等弁務官(UNHCR)　148, 257-258
国連人間環境宣言(ストックホルム宣言)　70, 234
国連人間の安全保障信託基金　265
国連平和維持活動(PKO)　71-74, 255
国連貿易開発会議(UNCTAD)　65
国連ミレニアム宣言　237, 239, 250
国連民主主義基金　239
腰抜けゲーム　→ゲーム
国家建設　64, 66
国家主権　→主権国家
コミュニケーション　89, 91, 117, 157, 159-160, 163-164, 180, 222-223
混合戦略　191, 194

サ 行

最悪回避戦略　175-176
最恵国待遇　36, 44
最適対応戦略　175-176
冊封体制　46
サステナビリティ(持続可能性)　264
サミット　→主要先進国首脳会議
自衛権　55-56
ジェノサイド　147-149, 154, 260-261
ジェノサイド条約　→集団殺害罪の防止及び処罰に関する条約
シェリング(Schelling, Thomas C.)　163
鹿狩りゲーム　→ゲーム
自決(原則)　62-63, 97
市場開放ゲーム　→ゲーム
自然状態　28-29, 31, 49-50, 280-281
自然な解　→解
自然法　28, 30-31
持続可能性　→サステナビリティ
持続可能な開発　→開発
支配戦略　174-175
下関条約　45
社会契約(論)　28-29, 49-50, 281
社会主義　100-101
社会的距離　137, 139, 141
シャプレー・シュービック投票力指標(SS指標)　207-211
宗教改革(宗教戦争)　20-22
集合的(集団的)アイデンティティ　→アイデンティティ
囚人のジレンマ　→ゲーム
従属論　103
集団安全保障　→安全保障
集団殺害罪の防止及び処罰に関する条約(ジェノサイド条約)　82, 147, 149
自由貿易(体制)　36-37, 58, 74-77, 183-184
自由貿易協定(自由貿易地域, FTA)　77, 130, 272
主権国家(国家主権)　18-19, 27-29, 48-50, 63-64, 67, 93-94, 124, 273, 283-284, 286
主権国家システム(ウェストファリア体制)　17-27, 38-45, 48-49, 52, 58, 61-64, 66-71, 79, 82-86, 195, 221-222, 273
シュタッケルベルクの解　→解
ジュネーブ議定書　243
主要先進国首脳会議(サミット)　61, 78, 232, 235-236
純粋戦略　194
小国　195-197, 221
少数民族　→マイノリティ
常設国際司法裁判所　46, 166

索引　297

常設仲裁裁判所　46, 52, 166
情報構造　213-214
植民地独立付与宣言　63
序数(的)効用　173
進化ゲーム　→ゲーム
新機能主義　→機能主義
人権　80-82, 237-241
人身取引　258-259
新世界　30, 33-34
信託統治制度　63
人道的干渉　83, 240
人民　97-98
人民の自決　→自決
信頼醸成措置(CBM)　216
スエズ危機(第二次中東戦争)　71
スタイナー(Steiner, George)　153-154, 260
ステレオタイプ　136-137, 153, 217
ストックホルム宣言　→国連人間環境宣言
スペイン　33
政策協調　61, 78
政策枠組文書(PFP)　248-249
正戦論　30-31
政府開発援助(ODA)　65, 238, 250, 252
生物多様性条約　235
政府内政治モデル　→第3モデル
勢力均衡(論)　20, 22-24, 27, 198-199, 201
世界銀行(世銀)　59-60, 65, 231, 238, 248-250, 269
世界人権宣言　81, 138-139
世界貿易機関(WTO)　60, 76, 232, 269
ゼロサム・ゲーム　→ゲーム
全欧州安全保障協力会議(CSCE)　237-238
全欧州安全保障協力機構(OSCE)　238, 271
選好順序　173-174
戦時国際法(jus in bello, 国際人道法)　25-26, 30-31, 52
宣戦　25-26, 110
戦争　24-27, 30-31, 52-57, 70, 85, 166-171
戦争抛棄に関する条約(不戦条約, ケロッグ・ブリアン条約)　53-54
戦略兵器削減交渉(START)　241-242
戦略兵器制限交渉(SALT)　241
相互依存　3, 61, 124, 133-134, 226, 230, 234, 283
相互確証破壊(MAD)　178-179
組織過程モデル　→第2モデル
ソビエト連邦(ソ連)　→ロシア

ソフトパワー　→パワー

タ 行

第一次世界大戦　52
第1モデル(合理的行為者モデル)　119-121
対外政策　112-115
大国　23, 85, 166, 195-197, 199, 221
第3モデル(政府内政治モデル, 官僚政治モデル)　119, 121-122
大西洋憲章　58
第二次世界大戦　54, 58
第二次中東戦争　→スエズ危機
第2モデル(組織過程モデル)　119, 121
大陸棚　68-69
大量破壊兵器(WMD)　243-244
ただ乗り　178, 205
弾道弾迎撃ミサイル制限条約(ABM条約)　179, 241-242
地域　5
地域社会　→ローカル・コミュニティ
地域主義　272
地域統合　129-134
治外法権(域外適用)　116, 125
地球環境レジーム　→レジーム
地球規模問題(群)　1-3, 143, 235-236, 272, 284
地球社会　3-7, 272
中距離核戦力全廃条約(INF条約)　241
中国　37, 272
朝貢貿易体制　36
朝鮮　46
徴兵制　51, 103
通婚圏　→エスニック・コミュニティ
帝国　15, 39-40, 45, 52
　　交易拠点——　33-35, 39-40
帝国システム　15-16, 19, 39-40
テロ　259-262
ドイツ　51
ドイッチュ(Deutsch, Karl W.)　103, 131, 169
動員　51, 101-104
討議　162-164, 223-224, 270
トゥキュディデス(Thukydides)　17
東南アジア諸国連合(ASEAN)　271
投票ゲーム　→ゲーム
同盟　56, 70, 199, 201-203
トルデシリャス条約　33

ナ 行

内政不干渉(原則) 21, 83-85, 245-246
内戦 72, 126, 252-255, 259
名古屋議定書 235
ナショナリズム 51, 97-101
ナッシュの解 →解
難民 148-149, 256-259
難民の地位に関する条約(難民条約) 148-149
二層ゲーム →ゲーム
日米修好通商条約 43-44
日米通商航海条約 45
日米和親条約 43
日朝修好条規 45
日本 2-3, 37, 43-47, 52, 109-115, 238, 263-265
人間開発 →開発
人間の安全保障 →安全保障
認知構造 217-220
ネイション 93, 95, 97-98

ハ 行

排他的経済水域(EEZ) 68-69
パキスタン 242
ハーグ国際私法会議 125-126
パクス・ブリタニカ 23
ハーグ平和会議 46, 52
ハーグ陸戦条約 52
覇権(国, 安定論) 17, 23-24, 197-198, 203-206, 230
覇権システム 16-17, 58, 61
破綻国家 66, 83, 85, 253, 255, 259
パブリック・ディプロマシー(広報外交) 224
パワー(権力) 158-161, 166, 196-200, 205-206, 222, 224, 284
 ソフト―― 224-226
万民法 30-31, 84
非核地帯・非核兵器地帯 243
比較優位 74-75
東アジア 35-37, 272
東インド会社 34-35
非政府組織(NGO) 4, 80, 142-146, 232, 274, 287
非ゼロサム・ゲーム →ゲーム
非伝統的安全保障 →安全保障
ビトリア(Vitoria, Francisco de) 30
貧困削減戦略文書(PRSP) 249-250
不戦条約 →戦争抛棄に関する条約
不平等条約(体制) 36-37, 44-45, 125
フランス 23, 33-34, 50-51
ブルントラント報告 234
ブレトンウッズ体制 59
プロイセン 23, 51
文化外交 →外交
文化的マイノリティ →マイノリティ
紛争 162-167
文明 40-43
文明の衝突 246
米州機構(OAS) 271
平和構築 72-74, 255, 263-264
平和のための結集決議 71
ベーシック・ヒューマン・ニーズ(BHN) 66, 248-249
ヘルシンキ合意 237-238
変動相場制 59, 78-79
ボガーダス(Bogardus, Emory Stephen) 137
保護する責任(R2P) 83, 85, 240-241, 263, 266
保証水準(保証点) 185-187
ポストコンフリクト国 255, 263
ボダン(Bodin, Jean) 27-29
ホッブズ(Hobbes, Thomas) 28-29, 31, 280-281
ボールディング(Boulding, Kenneth E.) 164
ポルトガル 33

マ 行

マイノリティ 140
 文化的―― 140-141
マキャヴェッリ(Machiavelli, Niccolò) 26, 280
マンデル・フレミング・モデル 78
ミドルパワー 118, 197
南アジア 272
ミルグラム(Milgram, Stanley) 261
ミレニアム開発目標(MDGs) 66, 248, 250, 252, 263
民主主義国共同体(CD) 239
民族 97, 100
民族自決 →自決
民族浄化 147-148
「民族, 植民地問題に関するテーゼ」 62
無告の民 146-149
無政府性(アナーキー) 5, 164-167, 169, 273
名誉革命 50

索 引 299

モスクワ条約　242

ヤ　行
友好関係原則宣言　245
輸出自主規制　76
ユーラトム　→欧州原子力共同体
良い統治　→グッド・ガバナンス
ヨーロッパ協調(ウィーン体制)　23, 199
ヨーロッパ統合　132–134
弱虫ゲーム　→ゲーム

ラ　行
ラパポート(Rapoport , Anatol)　162, 223
リカード(Ricardo, David)　74–75
理想主義　278
リチャードソン(Richardson, Lewis F.)　163, 170–171, 200–201, 260
利得　→期待効用
領事関係　36, 68
領事裁判権　36, 44–45, 125
ルソー(Rousseau, Jean-Jacques)　29, 280–281
冷戦　56, 66, 133, 178, 216, 252
歴史の終わり　246
レジーム　58, 205–207
　国際経済——　59–61, 69
　地球環境——　70
連邦システム　16–17
ローカル・コミュニティ(地域社会)　88–89, 91–93
ロシア(ソビエト連邦，ソ連)　23–24, 41, 51, 241–242
ロック(Locke, John)　28–29, 31, 50, 280–281
ローディの和約　20, 198

ワ　行
ワシントン・コンセンサス　231, 248

ABM条約　→弾道弾迎撃ミサイル制限条約
ASEAN　→東南アジア諸国連合
AU　→アフリカ連合
BHN　→ベーシック・ヒューマン・ニーズ
BIS　→国際決済銀行
CBM　→信頼醸成措置
CD　→民主主義国共同体
CSCE　→全欧安全保障協力会議
DAC　→開発援助委員会
EAEC　→欧州原子力共同体
EC　→欧州共同体
ECSC　→欧州石炭鉄鋼共同体
EEC　→欧州経済共同体
EEZ　→排他的経済水域
EU　→欧州連合
FTA　→自由貿易協定(自由貿易地域)
GATT　→関税と貿易に関する一般協定
G5(G7)　61, 78
G20　78
IAEA　→国際原子力機関
IBRD　→国際復興開発銀行
ICC　→国際刑事裁判所
ICJ　→国際司法裁判所
IDA　→国際開発協会
IMF　→国際通貨基金
INF条約　→中距離核戦力全廃条約
ISO　→国際標準化機構
jus ad bellum　→交戦権
jus in bello　→戦時国際法
LAS　→アラブ連盟
MAD　→相互確証破壊
MDGs　→ミレニアム開発目標
NATO　→北大西洋条約機構
NGO　→非政府組織
NPT　→核不拡散条約
OAS　→米州機構
OAU　→アフリカ統一機構
ODA　→政府開発援助
OECD　→経済協力開発機構
OSCE　→全欧州安全保障協力機構
PFP　→政策枠組文書
PKO　→国連平和維持活動
PRSP　→貧困削減戦略文書
R2P　→保護する責任
SALT　→戦略兵器制限交渉
START　→戦略兵器削減交渉
UNCLOS　→国連海洋法条約
UNCTAD　→国連貿易開発会議
UNDP　→国連開発計画
UNEF　→国連緊急軍
UNHCR　→国連難民高等弁務官
WMD　→大量破壊兵器
WTO　→世界貿易機関

著者略歴
1949 年　生まれる．
1972 年　東京大学教養学部教養学科卒業．
1982 年　マサチューセッツ工科大学 Ph.D.
現　在　東京大学名誉教授．

主要著書
『相互依存時代の国際摩擦』(編, 東京大学出版会, 1988 年)
『ASEAN』(東京大学出版会, 1991 年)
『対立と共存の国際理論』(東京大学出版会, 1994 年)
『国際関係研究入門』(共編, 東京大学出版会, 1996 年 [増補版 2003 年])
『ASEAN パワー』(東京大学出版会, 1997 年)
『人工社会構築指南』(書籍工房早山, 2007 年)
『人間の安全保障』(共編, 東京大学出版会, 2008 年)
『近代国際体系の生成』(編, ミネルヴァ書房, 2012 年)
『アナーキーな社会の混沌と秩序』(編, 書籍工房早山, 2014 年)

国際関係論講義

2012 年 3 月 16 日　初　　版
2022 年 7 月 1 日　第 3 刷

［検印廃止］

著　者　山影　進

発行所　一般財団法人　東京大学出版会
代表者　吉見　俊哉
153-0041　東京都目黒区駒場 4-5-29
http://www.utp.or.jp/
電話 03-6407-1069　Fax 03-6407-1991
振替 00160-6-59964

印刷所　株式会社暁印刷
製本所　誠製本株式会社

Ⓒ 2012 Susumu Yamakage
ISBN 978-4-13-032217-1　Printed in Japan

JCOPY〈出版者著作権管理機構 委託出版物〉
本書の無断複写は著作権法上での例外を除き禁じられています．複写される場合は，そのつど事前に，出版者著作権管理機構（電話 03-5244-5088, FAX 03-5244-5089, e-mail: info@jcopy.or.jp）の許諾を得てください．

有賀　貞著	現代国際関係史 1945年から21世紀初頭まで	Ａ５・3500円
有賀　貞著	国　際　関　係　史 16世紀から1945年まで	Ａ５・3800円
平野健一郎著	国　際　文　化　論 ［オンデマンド版］	Ａ５・2800円
平野・古田編 土田・川村	国際文化関係史研究	Ａ５・7800円
鈴木基史著	グローバル・ガバナンス論講義	四六・2900円
鈴木基史編 飯田敬輔	国際関係研究の方法	Ａ５・3900円
松原　望編 飯田敬輔	国際政治の数理・計量分析入門	Ａ５・3000円
高橋哲哉編 山影　進	人　間　の　安　全　保　障	Ａ５・2800円

ここに表示された価格は本体価格です．ご購入の際には消費税が加算されますのでご了承下さい．